本书获山东省重点马克思主义学院科研资金资助。

西方政治思想

曹希岭 ◎ 著

中国社会科学出版社

图书在版编目（CIP）数据

西方政治思想史纲/曹希岭著.—北京：中国社会科学出版社，2017.12
ISBN 978-7-5203-1659-0

Ⅰ.①西… Ⅱ.①曹… Ⅲ.①政治思想史—西方国家 Ⅳ.①D091

中国版本图书馆 CIP 数据核字（2017）第 299592 号

出 版 人	赵剑英
责任编辑	郭晓鸿
特约编辑	席建海
责任校对	石春梅
责任印制	戴 宽

出　　版	中国社会科学出版社
社　　址	北京鼓楼西大街甲 158 号
邮　　编	100720
网　　址	http://www.csspw.cn
发 行 部	010-84083685
门 市 部	010-84029450
经　　销	新华书店及其他书店

印　　刷	北京明恒达印务有限公司
装　　订	廊坊市广阳区广增装订厂
版　　次	2017 年 12 月第 1 版
印　　次	2017 年 12 月第 1 次印刷

开　　本	710×1000　1/16
印　　张	23
插　　页	2
字　　数	281 千字
定　　价	99.00 元

凡购买中国社会科学出版社图书，如有质量问题请与本社营销中心联系调换
电话：010-84083683
版权所有　侵权必究

目 录

绪 论 ·· 1

第一章　古希腊政治思想 ··· 8
第一节　概论 ·· 8
第二节　前柏拉图时期 ··· 13
第三节　柏拉图 ··· 16
第四节　亚里士多德 ·· 22
第五节　斯多葛派 ·· 31

第二章　古罗马政治思想 ··· 36
第一节　概论 ·· 36
第二节　波利比 ··· 39
第三节　西塞罗 ··· 42

第三章　中世纪欧洲政治思想 ·· 51
第一节　概论 ·· 51

第二节　奥古斯丁 …………………………………… 56
　　第三节　阿奎那 ……………………………………… 61
　　第四节　马西利 ……………………………………… 67

第四章　文艺复兴与宗教改革时期的政治思想 ………… 72
　　第一节　概论 ………………………………………… 72
　　第二节　马基雅弗利 ………………………………… 76
　　第三节　布丹 ………………………………………… 82
　　第四节　加尔文的宗教改革思想 …………………… 86

第五章　17世纪荷兰的政治思想 ………………………… 90
　　第一节　概论 ………………………………………… 90
　　第二节　格劳秀斯 …………………………………… 92
　　第三节　斯宾诺莎 …………………………………… 98

第六章　英国革命时期的政治思想 ……………………… 106
　　第一节　概论 ………………………………………… 106
　　第二节　霍布斯 ……………………………………… 110
　　第三节　弥尔顿与哈林顿 …………………………… 117
　　第四节　洛克 ………………………………………… 121

第七章　法国启蒙运动与大革命时期的政治思想 ……… 133
　　第一节　概论 ………………………………………… 133
　　第二节　伏尔泰 ……………………………………… 137
　　第三节　孟德斯鸠 …………………………………… 142
　　第四节　卢梭 ………………………………………… 155

目 录

  第五节 法国大革命时期的政治思想 …………… 165

第八章 美国独立建国时期的政治思想 …………… 178
  第一节 概论 ………………………………………… 178
  第二节 潘恩 ………………………………………… 183
  第三节 杰斐逊 ……………………………………… 191
  第四节 汉密尔顿 …………………………………… 200

第九章 法国大革命前后德国的政治思想 …………… 205
  第一节 概论 ………………………………………… 205
  第二节 康德 ………………………………………… 209
  第三节 黑格尔 ……………………………………… 215

第十章 19世纪的自由主义 ………………………… 223
  第一节 概论 ………………………………………… 223
  第二节 贡斯当 ……………………………………… 228
  第三节 托克维尔 …………………………………… 235
  第四节 约翰·密尔 ………………………………… 244

第十一章 19世纪前期的社会主义 ………………… 257
  第一节 概论 ………………………………………… 257
  第二节 法国空想社会主义 ………………………… 260
  第三节 欧文 ………………………………………… 265

第十二章 法西斯主义 ……………………………… 270
  第一节 概论 ………………………………………… 270

第二节　法西斯主义的思想源流 …………………… 274
第三节　法西斯主义的哲学和政治思想 ……………… 286

第十三章　民主社会主义 ………………………………… 303
第一节　概论 …………………………………………… 303
第二节　欧洲社会党的理念与政纲 …………………… 306
第三节　罗素 …………………………………………… 314
第四节　拉斯基 ………………………………………… 321

第十四章　20世纪的自由主义 …………………………… 328
第一节　概论 …………………………………………… 328
第二节　波普 …………………………………………… 332
第三节　哈耶克 ………………………………………… 343
第四节　罗尔斯 ………………………………………… 351

参考文献 ……………………………………………………… 357
后　记 ………………………………………………………… 361

绪　　论

　　西方政治思想史是研究古希腊以来西方政治思想家关于国家与法律的理论、学说发展演化的历史。它既反映了各个时代不同国家政治集团政治斗争与法制建设的需要，又反映了不同思想家由于不同的出身、经历、教育和思考问题的方式而对同一政治、法律问题的不同认识。它与西方政治、法律制度的演化发展有着密不可分的关系。西方政治法律制度是政治思想研究探讨的对象和素材，并在很大程度上决定着政治思想的发展变化。古希腊就是先有了法治的实践，后来产生了亚里士多德的法治理论。当然，先进的政治思想家也常常超越现存政治法律制度的局限，构想出引导政治文明进步的政治理论，对后来政治法律制度的形成与发展发挥了巨大的影响，如格劳秀斯的国际法理论和孟德斯鸠的分权制衡说。

　　西方政治思想形成发展的第一阶段是古希腊罗马时期。古希腊罗马文明是人类智慧的不朽杰作，雄视千古，影响深远。古希腊罗马的商品经济、对外贸易空前繁盛，奴隶制经济比较典型。民主法治历经不断的立法改革逐渐形成并显示了巨大的优越性。城邦公共生活高度透明与公开，公民们热心参政议政。政治家、思想家提出各种政治主张，希望得到人民的拥护。最初，哲学家们在进行哲学探讨时涉及政治与法律问题，到亚里士多德那里，则使政治学与哲学、伦理学相分离，成为一门独立的学科。亚里士多德对不少政治法律基本问题的论述，至今仍闪耀着非凡的智慧光芒。从古典文明开始，东西方在政治法律方面就走上了不同的道路。西方走上了民主共和与法治的大道，东方则走上了君主专制与人治的长途。即便罗马后来出现了帝制或元首专制，但皇帝也只是帝国的一个公民，是为国家和人民服务的元首，其权力来自人民或元老院的授权，带有抹不掉的共和色彩，与东方君权神授的专制帝王有很大不同。与此相适应，在古希腊罗马政治思想家那里，民主共和思想、权力制衡观念、法治与公民权利理念，都非常流行，甚至成了公认的常识。自然法与人为法分离并高于人为法的主张已初步形成。在斯多葛学派那里，还产生了最早的人类一体的世界主义观念。虽然古希腊罗马盛行奴隶制，但最早产生了人人生而平等的学说。这些对近现代政治文明产生重大影响的西方古代智慧，在东方古代思想家那里都是见不到的。在古代东方各国，各种政治思想不过都是为东方专制主义辩护，从没有关于公民权利、民主、法治、权力制衡的论述，也没有对不同政体的讨论比较。

中世纪是西方政治思想史发展中相对贫乏和滞后的阶段。这一方面是由于日耳曼蛮族的入侵摧毁了相对发达的古罗马文明，中世纪欧洲的经济、文化发展缓慢和滞后；另一方面则由于中世纪宗教蒙昧主义与神学专制主义盛行。基督教会垄断了文化教育，一切学术思想都成了神学的附庸，政治思想也无例外地服从于神学。正如恩格斯指出的："中世纪的世界观本质上是神学的世界观……教会信条自然成了任何思想的出发点和基础。法学、自然科学、哲学，这

绪　论

一切都由其内容是否符合教会的教义来决定。"① 早期神学主义政治观的代表是奥古斯丁，他宣扬君权神授与天国论，主张国家和法律都需服从教会，即世俗的权威要服从教会的权威。中世纪神学政治思想的集大成者是托马斯·阿奎那，他的著作被基督教会奉为经典。他把古希腊罗马的自然法思想、亚里士多德理论、封建时代的政治法律制度与基督教教义相结合，提出了系统的神权政治论，宣传神法和教会高于一切的观点。东方的君权神授说是要论证君权至高无上，神圣不可侵犯。中世纪欧洲教权主义者的君权神授论却论证教权高于政权，教皇高于国王，王权有限。中世纪欧洲是教权与世俗政权、王权与贵族特权、城市自治权共存斗争的二元甚至多元权力结构，任何一种权力都不能从根本上控制、统驭另一种权力。不同时期的差别只在双方势力的此消彼长而已。这种情况必然对欧洲的政治思想产生重大的影响。教会对思想文化实行专制主义，但王权却难以对世俗事务实行专制，教会、贵族、自治城市、议会或等级会议、习惯法都对王权构成重大约束和限制，使其不能像东方帝王那样为所欲为。这种状况反映在政治思想上，便是人民普遍认为王权有限和法律高于国王，不论是阿奎那还是马西利都持这种看法。因此法治的传统不论就实践抑或理论而言在中世纪欧洲并未断绝，仍艰难地延续了下来。

文艺复兴是西方近代文明的开端，也是西方政治思想由神学政治论向近代法学政治论转变的起点。资本主义经济的产生和发展，近代民族国家的形成，王权与市民结成联盟，王权的强化以及走向专制，构成文艺复兴的社会背景。文艺复兴倡导人文主义与个性解放，主张以人为中心而不是以神为中心，大力提倡人的尊严，追求

---

① 《马克思恩格斯全集》第21卷，人民出版社1965年版，第545页。

人的幸福，尤其重视现世生活的快乐，反对教会神学和禁欲主义。这种思潮主要体现在文学艺术上，也对当时的政治思想产生了重大影响。文艺复兴时期政治观与中世纪政治思想相比，最大的特色就是"代替教条和神权的是人权，代替教会的是国家。以前，经济关系和社会关系是由教会批准的，因此曾被认为是教会和教条创造的，而现在这些关系则被认为是以权利为根据并由国家创造的"①。当时思想家们开始用"人的眼光"，从人文主义出发，从经验和理性出发来考察、解释政治社会问题，把政治社会关系看成一种权力关系，提出了权力政治观。国家被解释为人的需要的产物，法律也成为理性与权利的表现。马基雅弗利就是摆脱神学思维、以权利和权力斗争为切入点思考问题的近代政治学第一人。稍后，博丹提出了国家主权论，格劳秀斯首次系统地阐发了近代国际法理论，标志着西方近代政治思想的开端。

如果说文艺复兴是对中世纪天主教信仰的第一次重大冲击，那么，比文艺复兴稍晚的宗教改革则根本上摧毁了天主教在精神文化领域一统天下的局面，引发了基督教的又一次大分裂。新教在与罗马天主教的激烈斗争中分离出来，形成北欧的路德教，瑞士的加尔文教和英国的国教、清教等几个主要新教教派。新教反对天主教的救赎理论与主教制，拒斥教会的干预，主张《圣经》是唯一的信仰权威，教徒可以通过理解《圣经》直接与上帝交往和沟通。新教强调信仰重在内心真诚，外在的繁文缛节没什么意义。宗教改革后，加尔文在日内瓦建立了一个政教合一的、禁欲主义的共和国，他的宗教政治主张对后世产生了一定的影响。

17—18世纪是西方近代思想启蒙与民主革命时期，古典自然法

---

① 《马克思恩格斯全集》第21卷，人民出版社1965年版，第546页。

绪 论

学说与天赋人权论盛极一时。此时，资本主义经济有了长足的发展，工商业城市与中产阶级的力量迅速壮大，它们开始表达自己独立的政治主张与诉求，反对专制王权和贵族特权，要求平等的参政权利，甚至要掌握国家大权。于是，原先城市市民与国王结成的共同对付封建贵族的政治联盟趋于解体，国王与封建贵族站在了一边，维护专制王权和贵族特权，反对变革与革命。但是，历史的洪流不可阻挡，16—17世纪荷兰、英国反对封建专制统治的民主革命相继取得成功，建立了近代共和国或君主立宪政体。洛克在他为英国革命辩护的政论文章中，创立了近代自由主义理论，对近现代的政治生活和政治思想影响深远，贡献良多。18世纪中叶，受英国政治制度和思想文化的影响，尤其是洛克思想的启迪，法国启蒙运动蓬勃兴起，蔚为壮观。启蒙思想家以天赋人权、个人自由、社会契约和分权制衡论为武器，向君主专制和教会势力展开了凌厉的批判与声讨，为后来的美国革命和法国革命准备了思想火种。孟德斯鸠、伏尔泰、卢梭与百科全书派成为启蒙运动的中坚力量。虽然他们中没有一个人明确主张用暴力革命推翻旧的专制统治，但法国大革命的进程始终体现了启蒙思想的巨大影响，特别是卢梭的激进学说，成为法国革命的锐利思想武器。对于启蒙运动与法国大革命，当时的保守势力进行了猛烈的反击，正是在柏克对法国大革命的谴责反思中，近代保守主义思想诞生了。

19世纪中叶，终结专制王权和贵族特权的近代革命或改革在欧美先进国家取得成功，以自由市场经济、个人主义、代议民主政体或立宪君主制为核心的近代西方文明确立下来。随之，内含明显革命性的自然法理论与天赋人权说逐渐衰落，取而代之的是历史法学和带有浓烈民族主义、国家主义色彩的德国古典政治思想。与此同时，自由主义在新的思想基础上得到进一步充实和完善，并在推进欧美民主自由方面贡献甚多。19世纪的经济自由和政治自由都取得了重大进展，使得19世纪被称作自由主义的世纪。伴随着资本主义近代文明的建立，各种旨在批评和摧毁资本主义的社会主义思潮也应运而生，且影响越来越大。从19世纪20—30年代的社会主义理想，到马克思主义理论，还有形形色色的无政府主义，都是社会主义思潮的组成部分，其共同宗旨都是消灭私有制、剥削与压迫，建立一个人人平等没有剥削与压迫的理想社会。至于实现理想的办法，则各派社会主义大不相同。从理性的说服教育到阶级斗争、暴力革命，甚至恐怖袭击，应有尽有。进入20世纪上半叶，由于资本主义经济危机与两次世界大战的影响，自由主义呈现衰落之势。苏俄共产主义、民主社会主义的势力与影响急剧增长，且从理论变成了现实，并由此导致三四十年代西方文化知识界思想与价值观呈现普遍的"左"倾。同时，极右的法西斯主义也吸引、影响了德、意大部分民众，最后给全人类造成了空前浩劫而走向末路。苏俄式共产主义在与西方文明对抗70多年后，也于20世纪最后十年跌入低谷。不仅苏联、东欧国家的共产党放弃了这种思想信仰，而且其在西方国家的影响也日趋式微。苏俄式共产主义一般适用于东方经济文化落后、政治上专制独裁的前近代国家，在西方发达国家缺乏吸引力也是自然的事情。到了20世纪末，西方自由主义又一次呈现高歌猛进之势，在今天的欧美都是占主流的政治思潮，以至于自由主义思想家福山过于乐观地预言在当今西方自由民主体制下，人类历史的质的进步已告终结。

　　西方政治思想是西方思想文化的重要组成部分，是人类智慧的伟大结晶。它所揭橥的民主自由、人权法治、平等博爱、社会主义、人道主义、国际法与世界和平论对人类政治文明和社会的进步产生过并将继续产生着伟大、深远而有益的影响，任何国家、党派、宗

绪 论

教或个人以不管什么原因忽视或践踏这些原则,早晚都会付出巨大的代价。民主战胜专制,自由取代奴役,法治压倒强权,是人类政治文明进步的主流。

相对而言,西方政治思想比东方政治思想具有更大的理论价值和现实意义。古代东方政治思想都是围绕着政治上的专制主义展开的,古代东方以君主专制为主的政体决定了古代东方的思想家只能在专制与人治的基点上思考政治法律问题,他们从来就没有真正的权利观念。这样的政治思想既不如西方政治思想宏富、系统和精深,又不如西方政治思想进步和影响深远。到了近现代,东方革命或进步的政治思想往往是直接从西方贩运过来的"舶来品",或是以西方政治思想为理论基础,结合本国现实发展起来的。因此,如果说东方古代政治思想还能独立于西方而自成体系的话,那么近现代东方政治思想则受到西方政治思想的巨大影响。

人类在对政治法律问题的探究、认识上虽已取得了很多伟大的成果,但仍有不少重大问题缺乏科学的答案,现在也只能是仁者见仁,智者见智,共识难见,分歧不少。用宋儒吕伯恭的话说,即"善未易明,理未易察"。因此以一种居高临下、自以为掌握了终极真理的审判官架势来评判各种学说思想中哪些内容为真理、何者为谬论,实在并不明智,也为作者所不取。作者只是尽量客观如实地转述并分析各种政治思想及其影响。至于书中不当、浅陋之处,祈请方家教正。

第一章 古希腊政治思想

第一节 概论

在欧洲，古希腊、古罗马是最早进入文明社会的地区。公元前21世纪爱琴海地区即出现了克里特文明，随后希腊人又建立了迈锡尼文明。公元前12世纪，迈锡尼文明被新来的入侵者摧毁，希腊地区又退回到部落生活状态。公元前8世纪至公元前6世纪，希腊进入城邦形成时期。当时希腊因受自然条件的限制，再加上生产力水平的低下，没有像东方那样形成统一的疆域辽阔的中央集权的君主专制国家，而是建立了数以百计的袖珍城市国家，即城邦。城邦对外独立，对内自主，城邦之间平等往来。城邦政治法律制度各有其特点，呈现多元化的政治局面。城邦领土狭小，一般是由一个较大的城市及周围农村组成。其中最大的是雅典和斯巴达。雅典是工商业繁荣、对外高度开放的城邦，实行私有制，公民有相对宽松的私人生活，科学文化繁荣发达。公民聪明理智，热爱艺术和辩论，生活充满情趣而丰富多彩。而斯巴达则是以农业立国的、贵族长老统治的、严

第一章　古希腊政治思想

厉刻板的军营式国家。斯巴达取消了私有制和商业贸易，对公民束以严格的纪律，实行集体主义和公民共餐制。国家轻视科学文化而一味注重体育健身，公民则四肢发达头脑简单，生活单调乏味。不过其和雅典相比也有一个优点：不歧视妇女，妇女也有公民权。前者的政体形式是民主制，后者则采用贵族寡头政体，这是两个不同的城市国家的典型。不过一般来说，多数希腊城邦通过多次改革立法，先后经历了君主政治、贵族政治、僭主统治到民主政治的演变。

古希腊文明以海洋为中心，无论是爱琴海地区和地中海岸边的城邦，还是希腊半岛上的居民，其生活都依赖和围绕着海洋。因此，希腊文明是与东方内陆文明截然不同的海洋文明，它具有开放、包容、活跃和多样性等特征。

古希腊是人类民主法治的发源地，也是西方政治文明与政治思想的发祥地。公元前8世纪，提修斯改革标志着雅典城邦的建立。雅典城邦从一建立，就远离专制独裁，走上另一条政治发展道路。公元前621年，执政官德拉古制定和颁布了希腊最早的一部成文法典。公元前6世纪初的梭伦立法，使雅典走上了民主法治的轨道，促进了雅典经济、政治和文化的发展。克里斯提尼的改革进一步健全了雅典的民主制。在伯里克利执政时，雅典的国力和民主发展到顶峰，为雅典的黄金时代。随着伯罗奔尼撒战争的失败，伟大的雅典走向衰落。公元前4世纪，希腊城邦（包括雅典和斯巴达）屈服于马其顿的霸权之下。公元前2世纪，希腊被罗马征服，成为罗马的一个行省，结束了古希腊城邦光辉灿烂的历史。

古希腊的公民民主高度发达，法律的权威至高无上，人们的法治意识非常浓厚，违反法律是公认的耻辱。古希腊人甚至认为，尊重法律是他们最大的优点，正是这一点使他们优越于非希腊人。由于民主法治，古希腊的政治社会生活相对于东方专制国家来说，呈现相当宽大的特点,从没有一人失败夷三族诛九族、满门抄斩的野蛮暴行。对于政治上的危险分子或失势者,往往采取贝壳放逐法将其逐出城邦,十年后再恢复其公民权和财产。即便是对奴隶,希腊人也比东方人更开明。法律明文规定,主人不能无故杀伤奴隶。如在雅典,早在公元前 594 年梭伦立法就规定,禁止奴隶主对奴隶的暴力伤害,奴隶因此得到了一定的人身安全保障。而在同时代的东方,随意杀伤奴隶,甚至大规模地杀死奴隶殉葬的事一再发生,这都被文献记载和考古发掘一再证明。

当然,古希腊的民主只是少数男性自由公民的民主,而将奴隶、外邦人和妇女排除在外。雅典鼎盛时期,城邦总人口约 30 万人,只有 4 万—5 万人享有公民权。公民大会是最高权力机关。公民不仅经常集会议决国家大事,制定法律,选举或抽签决定执政官、将军、议事会成员,而且公民还作为陪审法庭的陪审员出席审判,做出判决。议事会、执政官、将军都要向公民大会负责,绝不能违背公民大会的决议。克里斯提尼改革后,上述公职对所有公民都开放。每个公民在法律上都是平等的,在出任公职上也有平等的机会。伯里克利曾自豪地就此评说:"让一个人担负公职优先于他人的时候,所考虑的不是某一个特殊阶级的成员,而是他们有的真正才能。任何人,只要他能够对国家有所贡献,绝对不会因为贫穷而在政治上湮没无闻。"[①] 执政官、将军一般任期一年,别的公职任期也是一年或更短,当然可以连选连任。任期结束后要接受公民大会的严格审查,目的是查明是否渎职或贪污。早期所有的公职都是无偿服务,没有薪酬。后来为了使穷人乐意担任公职,才发给一定津贴。任何公职

---

① [古希腊] 修昔底德:《伯罗奔尼撒战争史》,谢德风译,商务印书馆 1978 年版,第 130 页。

第一章 古希腊政治思想

人员,一经公民大会弹劾,立即被解职。

公元前8世纪至公元前6世纪,古希腊政治思想随着城邦的建立而萌芽。公元前5世纪至公元前4世纪时,希腊的智者从批判的角度出发,对城邦政治和法律问题进行了探讨与论争,提出了最早的自然法理论。当时的政治思想还包容于哲学之中。到公元前4世纪时,古希腊政治思想在柏拉图与亚里士多德师生那里发展到顶峰。这两位思想文化大师对后来西方政治思想的发展产生了重大而深远的影响。亚里士多德在《政治学》中首次将政治学从哲学中分离出来,作为一门独立学科进行研究。他的《政治学》与《雅典政制》两书,分别在政治学理论的论述与政治体制的阐释方面达到了古代世界的最高境界。在后来的斯多葛学派那里,随着城邦政治的衰落与亚历山大帝国的建立,还首次提出了人类一体的世界主义观念。古希腊政治思想家的不少著作虽早已散失,无从详细考究,但仅从保存下来的著述中,已可见其宏富渊博。归纳起来,古希腊政治思想有以下特点:第一,浓厚的城邦主义色彩。在古希腊政治思想家眼中,城邦是社会进化形成的不可分割的公民共同体,个人的价值依存于城邦,人天生是城邦政治动物,不能脱离城邦。政治就是城邦事务。从苏格拉底到柏拉图,再到亚里士多德,都强调城邦的整体性与一致性,否认个人的独立性,尤其是柏拉图。在他们眼里,公民自由、个人利益相对于城邦利益与意志而言,是微不足道的东西。城邦主义的政治思维既排斥了个人主义,也妨碍产生希腊民族国家的思想,因为他们不是从民族而是从城邦出发思考政治问题的,建立统一的希腊民族国家不在他们的考虑之中。没有一个思想家或城邦设计过统一希腊半岛或希腊文明地区的理想。在古希腊人眼中,众多城邦分立是常态,而统一反而是不可思议的事情。所以,古代东方国家以武力吞灭他国实现统一或征服这样司空见惯的事情,在古希腊竟

然绝无仅有。伯罗奔尼撒战争中彻底失败的雅典，也不过丧失了霸权与改变了政体而已，并没有亡国。第二，理性的政治思维和比较科学的研究方法。在古代世界，希腊人最富于科学理性，其思想理论的哲学高度和系统缜密都是罕见的。他们的政治思想一开始就与宗教迷信区别开来，表现为纯粹的理智探讨。或从经验事实归纳而来，或从理念原则引申。希腊人研究社会政治问题的深度与广度都是令人赞叹的，希腊政治思想真正达到了体系化的水准与形而上学的境界。柏拉图创立了第一个政治哲学体系，而亚里士多德通过实际调查、追溯源流和比较分析的方法来研究城邦政治与法律问题，第一次确立了政治学的独立学科地位。他们对国家、法律起源及本质的论述，对政体的比较分析，都是古代世界其他地区的政治思想家难以企及的。第三，城邦政治的多元化使希腊政治思想家的视野非常广阔，由此形成有深度的政体比较研究。希腊政治思想就是围绕政体或宪法的研究（政体的分类、对不同政体的比较分析、理想政体等）展开的。各种政治制度的比较是希腊人知性生活中经常讨论的话题，他们对于共和政体、贵族政体、君主政体、僭主政体、寡头政体、平民政体都做了深入的研究。这是希腊政治思想的特点和优点之一。反观古代东方的政治思想，政体理论与形而上思想的缺乏是明显的不足。古代东方的政治思想以治国之术与帝王之策为主，这主要由于古代东方相对单一的政体大大限制了东方思想家的视野与思维，使他们无法提出形而上的超越实用理性的思想和政体理论。第四，希腊城邦实行法治，人们尊重法律，因而希腊思想家也很关注并深入探讨了法治问题。前期智者们已经开始把法律同自然、正义联系起来，并号召人们"为法律而战斗"。德谟克利特也主张通过法律来管理城邦，反对专制人治。他告诫人们：宁在民主国家受穷，也不愿在专制统治下享福。柏拉图从"哲学王"统治向法治的转变顺应了当时的主流舆论。亚里士多德毫不犹豫地肯定法治、贬斥人治，他的法治理论，为西方法治思想的发展奠定了基石。

希腊思想家留下了不朽而宏富的政治思想遗产。政治学的一些基本问题如国家的起源和性质、政体的分类、比较政治研究、理想国家的原则、政治学的研究方法等，在他们那里得到了充分的讨论。政治法律方面的一些基本概念，如政体、公民、民主、自由、正义、自然法、法治等，最早都由希腊人提出并做出了阐释。后世政治思想家继承并充实进新的内容，一直流传到今天，并仍对我们的政治社会生活产生着有益的影响。

第二节　前柏拉图时期

一　前期智者

公元前 5 世纪下半叶，希腊城邦中涌现出一批自称为"智者"的学人，他们向人们传授政治法律知识和有关辩论、诉讼、修辞、讲演的技巧。这些人思想活跃，不拘旧说，大胆质疑、批判流行的观点，勇于阐述自己新颖独到的政治见解，代表人物有普罗泰格拉、高尔吉亚、安提芬等人。他们的政治主张并不一致，也没形成系统的理论体系，但对后来的政治思想产生了相当影响。他们以人的眼光考察社会、政治和法律问题，提出了"人是万物的尺度"的著名命题。有的智者肯定习俗与法律的价值，认为法律是正义的准则，善恶的标尺，必须遵守；否则不仅政治制度会遭到破坏，人的生活也将降低到野兽的水准。另有一些智者将法律、习俗与自然对立起来，蕴含自然法思想。他们认为合乎自然的法律才是公正的，而现实的法律并非公正合理，奴隶制就违反了人人平等的自然法则。智者之一安提芬就认为城邦所制定的法律只是根据"意见"或"习俗"，遵守这种法律是没用的。他进而指出法律是少数人制定的，这种法律不反映奴隶的意志，是法律而非自然造成了人的奴隶地位。雅典城邦的法律并不公正，而是暴力；雅典并不民主，因为外来居民和奴隶都不能参加公民大会。希腊人把所有外国人看作"野蛮人"的偏见是没有道理的，因为"野蛮人"和希腊人一样自然具有人类的特性。

智者欧里庇德斯（前480—前407，希腊悲剧作家）也说，根据自然的法则，奴隶和自由民应该是一样的。奴隶之所以成为奴隶，不是因为他们愚笨，而是城邦法律造成的。因此，人为法并不代表正义，而只有自然法才是公正的。而智者阿基马丹认为：神让一切人自由，自然并没有使任何人成为奴隶，是社会制度使人成了奴隶。

有的智者还认为国家并非是为公民全体利益服务的政治共同体，而是统治者从自己的利益出发，制定适合自己需要的法律并强制实行的统治机器。法律又以国家政体为转移，寡头专制国家制定专制的法律，民主国家制定民主的法律，贵族制国家则制定对贵族有利的法律。在制定法律的时候，统治者把自己的利益视为正义，强迫人民遵守。在统治者看来，人民违反法律，就是违反正义，要受法律制裁。因为统治者掌握着国家权力，他们信奉的原则是：凡有利于统治者的，都是正义的。

智者最有价值的是激进的平等思想。以往希腊人追求的平等，不过是法律上的平等，或者自由民、公民内部的平等。有些智者则把平等推广到一切人，包括奴隶与主人的平等，以及所有人在法律、财产、教育方面的平等。安提芬就说："根据自然，我们大家在各方面都是平等的，并且无论是蛮族人，还是希腊人，都是如此。"① 在奴隶制盛行的时代能提出这样的观点实在是难能可贵。

二　苏格拉底

苏格拉底（Socrates，约前469—前399年），出生于雅典一个普通的工匠家庭。在伯罗奔尼撒战争时期，苏格拉底曾3次从军出征，表现出非凡的勇敢与坚忍。在雅典贵族派与民主派斗争中，他站在贵族派一边，反对雅典民主制。在民主派执掌大权后，民众诬指苏格拉底违反城邦宗教、渎神和腐蚀青年等罪状将他判处死刑。他本有逃跑的机会但拒绝出逃，坚持一个公民必须遵守法律，服从判决，于公元前399年在狱中服毒而亡。苏格拉底刚直不阿，一生清贫仍孜孜不倦地追求真知，被马克思誉为"哲学的创造者"，罗曼·罗兰也将他列为世界四大圣哲之一。他的被杀，是雅典民主政治的一大污点。

苏格拉底生活的时代，雅典的民主政治从巅峰走向衰落，人们的道德水准也普遍低下，城邦制度的弊端和危机已显露出来。他致力于提高人们的道德水准，重建道德基础，挽救城邦的危机。他非常重视知识的价值，提出"美德即知识"的名言。他认为道德规范必须奠基于知识，来源于知识。知识和教育才是城邦政治的根本。城邦的首要任务是改善公民的德行，使他们有知识和教养，求善而避恶。与此相联系，他主张贤人政治或专家治国。他认为治国是一种专门学问，需要专门训练，一般民众由于缺乏政治智慧难以胜任。他批评民主制的主要理由就是雅典这种抽签选举的民主形式抹杀了贤良与不肖的区别，使不肖之徒与贤良有同样的机会出任公职，导

---

① 转引自［苏］涅尔谢相茨《古希腊政治学说》，蔡拓译，商务印书馆1991年版，第105页。

致愚民政治和对国家的不负责任。

在公民与城邦的关系上,苏格拉底要求公民无条件地忠于城邦,服从城邦。在他看来,城邦对公民的统治,犹如家长对子女、主人对奴隶的统治。这自然不利于公民自由的培育。

苏格拉底认为,法律与城邦一样,都是神的安排,它体现了是非善恶的标准。所以正义要求人们遵守法律,不论是自然法还是国家制定法。他相信守法即正义。他说,"在各个国家中,那些最好的统治者总是把对法律的服从看作公民的最大义务","一个国家的公民最遵守法律,它在和平时期就幸福,在战争时期就坚定"[1]。他认为公正的人就是遵守法律的人,恶法也是法,公民也有义务遵守。城邦给了公民重大恩惠,因此服从法律是公民义不容辞的责任,服从法律有利于提高公民的道德水准与正义意识。人人从内心遵守法律乃城邦的理想状态,正是为了这种守法的理想和美德,他宁愿去死而不肯逃走。

第三节　柏拉图

柏拉图(Plato,前427—前347年),出生在雅典一个富有的奴隶主贵族家庭,受过良好的文化教育。他父亲是雅典古代王室的后裔,母亲则与梭伦有亲戚关系。他对其师苏格拉底十分尊敬,苏格拉底的思想,就是通过他的记述流传了下来。和苏格拉底一样,他对当时雅典的民主颇为鄙视,而倾心于贵族政治或贤人政治。在西

---

[1] 转引自〔苏〕涅尔谢相茨《古希腊政治学说》,蔡拓译,商务印书馆1991年版,第117—118页。

第一章 古希腊政治思想

方政治思想史上，他占有重要的地位。他是第一个提出政治哲学体系的思想家，也是古希腊唯心主义哲学最主要的代表。罗素在《西方哲学史》中称柏拉图和亚里士多德是古代、中世纪和近代一切思想家中影响最大的人，但罗素又说他对柏拉图很少敬意。柏拉图的政治思想，集中体现在他的《理想国》《政治家》和《法律篇》三本著作中。《理想国》约发表于公元前377年，反映了柏拉图早期的政治思想。《政治家》一书稍晚，《法律篇》则在柏拉图晚年完成。不过，代表他早期政治思想的《理想国》一书，对当时及后代影响最大。

一 理想国家的设想

柏拉图在《理想国》一书中，提出建立一个公平正义和具有美德的理想国家。这个国家由具有智慧与美德的哲学王统治，实行严格的身份等级制，三个不同等级的人的地位、职责各不相同：（1）具有统治能力而专门指导管理国家的统治者，即哲学家，他们垄断国家的全部权力；（2）军人，他们在统治者（哲学家）领导下保卫国家安全，抵抗外国侵略；（3）劳动者，专门从事生产劳动。理想国的人们必须具备四种美德：智慧、勇敢、节制和正义。智慧属于统治者，勇敢属于军人，节制则同属于三个等级，而不仅仅限于劳动者。正义就是这三种人按照社会分工，各司其职，干好自己分内的事而互不相扰。人的不同等级地位，开始取决于立法者选拔，后来成为世袭。哲学家必须防止不同等级的人相混杂，等级间的混杂是国家堕落与灭亡的主要原因。至于奴隶，在《理想国》中，只是一种活的公共财富，一种会说话的工具，是没有任何权利地位的。

柏拉图的理想国，既是共产主义的，又是极权主义的。公民不许有任何个人利益和自主的空间，私人财产、个人家庭生活统统取消，他们被组织进群众大家庭过集体主义生活，不仅共产，而且共妻，共子女。孩子生下来即由国家养育，父母不知道孩子，孩子更不认识父母。一切具有个性或私心的东西都要消灭。财产和日常生活，教育和体能训练，婚配与生儿育女，文化娱乐，思想与科学，都必须置于国家的绝对控制之下。国家对公民实行强制性的全民教育，每个人都不能自由学习。他把教育分为初级和高级两个阶段。初级教育要使每一个公民既具有健康的体格，又具有自我克制力和勇敢精神。高级教育的目的是培养出少数杰出统治者，即聪明睿智的哲学家。柏拉图把教育看得非常重要，认为通过教育可以完善人的品性，改造人的灵魂，培养他期望的理想国的新人。柏拉图主张要对一切不符合理想国思想价值标准的文化精神产品实行严禁或消灭，他把这称为"净化城邦"。柏拉图实为西方思想史上文化专制主义的首倡者。柏拉图还提出由国家强制实行优生，天生畸形或病弱者，则弃之荒野，这一思想来自斯巴达。

当然柏拉图理想国最重要的还是"哲学王"的统治。既然知识是最高美德，理性应该主宰一切，而它们又为哲学家所专有，那么，正义就要求由哲学家来担任国王，统治国家。他说，"除非哲学家成为我们这些国家的国王，或者我们目前称之为国王和统治者的那些人物，能严肃认真地追求智慧，使政治权力与聪明才智合而为一"，否则"对国家甚至我想对全人类都将祸害无穷，永无宁日"①。哲学家富有智慧，渴求真理，慷慨大度，不偏不倚，勇敢而有节制。他们以智慧服众和治理国家，不以玩弄权术为能事。只有哲学家成为统治者，国家才能长治久安，民众才能幸福安康。因而他对于法律

---

① [古希腊]柏拉图：《理想国》，郭斌和、张竹明译，商务印书馆1995年版，第214—215页。

是不太重视的,他推崇"哲学王"的人治而不要法治。柏拉图争辩说,哲学家的智慧比国家机关所制定的法律要高明得多,理性与知识高于法律。实行法治,就会限制哲学家的智慧,妨碍哲学家的统治。

柏拉图写作《理想国》一书,就是要反对当时雅典的民主制,以斯巴达政治社会制度为原型,期望改变当时希腊城邦的政体和社会制度。不过斯巴达正缺少柏拉图这样的"哲学王",斯巴达人对哲学、艺术都不热心,自然不会接受哲学家的统治。统治斯巴达的是一帮和哲学家相差甚远的刻板守旧的贵族长老。因此,只有将斯巴达的贵族寡头政体换成"哲学王"统治,才是柏拉图的理想国。他的理想国,是人类思想史上设计的第一个专制封闭的、极权主义乌托邦。难怪波普后来将柏拉图视为开放社会的第一个敌人。

二 政体理论

柏拉图理想的国家政体自然是哲学家统治的贤人政体。但他也明白,这种政体极少出现,大量存在的倒是并不理想的国家政体。并不理想的国家政体,依照优劣次序分别是:军阀政体,它重视荣誉,喜欢战争,不如贤人政体优越;富豪政体,它崇尚财富,蔑视穷人,而且过度的贫富不均必然导致寡头统治;民主政体(平民政体),它崇尚自由和平等,但人们不易受法律的约束,容易滑向个别野心家统治;专制政体(暴君政体),它崇尚暴力,借助恐怖。虽然柏拉图把暴君政体列为最坏的政体,但他主要攻击的却是民主政体。在他看来,民主政体无法无天,这种政体演变的结果就是暴君政体。柏拉图认为上述四种不良政体是依次循环的。

在《政治家》和《法律篇》中,柏拉图适当修补了他的政体理论。他先把政体划分为正常政体和变态政体。正常政体是指依据法律进行统治的政体，包括统治者为一人的君主政体，统治者为少数人的贵族政体和统治者为多数人的民主政体。变态政体是指不依据法律进行统治的政体，依据统治者人数的多少分为暴君政体、寡头政体和暴民政体。柏拉图认为一个人掌权的政体，如由哲学家依据法律进行统治，是最好的政体；但若非哲学王，个人不依据法律统治也可能演化为最坏的暴君政体。而多数人统治的政体，不可能是最好的政体，也难演化为最坏的政体。少数人统治的政体则介于二者之间。柏拉图一贯主张哲学王最好，但在《政治家》中又怕一人统治演化成最坏的暴君政体，所以认为贵族政体比较稳妥。最后在《法律篇》中，柏拉图改而主张混合政体论，即采取集三种正常政体优长而构成的混合政体。因为这种政体体现了自由与法律的结合。柏拉图主张国家必须实行明智而强有力的统治，但又不能滑向专制；国家必须赋予人民以自由，但又不能过分自由。混合政体正好兼有这两个优点而避免了两者的危险。

三 《法律篇》中的法治论

在法治与人治关系上，柏拉图前后期的观点是大不相同的。前期的《理想国》倾向于人治，而中后期的《政治家》和《法律篇》，特别是后期的《法律篇》明显地强调法治。柏拉图在前期主张人治，自然是由于他相信哲学王的统治优于其他政体。他认为哲学家掌握着真理，法律是国家机关制定的规则，法律远不能同哲学家的智慧相比。人们完全可以在哲学家的指导治理下过良善的生活，有无法律并不重要。再者，法律是刻板的，人们不可能制定出一种应付社会生活千变万化的法律，而哲学家完全可以凭借其智慧灵活处理各种复杂情况与个案。但柏拉图通过叙拉古立法改革的失败和自己后半生的研究思考，认识到他的最优方案不可能在现实中得以实施,于是在《法律篇》中寻求次优方案,思想倾向也从人治向法治转化。

柏拉图在《法律篇》中仍然强调知识的重要和理性的主宰地位,但他认识到权力与智慧结合在一起的情况即便不是没有也是少见的,而人性又是贪婪自私的,他们行事很少靠理性。鉴于此,他改变了前期对法律的轻视,承认法律在城邦政治生活中的重大作用。他认为如果一个国家的统治者不是哲学家,而且在短时间内又无法使统治者变成一个哲学家,那么法治就比人治好。实行法治虽然不是最好的政治,但是"第二等好的"政治。在没有"哲学家—国王"的情况下,法律是诸神借以传达其命令的声音,良好政体的根本原则应该是城邦受法律的支配,而不应受个别统治者、特殊阶级或利益集团的支配。超越法律的绝对权力无论对行使权力者还是服从权力者都是灾难性的。必须使法律有至高无上的权威,实行法治。

柏拉图在《法律篇》中提出并阐释了许多重要的法律问题。关于法律的定义,他认为理性的命令就是法律。他说:"我们认为应该有办法去仿效'黄金时代'的生活,如同传说的那样,在家庭和国家两方面都要服从我们内心中那种永恒的质素,它就是理性的命令,我们称之为法律。"①

柏拉图主张要重视立法工作,立法的根本原则是遵循公正和善德的理念。只有秉承公正和善德的理念所制定的法律才是好的法律。将法律看作强者命令的人,只会用法律永久保持自己的权势,从而导致权力的滥用。他认为一国立法时该国家应是自由和统一的,同时这个国家的人民对法律具有理解力。立法时先定宪法大纲,再以之为根据制定其他法律法规。

---

① 转引自《西方法律思想史资料选编》,北京大学出版社 1983 年版,第 23 页。

关于守法问题，柏拉图非常强调官员的守法执法。柏拉图认为，对于公民来说，首先要服从法律，服从法律就是服从神灵。离开了法律，人类的生活就会堕落到野蛮的兽类生活。如果全体公民，尤其是官吏遵守和服从法律，那么这个国家就是正义的。如果官吏不守法或执法不力，法律的价值就被大打折扣了，最严重的政治败坏和恶行也会因此滋长。官吏是法律的执行官，也是法律的仆人。他在《法律篇》中说："如果一个国家的法律处于从属地位，没有权威，我敢说，这个国家一定要覆灭；然而，我们认为一个国家的法律如果在官吏之上，而这些官吏服从法律，这个国家就会获得诸神的保佑和赐福。"①

历史证明了柏拉图的这个论断。

第四节 亚里士多德

亚里士多德（Aristoteles，前384—前322年），生于希腊北方色雷斯的斯塔吉拉城，父亲是马其顿国王的医生。公元前367年，亚里士多德来到雅典，进入柏拉图创办的学园学习近20年，他是柏拉图最得意的学生。公元前343年，亚里士多德被聘为马其顿王子、后来的亚历山大大帝的教师。公元前335年，亚里士多德在吕克昂创办了自己的学园，他的大部分著作是在创办这个学园之后写成的。亚里士多德生活在希腊城邦动荡和危机的时期，此时希腊城邦还面临着马其顿的征服和霸权。到他死时，亚历山大帝国不仅囊括了希腊半岛，而且横跨亚非欧三大洲。也就是说，亚里士多德生活在从

---

① 转引自《西方法律思想史资料选编》，北京大学出版社1983年版，第25页。

城邦向帝国的转变期。他的主要政治著作有《伦理学》《政治学》和《雅典政制》等。亚历山大一死（前323年），雅典反马其顿派上台，亚里士多德被控犯有不敬神的罪。他在审判前离开了雅典，自称不愿步苏格拉底的后尘。

在政治思想上，亚里士多德既批判了柏拉图的乌托邦设想，又继承了柏拉图晚年的政体论与法治思想。哲学上的折中主义和中庸之道也给予他的政治思想以重大影响。

一　城邦的起源与本质

亚里士多德在学术上的主要贡献之一是首次对人类科学知识进行学科分类，将政治学从哲学、伦理学中分离出来进行研究。他确定了政治学的研究对象和范围，对政治学的基本范畴和原理进行了广泛深入的探究，建立了完整的学科体系。他认为宇宙万物的存在都有一个善的目的。伦理学是研究个人的善，政治学则研究城邦的善，这就决定了政治学是最有权威的科学。

关于城邦的起源，亚里士多德用自然进化论进行解释。他认为人类的早期社会组织是从低级向高级演进直至出现城邦。他认为人类天生是合群的动物，不可能离群索居。起初，由男女、主奴的结合组成了家庭，这是人类生活的基本形式。尔后，人们又由若干家庭联合起来组成村社，村社的自然形式就是部落。最后，若干村社又进一步联合起来组成城邦。这样社会组织就进化到高级而完备的形态。可见，城邦是人类社会生活自然进化的产物。

亚里士多德认为人天然是趋向于城邦生活的。因为人的目的是实现物质的富足，身体的健康和良好的德性。人只有具备了良好的德性，才真正有别于动物，实现了人性。而任何孤立的个人或小规模的社团都不能达成这一点，只有通过城邦生活，人的本性才能实现。所以人必须成为城邦的一员，过城邦生活。

在个人与城邦的关系上，亚里士多德继承又修正了柏拉图的整体主义观念。他认为城邦是有机的整体，个人是其组成部分。个人的价值依赖于城邦，离开了城邦，人就无法完善自己。他明确主张"任何公民都应为城邦所公有"，① 个人不能私有其身。但他又不像柏拉图那样完全剥夺私人活动的空间和个人自由，使城邦生活整齐划一。他认为，"某种程度的划一，无论在家庭或在城邦，都是必要的；但完全的划一却是不必要的"②。像柏拉图那样完全划一城邦生活将会损害城邦。作为一个中庸主义者，亚里士多德最早试图在个人自由、私人领域与国家控制之间寻求平衡。他反对极权主义，反对思想文化专制，也反对共产共妻的共产主义，这些都是他的老师柏拉图在《理想国》中的主张。在批评柏拉图时，他明确声言："我爱我师，我更爱真理。"在亚里士多德看来，共产共妻制度因为划不清私人利益范围，违背人性，人们之间的纠纷会更多。很多社会的罪恶并非导源于私产制度，而是导源于人的罪恶本性，共产共妻制度也无法补救。凡是公共的财产，必然不会被人加意爱惜，从而易遭损害。他说："凡是属于最多数人的公共事物常常是最少受人照顾的事物，人们关怀着自己的所有，而忽视公共的事物；对于公共的一切，他至多只留心到其中对他个人多少有些相关的事物。"③ 亚里士多德提倡的是有限制的私有制，他称为"私有公用"，即承认财产私有，但要保证用于公共的目的。他要在承认并划清个人利益的基础上实现城邦一定程度与一定范围的划一。

---

① ［古希腊］亚里士多德：《政治学》，吴寿彭译，商务印书馆1997年版，第407页。
② 同上书，第57页。
③ 同上书，第48页。

城邦之所以不能完全划一，是因为城邦是自由人的自治团体，不是主人与奴隶的结合。城邦的权威是对自由人的治理，而非对臣民的奴役。它是平等的自由人所托付的有限权威，不同于东方君主专制帝国肆意妄为的权威。亚里士多德的城邦只是自由公民的城邦，它不属于奴隶、外邦人和妇女。他们没有公民资格，自然也没有政治权利。他为奴隶制辩护，认为自由人与奴隶的区分合乎自然，为城邦生活所必需。他也歧视妇女，认为妇女不论在体质还是智力上都不及男人，只相当于肢体不全的男人，因此男女平等是不可能的。在这点上，他不及他的老师柏拉图。

二 政体理论

亚里士多德在《政治学》中研究了政体的概念、划分政体的标准、政体的分类及优良政体等问题。他常将政体等同于宪法，认为政体对于国家而言是决定性的，政体决定了国家之间的同异。凡是政体发生了更易，就可以说一个城邦变成了另一个城邦。他说："政体（宪法）为城邦一切政治组织的依据，其中尤着重于政治所由以决定的'最高治权'的组织。"① 无疑，亚里士多德从"最高治权"的角度抓住了政体的根本。他指出政体的另一个含义就是城邦公职的分配制度，它决定在分配公职时是以受职人员的才能为依据，还是以平等原则为依据。

亚里士多德接着确定了划分国家政体的两个标准：一是政府的宗旨，即执政者的统治是为了城邦共同的利益还是仅仅为了执政者自己的利益。凡旨在照顾全邦共同利益的政体属于正宗政体，即正常政体；而只是关照执政者自己利益的政体，则是变态政体。在亚

---

① ［古希腊］亚里士多德：《政治学》，吴寿彭译，商务印书馆1997年版，第129页。

里士多德看来，城邦的目的在于全体成员的优良生活，而不是某个人或某些人的福利。在变态政体中，执政者只谋取执政者自己的利益，无异于破坏城邦全体成员的共同福祉。二是城邦执政者人数的多少。一人统治的正宗政体为君主政体，它的变态政体为僭主（暴君）政体。由少数人统治的正宗政体为贵族政体，它的变态政体为寡头政体。多数人统治的正宗政体为共和政体，它的变态政体为平民（民主）政体。

在这六种政体中，亚里士多德倾心的是以中产阶级为主体的共和政体。它的长处是既体现了民主原则，又吸收了贵族政体的优点。既保证了自由和平等，又照顾到财富、能力与品德的差异。亚里士多德为民主共和制辩护，系统地阐述了共和政体的根据和优越性。他指出，民主共和是公民由其身份产生的权利，由于全体公民都有天赋的平等地位，所以应该让全体公民都参与政治。只有公民权利平等与"轮番为治"的制度才是正义的，也是合乎自然的。多数人的集体智慧也优于个别人或少数贤良与专家。公民的普遍参与还是实现城邦稳定的必要条件。不过民主制必须避免滑向剥夺富人与贵族利益的平民政体。理想的民主共和制必须以中庸为原则，以中产阶级为基础。因为中产阶级人数最多，比其他阶级稳定，他们的社会地位使他们既不像穷人那样贪图别人的财物，也不致因太富引起穷人的眼红。他们具有中庸的美德，比较理性，不走极端，常能成为贫富两个阶级的仲裁者，以避免党争，减少内讧。他说："在一切城邦中，所有公民可以分为三个部分（阶级）——极富、极贫和两者之间的中产阶级。现在，大家既然已公认节制和中庸常常是最好的品德，那么人生所赋有的善德就完全应当以中间境界为最佳。处在这种境界的人们最能顺从理性。趋向这一端或那一端——过美、过强、过贵、过富或太丑、太弱、太贱、太穷——的人们都是不愿

第一章 古希腊政治思想

顺从理性的引导的。"① 在别的方面,他也常以中庸之道判断问题。他认定每个人拥有的财富必须有个限度,不能太多或太少;城邦的人口也不应过多或过少;它的疆域应该适中。城邦制定的法律应适当变革,不能因为存在许多原始习俗(也称习惯法)而不废改,但在改革法律时,应该慎重从事。任何类型的城邦政体防止政变或革命的良方就是中庸之道,即不趋向极端,尽量保持平衡等。他的目的是通过实行中庸之道,去调和自由民内部贫富之间的矛盾,稳定中产阶级的政治地位,解决城邦的危机。

亚里士多德认为,一切政体组织都有三个机能:议事机能、行政机能和审判机能。

议事机能具有最高权力,有三种不同的安排:第一,把一切事项交给全体公民审议裁决,这是平民政体的特征;第二,把一切事项交给少数公民审议裁决,这是寡头政体的特征;第三,把某些事项交给全体公民审议裁决,而另一些事项则交给少数公民审议裁决,这兼有贵族政体和共和政体的特征。行政机能也可以有若干种不同的安排。法庭即审判机能也有三种不同的形式,并同政体直接相关:第一种,从全体公民中选拔陪审员审断所有案件,属于平民性质;第二种,从部分公民中选拔法庭成员审断一切案件,属寡头性质;第三种,某些法庭的成员从全体、其他一些法庭则从部分公民中选拔,属于贵族和共和性质。

亚里士多德依据希腊丰富的政治实践,对各种政体进行了比较分析。他详细分析了每种政体的特性、存在的基础、政体变革的原因及防止的办法。比起柏拉图来,他的研究更为系统、细密,他奠定了真正完整的政体理论的基础。

---

① [古希腊]亚里士多德:《政治学》,吴寿彭译,商务印书馆1997年版,第209页。

三　法律与法治

在亚里士多德看来，法律的核心就是正义。

那么什么是正义呢？亚里士多德说："正义以公共利益为依归"，"正义是某些事物的'平等'（均等）观念"。"正义包含两个因素——事物和应该接受事物的人；大家认为相等的人就该配给到相等的事物。"[①] 法律就是正义的体现，人们服从法律就是服从正义。他说："要使事物合乎正义（公平），须有毫无偏私的权衡，法律恰恰正是这样一个中道的权衡。"[②] 既然法律的灵魂是合乎正义，那么违背正义的法律自然不是真正的法律，即恶法非法。可是正义未免太笼统，太难以把握了。判断法律好坏还必须借助于另一个容易操作的标准：法律是否符合于正宗政体。亚里士多德认为，城邦政体有好坏，相应于城邦政体的法律也有好坏。他说："法律必然是根据政体（宪法）制定的；既然如此，那么符合于正宗政体所制定的法律就一定合乎正义，而符合于变态或乖戾的政体所制定的法律就不合乎正义。"[③] 亚里士多德的推论是：正宗政体都是照顾城邦全体人民利益的政体，体现着公平与正义，符合于正宗政体的法律也就合乎正义，是良法。相反，符合于变态政体的法律就不合乎正义，就是恶法。恶法就算被普遍遵守也不是法治，只有人们普遍遵守良法才是法治。他说："邦国虽有良法，要是人民不能全都遵循，仍然不能实现法治。法治应包含两重意义，已成立的法律获得普遍的服从，而大家普遍服从的法律又应该本身是制定得良好的法律。"[④]

由贤明的君王统治或由良好的法律统治到底哪个更好？这是古

---

① ［古希腊］亚里士多德：《政治学》，吴寿彭译，商务印书馆1997年版，第148页。
② 同上书，第169页。
③ 同上书，第148页。
④ 同上书，第199页。

第一章 古希腊政治思想

希腊思想家经常辩论的问题。亚里士多德认为,法治优于一人之治,不管这一人是贤明的君主、昏庸的帝王或暴虐的僭主。其主要理由如下:第一,法律不会感情用事,没有主观好恶或偏向,而任何人都不免有感情偏爱,从而影响公正。凡是不凭感情治事的统治者(法律)总比感情用事的人较为优良。"法律恰正是没有感情的;人类的本性(灵魂)使谁都难免有感情。"① 任何个人,即使是最贤良的人也不免有热忱,会在执政中加入个人的偏向,但法律可以免去个人的偏向。"法律恰恰正是免除一切情欲影响的神祇和理智的体现"②,实施法治则近于神祇和理智的统治,而依靠个人进行统治则无异于在政治中加进了兽性。第二,集体的智慧胜过一人的智慧,众人拾柴火焰高。法治社会的法律自然是依赖众人而非一人的智慧制定的。即使在法律没有做出规定或规定不详密的地方,由公民大会进行议事和审断,也胜过任何贤良的个人做出的裁断。治国求助于好的法律,比让最好的一个人来统治更好一些。第三,法治不易于腐败,而一人之治则易于腐败。"物多者比较不易腐败。大泽水多则不朽,小池水少则易朽;多数群众也比少数人为不易腐败。单独一人就容易因愤懑或其他任何相似的感情而失去平衡,终致损伤了他的判断力;但是全体人民总不会同时发怒,同时错断。"③

总之,在比较法治与人治之后,亚里士多德要法治不要人治。当然有时国家事务可能会依仗某些人的才智灵活处理,但是必须在法律的范围内,受到法律的限制。法律应受到尊重而保持无上的权威。法律有明确规定的地方,执政者必须以法为据;在法律没有周详规定或不明确的情况下,法律要求执法者遵从法律的原则精神加

---

① [古希腊]亚里士多德:《政治学》,吴寿彭译,商务印书馆1997年版,第163页。
② 同上书,第169页。
③ 同上书,第163—164页。

以公正的处理和裁决，并允许人们根据积累下来的经验，修订或补充现行的各种规章，以求完备。为了确保法律的权威，亚里士多德反对轻易废改法律，认为这将损害民众遵守法律的习惯。

在自由与法律的关系上，亚里士多德最早指出，自由并不意味着不受拘束地放任自己为所欲为，而是在法律所许可的范围内追求善的生活。法律是城邦所订立的生活规则，它虽约束每个人的行为，但并不是与自由相对立的。"法律不应被看作［和自由相对的］奴役，法律毋宁是拯救。"①

亚里士多德关于法律与自由的关系的论述，即自由就是在法律所许可的范围内的行为的思想，为近代洛克和孟德斯鸠等思想家所继承。

亚里士多德不仅在政治思想上达到了古典时代的最高峰，而且在哲学、逻辑学、伦理学、美学、经济学、修辞学、物理学、天文学、地理学、生物学领域也做出了卓越的贡献，真正称得上大百科全书式的科学文化巨匠。难怪马克思和恩格斯称亚里士多德为"古代最伟大的思想家"，是古代希腊哲学家中"最博学的人物"。他的思想和学术成就，超过了他的前人与同时代者。在他去世2000多年后，人类才产生了可以与他比肩的思想文化大师。

在政治思想史上，他的不少成就是开创性的。首先，亚里士多德是政治学理论体系的创始人，是第一个把政治学从哲学和伦理学中分离出来的思想家。亚里士多德对当时158个希腊城邦宪法（政体）的比较研究，开启了比较政治学研究的思路。其次，在亚里士多德之前，虽然也有人主张法治，但他们对法治的论述与理解都是肤浅不全的，亚里士多德系统而严密的法治理论也是前无古人的。

---

① ［古希腊］亚里士多德：《政治学》，吴寿彭译，商务印书馆1997年版，第276页。

它既是西方政治思想的一笔宝贵财富，又是人类不朽的文化遗产。他以对人性的透辟了解论证了法治优于人治，多数人之治优于一人之治。他主张以正义的法律为治国的依据，而不是依靠靠不住的个人之智慧与德行。这一思想已经成为现代法治社会的常识和法治理论大厦的基石。最后，人类政治文明的核心价值如民主共和、法治、自由、分权制衡等，都能在亚里士多德那里找到其思想源流。如果说柏拉图开创了一个空想的、封闭而僵化的极权主义传统，那么亚里士多德则开启了一个理性主义的、自由开放的、进步的政治文化思路。

第五节　斯多葛派

一　从城邦到帝国的转变与希腊政治思想的转向

伯罗奔尼撒战争后，古希腊的城邦制度走向衰败。公元前338年，希腊城邦沦于邻国马其顿的控制之下，基本失去了主权与独立。公元前334年，亚历山大大举东征，很快建立了一个横跨欧亚非三洲的空前庞大的世界帝国。在这个幅员辽阔的帝国统治下，希腊城邦变成了具有一定自治权的地方城市，城邦时代让位于帝国时代。希腊文化在帝国内外到处传播，史称希腊化时代。亚历山大帝国及继起的三大王国是与城邦完全不同的国家形式，其政治制度、个人与国家的关系发生了重大变化，并因之引起了人们政治观念的重大变化。

城邦时代表现为公民共同体与国家的同一，公民广泛参与公共生活，城邦与个人息息相关。现在，个人与国家的关系日渐疏远，由此产生帝国、王朝与社会、个人的分离和对立。原有的公民身份失去了实际意义，由此带来个人的某种解放。在城邦时代，个人是国家有机体的一个组成部分，城邦是公民生活围绕的核心，公民的集体主义和爱国主义是一种非常自然而强烈的感情。在后城邦时代，人们的集体主义精神明显丧失，人们从公共政治生活退至个人生活，关注个人人格与精神世界的纯洁、健全和完善，个人主义因此萌发。伊壁鸠鲁学派就不再如以前那样把国家视为自然的产物，而是看作自私的个人为了自己的利益相互达成的一种社会契约。这种契约论意味着把个人视为国家的基础而非相反。

亚历山大帝国及其后的三个王国都是地域广阔的君主专制国家，它们的政治制度是希腊古典文明与东方专制制度结合的产物。随着亚历山大帝国的建立，东西方种族和文化的融合达到新的高度。人们逐渐产生一种新的观念，即民族平等和世界主义观念。在城邦时代，希腊人、罗马人怀有根深蒂固的民族偏见。在他们的眼里，只有他们才是优等民族，周围人类都是"野蛮人"。那个时代的思想家大多数认同这种种族偏见。柏拉图和亚里士多德都反对把希腊人当奴隶，认为希腊人天生具有自由的本性，但他们却主张把东方的"野蛮人"当作奴隶是适宜的，因为他们生来就具有奴隶的品性。

亚历山大帝国消解了希腊人与东方民族间的屏障，使各民族的人共同生活于一个政治共同体内，原有狭隘的种族意识已经淡化，一种世界主义思潮在帝国内悄然兴起。一些思想家产生了新的观念，即人类一体，民族平等，每个人都是人类大家庭的一员，个人与人类整体的关系优于与个别城市、民族、部落和国家的关系。这种观念先由思想家倡导，后来被民众广泛接受，在上流社会尤为流行，斯多葛派就是突出代表。

一句话，随着城邦时代的结束，个人主义与世界主义思想萌生了。

二 斯多葛派

斯多葛学派是希腊化时代产生的最主要的哲学政治思想流派，其创始人芝诺（前336—前270年）是塞浦路斯人，公元前300年前他在雅典创立了第四个著名的学园。学园位于雅典的一个画廊（音译"斯多葛"），他的学派由此得名。后来斯多葛学说传入了罗马并在相当长时期成为罗马帝国占统治地位的思想。在它的信徒中，包括一些皇帝与国王。晚期斯多葛学派中心就在罗马帝国，因此也称罗马斯多葛学派。主要代表有塞涅卡、爱比克泰德、奥勒留大帝。斯多葛学派虽主要关注伦理哲学和个人的道德完善，偏爱个人沉思，但在政治思想上也提出了一套新的理念。完整的自然法理论，就是他们的主要贡献。

自然法思想产生于希腊城邦时代，智者对自然法思想做了最初的表述，但斯多葛派的自然法思想才是真正完整的理论。

斯多葛派哲学家认为世界万物受必然性或理性的支配。在他们看来，"逻各斯""理性"或"神"是宇宙秩序的创造者、主宰者，将万物都置于其不可抗拒的力量之下。每个人的理性是宇宙普遍理性的一部分，这个支配宇宙和人的"理性"就是自然法，它贯穿于一切事物之中，是人的行为的最高准则。芝诺指出："自然法是神圣的，拥有命令人正确行动和禁止人错误行动的力量。"[①] 自然法与人的本性是一致的，服从自然法就是服从自己的本性。自然法是普遍存在和至高无上的法则，它的效力远远超过国家所制定的法律，后

---

① 转引自［苏］涅尔谢相茨《古希腊政治学说》，蔡拓译，商务印书馆1991年版，第215页。

者应该符合代表理性的、统治着全世界的、永恒不变的自然法。自然法体现着公正与客观，而人定的法律则缺乏真正的理性，因而个人也就没有遵守的义务。如果说人们要服从人定的法律，那至多是建筑在一种自然的恐惧或者本能上面的。

斯多葛学派还把自然法作为其人人平等主张与世界主义思想的根据。他们反对柏拉图和亚里士多德关于人们自然不平等的观点，明确主张一切人生来就是平等的。他们认为整个宇宙有一个最高理性（神的逻各斯）所产生的统一秩序，一切人，不管奴隶也好，野蛮人也好，同样是神的儿子，互相都是兄弟。神赋予每个人以相同的理性，所以人彼此是平等的。他们反对把人分为希腊人与"野蛮人"、贵族与平民、主人与奴隶、富人与穷人等不同的级别。卡里西巴斯明确表示，没有天生的奴隶，奴隶是由社会制度造成的。斯多葛学派的人人平等，主要是人们参与政治活动的平等，追求自己功利的权利的平等。

斯多葛学派进一步说，个人对人类整体的关系，比对他所处的特殊的、历史的国家或部族的关系更为重要。从根本上讲，自然法所要求的是一个法则，一个法律，一个国家，即世界的国家和法律。世界国家和法律靠人类之爱和普遍的理性来维持，而不靠政治性的法律和刑罚来维持。自然法就是世界国家的法律和理性的法律，它高于各个国家的法律和习惯，并使后者从属于自己。可以断言，斯多葛学派的世界主义思想，适应了一统万里、多民族共处的亚历山大帝国的政治需要，在打破希腊人和异邦人屏障方面，具有很大的现实意义。后来，随着罗马帝国的建立，它也就得到了更广泛的传播。必须说明的是，该学派并没有把世界主义同国家之间的侵略和民族扩张主义联系在一起。

斯多葛派奠定了西方思想史上独具特色流传至今的自然法传统，

第一章 古希腊政治思想

它对罗马法学、中世纪基督教政治学和近代的自然法学说都产生了深远影响。各派政治法律思想家以自然法为批判的武器,针砭现实社会制度的罪恶,要求社会改革,倡导新的政治原则。自然法成为推动文明进步的有力杠杆。尤其是斯多葛派将自然法与人人平等说联系在一起,在当时更是难能可贵。它对于后来人们争取人权平等的斗争,具有先导作用。19 世纪著名法学家梅因指出:"如果自然法没有成为古代世界中一种普遍的信念,这就很难说思想的历史,因此也就是人类的历史,究竟会朝哪一方向发展了。"①

---

① [英] 梅因:《古代法》,沈景一译,商务印书馆 1997 年版,第 43 页。

第二章 古罗马政治思想

第一节 概论

相较希腊古典文明，古代罗马文明出现稍晚。公元前8世纪中叶，罗马建立城邦。在经历了200多年的王政之后，公元前509年，罗马人推翻了君主制，实行共和。共和时期，公民爱国守法，国家生机勃勃，罗马开始称雄地中海，不断对外扩张，后来它发展成为古代世界最强大、持续时间最长的共和国。随着罗马共和国的对外征战，疆土的大幅度扩张，军事统帅的权力急剧增长，军人独裁与帝制取代了共和。强大的罗马帝国将亚非欧三洲的众多民族及广袤的疆土一统进来。公元1—2世纪的罗马帝国，政治稳定，经济繁荣，达到鼎盛时期。公元3世纪后，罗马帝国走向衰落。公元395年，整个罗马帝国分裂为东西两个部分。西罗马帝国在奴隶和平民起义的打击下，又受到蛮族的入侵，于公元476年灭亡。东罗马帝国存在长达1000多年，直到1453年为奥斯曼帝国所灭亡。

第二章 古罗马政治思想

古罗马国家的政体经历过王政（前753—前509年）、共和（前509—前27年）与帝政（前27—476年）三个阶段。王政时期最高权力在人民大会手中。由300个氏族首长组成的元老院，是处理日常事务的机关。一个由人民大会选举产生的非世袭的国王充当军事首长，并主持最高祭祀和某些案件的审判事宜。共和时期贵族与平民互争政权长达200年之久，最后双方以妥协结束。所谓共和，其含义是公共事业，即强调民主制和广大民众参加管理。人民大会制定通过法律，选举执政官和其他高官，审理通过死刑判决。由两个平行的执政官代替国王行使主要行政权，一人可以否决另一人的决定。后来，由于平民势力的发展，元老院同意设立由平民选举的护民官两人保护平民利益，牵制元老院。元老院掌控财政、外交大权，任命行省总督与军事统帅，并行使部分立法权，是共和时期的权力中心。人民大会、元老院、执政官的权力虽互相制衡，但一般元老院占优势。帝政时期国家权力集中在皇帝手中，元老院继续存在并发挥作用，某些共和原则仍延续了下来，譬如由法律规定的罗马皇帝的职权，被认为由人民赋予而非神授。罗马帝国时代也从没有中国式的家天下观念。

古希腊政治思想家通常擅长于政治哲学思维，政治学理论体系严整而精密，罗马的政治思想家则首先是政治家或法学家，因而长于政治法律的实际运作。他们对政治思想的发展没有做出多少原创性的理论贡献，他们的主要成就是把凝聚在政治法律制度中的原则、精神通过理论反映出来。他们注重实践，所要解决的是维持和巩固罗马作为世界大国的国家结构、社会生活所面临的立法、执法和司法问题。因此，罗马帝国的前两三个世纪，法学家在国家政治生活中占据了重要地位。奥古斯都皇帝授予若干法学家"公开解释法律的特权"，当他们的意见一致时，就具有法律效力。通过解释法律，他们提出了诸如权利与契约自由等具有深远影响的法律原则。

罗马帝制与东方帝制不同。在罗马帝制时代，罗马法学家一致公认立法权寓于人民之中，这一点也得到了罗马国家的认可。

法学家朱里安那斯说："条文律令能够有效而且人们必须严格遵守，就是因为人民曾表示接受它。所以，凡人民所认可的，即使没有成文法的规定，也应正当地看作是同样有效的，人人都要严格遵守。"同理，法律"条文的删除和失效，不仅可由动议的表决，而且也可以由人民的共同同意而长期不再援用"①。乌尔庇安则以皇权为人民所授予的理由说明皇权的合法权威。他说："凡皇帝所决定的东西就具有条文律令的效力，这是以'君权法'为根据的；……人民已将他们原有的无上主权，移置并赋予皇帝了。"② 也就是说，皇权与法律不是来自别处，而是最终来自人民。盖尤斯和逢普那斯也认为，最高立法权力，其本源在于人民。盖尤斯还主张，皇帝有权代表人民颁布宪法。

这种立法权属于人民的罗马法观念（当然不是罗马人的首创，而是希腊人的政治遗产），在日耳曼人那里进一步发展了。近代民主革命时期这一观念广为传扬，成为颠覆王权专制的武器。

古罗马政治思想导源于古希腊的政治思想，包括柏拉图、亚里士多德和斯多葛学派的自然法思想。特别是斯多葛学派的自然法思想，通过斯多葛学派的后期人物与罗马法学家的交流传入罗马，并对其产生了巨大的影响。我们在西塞罗和罗马法学家的理论中都可以发现自然法思想的启迪与影响。另外，古罗马政治制度与政治生

---

① 《查士丁尼法典》Ⅱ，iii，32。
② 同上。

活也对古罗马政治思想产生影响,因为古罗马权力制衡非常成功,所以古罗马政治思想家深入探讨了这个问题,形成一些对后人富有启迪的真知灼见。

第二节 波利比

波利比(Polybius,前201—前122年),祖籍希腊,却是罗马第一个政治思想家。他将希腊思想介绍到罗马,结合罗马的政治制度与实践进行思考,对罗马政治思想的发展贡献良多。他出生于希腊麦加罗城邦,曾担任城邦行政长官。希腊被罗马征服后,波利比被送往罗马作为人质。他在罗马居住达17年之久(前168—前151年),颇受罗马政府优待,广交权贵知名人士,并游历罗马各地,搜集资料,写成《罗马史》。在这部史学巨著中,波利比探讨了罗马强盛的原因,揭示了罗马政治制度(或组织)的原理与成功之处。这是他政治思想之精华所在。

一 政体循环论与混合政体主张

波利比承袭了柏拉图和亚里士多德的政体分类,把国家政体分为正常政体和腐败政体两大类。前者包括君主制、贵族制与民主制,后者包括暴君政体、寡头政体和暴民政体。他认为每种政体本身都包含走向衰颓的因素,各个不同的政体按照自身的规律而循环往复更替。

波利比认为,政治社会是从自然中演进来的。一开始人群同牛羊之群没有多大区别。后来,人们的家庭和社会关系日渐复杂,理智也随着本能发展,于是就产生了善、正义等观念。随后个别体力强有勇气的人就成了强有力的领袖，其余的群众由于对暴力的恐惧或受功利的驱使服从了他，拥戴他为君主，这就是初期的君主制。以后在位的君主实行专制，滥用权力，骄奢淫逸，涂炭人民，引起举国的仇恨。这样正常的君主制就蜕化为暴君制（独裁制）。

这时，一些有德性、有正义感的贤明人物协力奋斗，受到人民的赞助，推翻了独裁制而执掌政权，这就是贵族制。但是贵族的后继者们，自幼就处于其父辈的高位大权的卵翼之下，既没有艰难困苦的经历，又不知人民平等和言论自由为何物。这样的人一旦继承其父亲的权势地位，自然就难免贪得无厌，肆淫纵酒，于是贵族制或迟或早变成寡头制。人民后来对这一小撮寡头忍无可忍了，只要有人振臂一呼，人民群众便会四面八方地奋起响应，驱逐寡头，另立政府。人民鉴于以往的教训，既不敢恢复君主制，又不敢再把公众的福利委托给几个人，其唯一的希望就是依靠民众自身。这样就从寡头制转变为民主制。

在民主国家，人民虔敬神灵，孝顺父母，尊敬师长，恪守法律，社会风尚良好，人民的意志主宰一切。然而数代之后，人们对于自由、平等的意义习以为常，竟致逐渐淡漠。而那些富有者为谋取权力，争出风头，便千方百计地腐蚀群众，欺骗群众。群众因贪财嗜利，不知不觉中甘愿接受煽动。在这种情况下，民主制就变态成为群氓制或暴民制。暴民制走到极端，秩序荡然。为了恢复秩序，人民不得不将大权交与新的杰出领导人，并普遍服从支持他，他便又成了君主。这样君主政治又卷土重来。

波利比断言，为确保政治的安定，防止发生上述政体的更替，就必须把三种纯粹的或正常的统治形式（君主制、贵族制和民主共和制）所包含的长处结合起来，形成一种混合政体。他断言，最优的政体就是这三种政体的混合。根据他的描绘，这种混合政体的模式，部分地在斯巴达实行过；更准确地说，即是当时罗马的政治制度。他认为，罗马国家虽然也不能逃脱政体循环的法则，但它在客观上所以能持续地保有强大的国家组织，正是由于无意中采取了可以调整各种因素和保持均衡的混合政体的缘故。以罗马国家的组织而言，执政官是君主政治原则的代表，元老院代表贵族政治原则，民众大会是民主政治原则的体现。这种混合政体优于任何别的政体。

二　国家机关的制约平衡观

波利比理想的混合政体中的三种构成成分，实际上是同一个国家的三种职能机关。按照波利比的说法，这样的政体之所以最好，是因为每个国家职能机关彼此密切联系，又都对其他机关实行某种牵制和制约，每个机关都不能行使排他的专制权力或越权行事。以罗马共和国来说，执政官在战争时期握有绝对的军事指挥权，但是军需的供给、进退的指令、职务的续任、论功行赏等都要受到元老院的制约；在决定战争与和平时，还要受到民众大会的制约。元老院掌握财政、外交等大权，但是它的权力是由民众大会的立法来限制的，护民官还可以否决元老院的决定和制止元老院的行动。民众大会形式上有较多较大的权力，但它在财政上受元老院的牵制，而平民服兵役时又受执政官的指挥。

波利比认为，由于罗马国家这三个权力机关各自握有互相协助和互相制约的权力，其结果就是组成一个足以战胜一切困难和危机的强大政权。这样的政权，在外敌入侵，国家处于危急存亡之时，大势迫使它们团结合作；在外患已过的承平岁月，人民则可以过上安乐和优适的生活。即使在人民逐渐受到骄奢怠惰的腐化而倾向狂妄自大和暴动时，这种政权也具有纠正流弊、预杜隐患的力量。这三者之中，如果有任何一部分妄自尊大、挑衅捣乱、过分越权，就会立即受到其他两部分的限制与抵抗。其结果便是，由于每一部分都因畏惧其他部分而受到阻挠，这种平衡局势就得以维持。由此可见，波利比这里所说的三部分国家机关之间的相互制约与平衡是将罗马共和国的政治实践上升为普遍的理论，揭示其优越性归根结底就是能够防止纯粹政体演变为腐败（变态）政体。

波利比关于国家机关之间相互制约平衡的理论，是防止专制独裁的一剂良药。不但对延续和巩固罗马共和制有重大意义，而且对后世分权制衡说的形成与发展也产生了深远的影响。

第三节　西塞罗

西塞罗（Marcus Cicero，前106—前43年），罗马共和晚期著名的政治家和思想家，是捍卫共和制度反对军事独裁的主要代表。他生于意大利的阿平兰，16岁到罗马求学，研读法律和哲学。公元前76年后，历任罗马重要官职（财务官、市政官），公元前63年当选为执政官，公元前51年任西里西亚行省总督，任满后成为元老院成员。屋大维等后"三头同盟"上台，他遭逮捕并被流放，公元前43年被后"三头"之一的安东尼杀害。在罗马，西塞罗是把斯多葛学派的自然法思想同罗马法结合在一起的主要人物。斯多葛学派的自然法学说，构成西塞罗政治思想的理论基础。他的主要著作有《论共和国》《官吏篇》和《法律篇》等。

一　国家的定义、起源与目的

西塞罗在《论共和国》中探讨了国家的定义、国家的起源、国家的目的等问题。他提出，"国家乃人民之事业，但人民不是人们某种随意集合体,而是许多人基于法的一致和利益的共同而结合起来的集合体。这种联合的首要原因不在于人的软弱性,而在于人的某种天生的聚合性"①。

国家是人民的事业,是人民基于共同利益而结合起来的法权联盟,是一种法律共同体。国家的起源既出于人的天性,也出于共同的利益考虑。它是人们为了正义而结合起来的,为了实现道德上的善;也是一种合意的契约,是人们合意的产物,反映人们的意志的统一。另外,国家也是一种功利的产物,是人们出于特定利益的考虑而组成的。

西塞罗认为,国家是人民共同体与法律共同体的有机统一。法律的价值在于使弱小者受到保护,在于保障每个人的权利。因此国家和法律的根本目的在于对公共利益的保护,在于实现正义。法律不仅使人与人之间的关系得到维系,而且也使人与神的沟通、理解成为可能。国家不是由暴力来维系的,而是靠法律来维系的。国家对待人民,首要的原则是不得使用暴力。当立法者制定的法律根本不能反映和保护人民的利益时,国家就是没有意义的,法律也不是真正的法律。国家缺乏正义,就不是真正的国家。这种将国家的起源归结为"源于天性"、以共同的法律意识为基础、出于公正相处这种共同利益的需要而建立的一种共同体,表明西塞罗放弃了古希腊思想家把国家等同于城邦的观念。这主要是因为,在罗马共和国后期,国家早已不是希腊式城邦,而是领土广阔、多民族的共同体。

---

① [古罗马]西塞罗:《论共和国 论法律》,王焕生译,中国政法大学出版社 1997 年版,第 39 页。

二　政体理论与权力制衡说

在政体问题上，西塞罗沿袭了亚里士多德的思想，将国家分为君主制、贵族制与民主制，这三种政体都是单一的政体。除此之外，他还提出了第四种政体形式：混合政体，它是古罗马政治实践的反映。

政府处于一人支配下为君主制，政府处于少数几位经过挑选的人的支配下为贵族制，政府由人民直接参与和支配，则为民主制。这三种政体都有其内在的缺陷。在君主政体中，公民被排除在公共立法和协议之外，无法享有实际的政治权利。在贵族政体中，人民缺乏真正的自由，特别是无权自由地选择地方行政官，没有人能够保护这种政体免遭贵族的滥用。而在民主制中，公平本身也是不公平的，因为在那里不存在任何地位等级，使人们在荣誉和地位上的差别得不到反映。在民主制下，"一切事情都由人民讨论和决定，但由于他们没有一定的地位和等级，因此他们的城邦没有能保住自己的荣耀"[1]。

这三种政体，除了其各自的缺陷外，还有一个共同的弱点，即它们都不具有稳定性，容易变异为其他政体，结果这些政体"好似循环地变更和交替"。一般的变化顺序是：君主制退化为暴君统治，然后由贵族政体取而代之，贵族政体再退化为寡头统治，寡头统治被民主制取代，民主制最终又衰变为平民统治（群氓政府），跟着又复辟君主制。这种周而复始的循环，使国家处于不稳定状态中，难以实现共同体的目的。

君主政体体现了君主或国王对民的"恩爱"，贵族政体体现了贵

---

[1] ［古罗马］西塞罗：《论共和国 论法律》，王焕生译，中国政法大学出版社1997年版，第42页。

第二章 古罗马政治思想

族的"智慧",而民主政体则体现了"自由"。这是它们各自的优点,但是与之相联系的缺点则是,前二者使国家的公民"无自由可言"。因为如果自由不是人人平等的自由,那自由也就不可能存在。君主政体与贵族政体下不可能人人平等,所以公民无真正的自由。虽然在民主政体下人民享有了自由,但使国内显贵阶层失去权威,人们丧失了荣誉感,不能做到真正的公平。所以它们都不是理想政体。他认为理想政体是混合政体:"我对它们中任何一种单独的形式都不赞赏,而是认为这三种形式混合而成的那种形式比它们每一种都好。"① 混合政体这种"最好的国家"形式包含卓越的王政因素,同时把一些事情分出托付给显贵们的权威,把另一些事情留给民众协商和决定。西塞罗的混合政体中包括执政官、元老院、人民大会和保民官等机构,他们各自掌管一定的事务,从而使它们之间保持一定的均衡。混合政体的优点是公平性和稳定性。三种单一政体都容易走向病态的反面(国王变成僭主,贵族变成寡头集团,人民变成一群乌合之众)。由于没有力量的平衡,各阶级都想争夺国家政权,而国家政权从国王手中转到僭主手中,再转到一些显贵手中,而民众又把国家政权夺过去,因此上述国家体制都不可能长久地维持下去。但在混合政体中,这些情况几乎是不可能发生的,除非显贵们出现巨大的过失。在这种体制中确实不存在任何引起变更的始因,在这里,每种因素都稳定地处于自己的位置,因而无从崩溃和毁灭。所以,混合政体具有内在的自我保存的优点。

混合政体理论归根到底是古罗马政治制度的反映与总结。西塞罗认为,罗马的国家体制是最完美的,没有哪一个国家的体制可以

---

① [古罗马]西塞罗:《论共和国 论法律》,王焕生译,中国政法大学出版社1997年版,第49页。

与之相比。他关于理想政体的论述就是以罗马共和国时期的国家体制为范本。因此，西塞罗的理想政体，不是虚幻的乌托邦，而是现实的罗马共和国。就是为了捍卫他心目中这种最理想的共和政体，他付出了自己的生命。

在西塞罗看来，"有节制、和谐的国家体制可以通过法权的适当分配来维持"[①]。他认为，对政治权力实行分割与平衡是非常必要的，他的理想政体就是把以罗马执政官为代表的君主制、以元老院为代表的贵族制和以民众大会为代表的民主制相结合，形成权力的适当制衡。

1. 元老院

元老院由任期届满的执政官组成，因为执政官都是民选的，就等于元老院也是民选的，反映了人民的意志。它行使某些立法权和司法权，它的决议具有法律效力，它还掌控财政与外交。

2. 执政官

执政官主要统率军队，处理日常政务。执政官的权力由法律加以限制，这是维护共和制的关键所在。法律指导执政官，执政官指导人民。因此他说："执政官是会说话的法律，法律是不说话的执政官。"[②]

3. 民众大会

民众大会是国家的权力机关，凡是享有公民权的人都可以参加。它决定国家的大政方针，推举高官，核准死刑。

4. 保民官

他们制衡执政官和元老院的权力，保护平民，保民官不受执政官的管辖。保民官神圣不可侵犯，有权主持元老院会议。

[①] ［古罗马］西塞罗：《论共和国 论法律》，王焕生译，中国政法大学出版社1997年版，第270页。

[②] 同上书，第255页。

5. 监察官

其职责是清除元老院中的犯罪分子，根据国家法律监督执政官的工作，对执政官的公务行为做出质询和公断。

这种几个权力机关互相制约平衡的体制，既能防止个人或一个权力机关的专断独裁，又可避免暴民统治，实在是成功而稳妥的政体。

三 自然法理论

在罗马文明早期，法只是意味着传统习俗与风尚，即习惯法。后来由于斯多葛学派自然法学说在罗马的广泛传播与影响，法几乎成了自然理性的代名词。

西塞罗把自然法与理性联系起来。所谓理性，是进行推测、论证、批驳、阐述、综合、做结论的智慧。虽然人们受教育程度不同，但在理性上，人类是平等的，人与人之间在种类上是没有差别的。尽管人在知识、财产和社会地位上存在差别，但是理性是人类共有的，它决定了人们在法律面前的平等权利。法就是"源于自然"的关于允行和禁止的正确理性。自然法和理性要求人们正确地行事并阻止人们犯罪。

自然法是普遍适用的。因为自然既赋予了人类理性能力，也赋予了他们正当的法律。这种正当的法律当然适用于全人类。自然法具有永恒性，是永远有效的。"一切正确的、合理的都是永恒的，并且不随成文的法规一起产生或消灭。"[①] 自然法产生于任何成文法之前，与神同时产生。它永远不能被撤销，也不能被废除。自然法与神法一样都是至高无上的。自然法具有最高性，它统率全人类，也

---

① [古罗马] 西塞罗：《论共和国 论法律》，王焕生译，中国政法大学出版社1997年版，第218页。

高于一切人定法。

自然法与神法是相同的，自然法是神意的体现。世界万物遵循自然法，就是因为它是上帝的意志的体现。自然法也是神明确认正确与错误的行为的能力的反映。自然法是正义的体现。正义并不在于服从成文法律，而是服从自然法。正义也不是源于利益，如果每个人都从自利的角度来考虑问题，那么对他人的恭敬，对神的虔诚也都可能被废弃。法的基础在于人的道德性，即人按其本性乐于敬爱他人。

自然法是最高的理性，它根植于自然，是正义的体现，是神的意志，它是为着实现理性、正义和神意而支配和禁止一定的事物与一定行为的规则，它鼓励人们履行自己的义务，约束人们不去为非作歹，这种规则依靠自然的强制力或约束力来实现。

西塞罗认为人定法是根据自然法的奖善罚恶的公正规则。他说："法律是根据最古老的、一切事物的始源自然表述的对正义和非正义的区分，人类法律受自然指导，惩罚邪恶者，保障和维护高尚者。"① 对于公民来讲，法律包含公正、正确地进行选择的意思，他们按照法律的规定，正确地选择自己的行为。法律是自然法的具体体现，法的根源是自然法。从内容上讲，法律作为区分"正义与非正义"的标准，只不过是自然法以人的语言的表述；从效力上讲，法律的效力来自其道德性，即它符合自然法的要求。

法不是以人们的意见和意志为基础，而是以自然为基础的。并非立法机关制定的一切法令都是法律，违背人民和国家利益的立法就不具有法律效力，甚至人民通过的有害决议也不是法律。法律之

---

① ［古罗马］西塞罗：《论共和国 论法律》，王焕生译，中国政法大学出版社1997年版，第219—220页。

所以成为法律,是因为它具有道德性,与自然法相符合。在这种意义上讲,自然法是判断人民的决议、统治者的命令是否能够成为法律的标准。从自然法理念出发,西塞罗主张"恶法非法",即凡是不符合自然法的都不是真正的法律。正如民众大会的决议不可能改变事物的自然法则一样,法律也不能使非法变成合法,也不能使恶变成善。自然法不仅区分合法与非法,而且区分高尚和丑恶。

正是由于真正的法律符合自然法,所以,西塞罗认为,应该把法律归于最好的东西之列。一方面,立法者应该以自然法为指导,出于保障公民的福祉、促进国家的繁荣的目的而制定法律;另一方面,凡是真正的法律,都应该得到人民的尊重与服从。西塞罗认为,罗马的法律集中了"祖先的智慧","完全同作为法律范本的自然相符合"[①],是世界上最完善的法律,是其他国家的法律所不能比拟的,理应得到人民的服从。

四　实在法理论

关于实在法,西塞罗也提出了一系列对当时与后世具有积极意义的原则。

在立法上,西塞罗主张公民的权利平等。公民法律权利的平等,源自人的共有理性。西塞罗指出,没有哪一种生物和人类如此近似,如此相同。他一再强调,"作为一个国家的公民起码应该在权利方面是相互平等的"[②]。这种权利的平等,保障着公民的自由。他说:"除非一个国家的民众权力无比强大,否则便没有哪个国家有自由可言。确实没有什么比自由更美好,然而如果自由不是人人平等的,

---

[①] [古罗马]西塞罗:《论共和国 论法律》,王焕生译,中国政法大学出版社1997年版,第250页。

[②] 同上书,第46页。

那自由也就不可能存在。"① 在西塞罗看来，自由是一切事物之中最重要、最美好的，甚至对于野兽来讲，也没有什么比自由更美好。正是为了保障平等与自由，西塞罗才强调要在执政官、贵族与人民之间进行合理的权力分配，使任何一种权力的行使都不能逾越自己的权力界限而具有超过法律之上的压制其他权力的力量，使人民丧失平等与自由。

在执法上，西塞罗主张法律至上原则。他明白法律对于权力的限制是非常重要的。他强调法律的至上作用，认为一切都应处于法律的约束规范之下。他认为"执政官是会说话的法律，法律是不会说话的执政官"。虽然没有权力是万万不行的，但是权力也应该是合法的。他主张法律不仅应对官员的权力的限度做出规定，而且应对公民的服从程度做出规定。

在司法上，他主张公开审判和罪刑相适应原则。西塞罗认为司法审判活动由司法官主持，但要受元老院和民众大会监督，重大案件如处死罗马公民或剥夺公民权等案件要由民众大会处理。审判要公开，这样就"不允许有权势的人们过分地随心所欲，也不给人民提供伪饰的可能"②。他指出，对于犯罪的公民应该采取罚金、关押、鞭挞或其他强制手段给予制裁，但对于违犯任何法律的惩罚应与犯法行为相符合。并且，无论是审判还是宣布死刑、罚金及其他处罚的判决，都应在人民面前公开进行。

---

① 同上书，第44页。
② [古罗马]西塞罗：《论共和国 论法律》，王焕生译，中国政法大学出版社1997年版，第273页。

第三章 中世纪欧洲政治思想

第一节 概论

中世纪，在西方学术界一般指从公元5世纪西罗马帝国灭亡到15世纪文艺复兴运动兴起的历史时期。国内学术界主流观点则认为从公元5世纪西罗马帝国灭亡到17世纪英国革命为止。笔者认同前一种观点。

公元476年西罗马帝国灭亡后，日耳曼人在其居住地及原帝国境内建立了众多的王国、公国，欧洲封建制度逐渐生成。封建制度是以土地占有权和人身关系为基础的关于权利与义务的社会制度。在此制度下，封臣从领主手中获得封地，封臣要为领主尽一定义务并向领主效忠。封建王国内部长期分裂割据，王权软弱无力。皇帝、国王下面有数十个，甚至几百个半独立的公国与诸侯领地，由贵族们代代传承。这些世袭的贵族一般分为公、侯、伯、子、男五级，封建骑士为其服务效忠，广大农奴处于社会最底层，受剥削，被压迫，形成金字塔式的社会等级结构。不过皇帝、国王与贵族封臣，领主与附庸，庄园主与农奴，都以封建契约维持其主从关系。契约载明了双方的权利和义务，任何一方不得违约。如果国王、领主不履行契约，则臣民、附庸就解除了效忠服从的义务。

中世纪欧洲封建庄园经济、自然经济占主导地位，一个封建庄园在经济上基本可以自给自足。11世纪以后，商品货币关系有相当发展，出现了一批中心城市。这些城市一般靠赎买从封建领主那里取得了市政自治权和半独立权，少数城市甚至建立了贵族共和国，前者如伦敦、安特卫普，后者如威尼斯、热那亚和佛罗伦萨共和国。自治市和城市共和国比封建庄园更自由和民主。中世纪的欧洲城市，市政官员实行定期选举，他们若品行端正，即可任满任期，否则，就被市民撤换。正如伯尔曼在《法律与革命——西方法律传统的形成》一书中指出的，"相当多的新兴城市和城镇是由全体市民参加的民众大会来治理的，在那里，官员的选举和新法律的采用，均需通过民众大会的同意"[1]。欧洲中世纪的城市摆脱了领主的封建统治实行自治，这是同时代的东方人难以想象的。近代资本主义文明就在这些自治市和城市共和国诞生、发展起来，城市市民就是近代资产阶级的先驱。

中世纪欧洲与东方相比在政治上最大的不同就是政治权力的多元结构以及由此形成的王权的软弱有限。而在同时期的东方，皇权是统治性的力量，其他权力无法撼动。一般认为，中世纪欧洲的君主制度是混合君主政体或等级代议君主政体，不是君主专制政体。问题不仅由于贵族的封建割据，还在于教会、议会、等级会议、法律等对王权的挑战和约束。中世纪的教会独立于王权，甚至凌驾于王权之上。精神、信仰、文化教育属于教会管辖，国王无权插手。

---

[1] [美]伯尔曼：《法律与革命——西方法律传统的形成》，贺卫方、高鸿钧等译，中国大百科全书出版社1996年版，第480页。

第三章 中世纪欧洲政治思想

国王登基,更需教皇加冕,否则就不合法,教会可以解除臣民对国王的效忠义务。征税和制定法律必得议会或等级会议批准。国王颁布法律,同样必须遵守法律。法律对王权规定了诸多限制,国王只能在法律之下而不能凌驾在法律之上行动。如国王违背了契约或法律,臣民就有权解除效忠的义务,甚至反抗。13世纪的《英国大宪章》就限制了王权的专横,保障了普通民众基本的人身自由与安全。该宪章规定:民众除非经贵族依法判决或遵照法律之规定,不得被剥夺人身自由,没收财产或褫夺其法律保护权。在丹麦、瑞典与挪威,王权所受限制更多。国王即位时,要保证尊重已有的习惯法,绝不侵犯臣民的权利。军队要根据国王与农民达成的协议召集。15世纪时,西班牙臣民向国王做如下宣誓:"与您平等的我们向并不超越我们的您宣誓:接受您为我们的国王和君临万众的主上,只要您尊重我们的自由,恪守我们的法律;若非如此,则您自无仁君之尊,而非我等之不义。"① 也就是说,服从君王的统治是以国王恪守法律和尊重臣民的自由为前提的;否则,臣民便没有服从的义务。

中世纪的西方,王国政府从没有掌握随意掠夺、搜刮人民的权力。法国国王对民众征税,必须经过三级会议的批准。在英国,人民普遍接受这一原则:"国王只能根据人民赞同的法律实行统治,不应该把人民不赞成的东西(如捐税等)强加给他们。"② 德意志皇帝只能在帝国议会或选帝侯们同意的条件下行使权力,皇帝征收捐税必须求助于议会的同意。1319年瑞典的《权利法案》规定:税收要有计划、有限制地征收,没有贵族与平民代表的同意,不得征收新

---

① [美]马文·佩里主编:《西方文明史》上卷,胡万里、王世民等译,商务印书馆1993年版,第475页。
② [英]温斯顿·丘吉尔:《英语国家史略》上册,薛力敏、林林译,新华出版社1985年版,第570页。

税。1222年匈牙利国王颁布的《金玺诏书》更明文规定：国王非经议会的批准，不得征税或发行货币。对被依法宣判有罪者，国王或任何人都不能使他免受惩罚。如果国王违反了这些规定，"那么，我们王国中的所有主教和高层低级贵族，现在和将来的每个人，都将因此拥有不受控制的、通过言语和行动的反抗权利。这种权利是永恒的，它并不招致叛国的指控"①。而在东方，帝王或专制政府可以随心所欲地征收各种捐税，哪怕将民众掠夺得倾家荡产、卖儿卖女也在所不惜。东方专制政府从不会在征税之前征求人民的同意，也不会经由代议机关讨论，因为根本就没有这类机构。东方专制政府从不承认民众有合法的反抗权利。严复就此评论道："夫西方之君民，真君民也，君与民皆有权者也。东方之君民，世隆则为父子，世污则为主奴，君有权而民无权也。"②所谓世隆则为父子不过是幻想，万古不变的则是主奴。因为根本就否认了臣民有任何权利，故几千年来，中国就流传着"君叫臣死，臣不能不死，父叫子亡，子不得不亡"的古训。即便被冤死或赐令自尽，臣民往往还要叩谢皇恩。这在西方人看来简直不可思议。因为西方人对帝王或领主的忠诚都是有条件的，相对的，他们自然难以理解东方人对帝王的绝对效忠与服从。

中世纪西方在政治法律方面并非毫无建树，西方现代法治正是从中世纪欧洲的政治法律制度与政治思想中演进发展而来。哈耶克就认为：西方中世纪的人们在许多方面所享有的自由，大大多于现今我们所认为的程度。他肯定中世纪的法律至上观念对于现代文明的演化、发展，有着极为重大的意义。那时人们普遍认为，一切统

---

① ［美］伯尔曼：《法律与革命——西方法律传统的形成》，贺卫方、高鸿钧等译，中国大百科全书出版社1993年版，第358页。
② ［法］孟德斯鸠：《法意》上册，严复译，商务印书馆1981年版，第244页。

治都必须依法而行。国王违背了法律，就可以被废黜。中世纪英国的贤人会议和议会就曾几次废黜国王，另立新君。中世纪最权威的神学家托马斯·阿奎那就明确主张国王应服从法律的权威，不能肆意妄为。当然，法律对王权的约束并非总是强劲有力的。各国情况不同，法律对国王的约束也有强弱之别。但不管怎样，相对于东方绝对专制来说，中世纪的西方在政治法律方面毕竟有几分光明，社会也相对公正一些。

在中世纪西方，罗马天主教会发挥着至关重要的作用。它不仅是强大的政治、经济组织，而且统治人们的精神信仰，厉行思想文化专制主义和宗教蒙昧主义。罗马天主教是基督教的一个主要分支。380年，基督教被罗马皇帝宣布为罗马帝国国教。395年，罗马帝国分裂为东西两部分，基督教也随之分裂为两派：西罗马帝国的教派为天主教，东罗马帝国的教派为东正教。天主教会实行以教皇为首的教阶制，由大主教选举教皇。教皇则依据神法、教会法管理教会。天主教会虽极力宣扬来世的幸福，但又疯狂追求现世的享乐，不遗余力地积累、搜刮物质财富。天主教会逐渐成为欧洲最大的土地所有者，占据了西欧三分之一的土地。教会另外对人们征收什一税，贩卖赎罪券坑骗民众。天主教会势力跨越国界，遍及欧洲，等级森严，组织严密。它常常挑战王权，凌驾于王权之上。因此在中世纪西方，教权与俗权之争是宗教、政治生活的一大特色，并影响了政治思想的发展。总的来看，教会在当时封建制度里居于万流归宗的地位。它的信条同时就是政治信条和法律规范，《圣经》词句在各个法庭中都有法律的效力。它以基督教神学、教父学作为正统的思想信仰，严厉排斥和镇压异端，将一切科学文化都变成神学的奴仆和诠释的工具，神学在知识活动的各个领域中具有至高无上的权威。诚如恩格斯所言："中世纪的世界观本质上是神学的世界观……教会信条自然成了任何思想的出发点和基础。法学、自然科学、哲学，这一切都由其内容是否符合教会的教义来决定。"[①] 这明显阻碍了欧洲科学文化的繁荣与发展，使中世纪西方在科学文化等领域的发展出现停滞。

基督教的神学信条集中体现在《圣经》里，它主要宣扬上帝创世说、人类原罪说、末日审判说及三位一体说等宗教信条。除此之外，基督教教义还以神学的方式宣示了不少政治观念，如上帝面前人人平等，人们应博爱忍让，反对报复，君权神授，扶弱济贫，鄙视富人，服从神法，尊重权威与遵守现世法律等。这些都对中世纪西方的政治思想有相当大的影响。在西方，法治的传统自古希腊罗马一直流传至今，即使在中世纪也不绝如缕，基督教的影响肯定是一个重要原因。如果说古希腊罗马政治思想的主要倾向是自然主义的，那么，中世纪西方政治思想的主要特色则是神学主义的。不论是教权主义的鼓吹者，还是高扬俗权的思想家，也不论是进步还是保守的思想家，都免不了要从《圣经》里寻找自己的立论根据，其政治思想都不同程度地涂上了宗教神学的色彩。

第二节　奥古斯丁

奥古斯丁（Aurelius Augustine，354—430年）是罗马帝国晚期著名的神学家，基督教教父学的代表和神学政治思想体系的创立者，生于罗马帝国北非地区的塔加斯特城。奥古斯丁青年时代是个异教徒，后来他受米兰大主教安布罗斯的影响信奉基督教，献身教会事

[①]《马克思恩格斯全集》第21卷，人民出版社1965年版，第545页。

业，过着清心寡欲的修道士生活。他不知疲倦地从事著述、讲经布道和组织反异端等活动，他所在的教会成为北非教会的中心。在他生活的时代，基督教被罗马帝国确立为国教。此后，他的宗教与政治思想在欧洲借助教会的权威流传开来，成为在中世纪欧洲影响最大的神学思想家之一。所以他虽然生活在罗马帝国时代，我们却认为他是中世纪政治思想家。

奥古斯丁是教父思想的集大成者，他被教会封为伟大的圣师。他的主要著作包括：《忏悔录》《上帝之城》《教义手册》等。其中，《上帝之城》是奥古斯丁晚年写成的神学政治思想巨著。

一　原罪与救赎

奥古斯丁认为，上帝造人时本来是要使人们彼此平等和自由的，可是人类的始祖亚当和夏娃违背上帝的意志偷吃了智慧果而犯了罪，使人的本性遭到破坏。这样人生来就具有了其始祖遗传而来的"原罪"。人类社会存在着不平等与奴役，这是人类罪有应得。

由于人生来就有遗传而来的"原罪"，因此人在现实中具有犯罪作恶的倾向。但是，人的心中毕竟还存有善性，在上帝的恩典下愿意向善。奥古斯丁认为，只有上帝才是至善的，上帝是一切善的根源。善是绝对的，唯有善存在，恶是虚无。恶本身并不存在，恶只是对于善而言的，恶无非是善的缺乏，缺乏神的善。善必然是人们追求的目标，善也必将战胜恶而占上风。人们想恢复本性而行善，途径只有一个，那就是追求至善的上帝。这是人的本性的需要，也是人生的最终目的。

奥古斯丁认为，基督教为人们追求上帝的至善提供了条件，使人们可以通过追求善而获得救赎。他说，上帝在造人时曾经赋予人以自由意志，但自亚当"原罪"之后，人的意志受到罪恶的污染，失去了自由选择的能力，受到罪恶奴役。在这种情况下，只有上帝的恩典，人才能恢复意志自由，做出善的选择，舍此而无他途。所谓上帝的恩典是指上帝之子耶稣牺牲自己而为人类赎罪。自基督教诞生以后，人就重新获得了选择善与恶的能力，也就是选择做基督教徒或异教徒。人通过自己的自由选择而成为上帝的选民或弃民，前者在末日审判之后升入上帝的千年王国即"天国"（"神国"），后者则坠入罪恶和痛苦的深渊。

二 "天国"与"俗国"

奥古斯丁认为，自从亚当和夏娃被逐出天堂以后，就出现了两个世界，即"天国"和"俗国"（"上帝之城"和"世俗之城"）。一部分人信仰上帝，热爱上帝而轻视自身，成为上帝的选民和上帝之城的成员；另一部分人爱自己而轻视上帝，依靠肉体生活而不是依赖对上帝的信仰生活，成为上帝的弃民与世俗之城的成员。世俗之城充满了不平等和奴役，充满了暴力和罪恶。世俗之城是魔鬼的王国，是被放逐的凡人集合而成的共同体；而上帝之城是基督教的"千禧王国"，高于世俗之城。天国中有永恒的幸福与公平正义，不公平和非正义是不存在的，在那里，永远处于绝对的和平状态。尘世或俗国中虽然没有天国中的绝对和平，但是仍有一定的秩序。上帝之城最终必将取得胜利，只有天国才是永恒的。

不过奥古斯丁所讲的"天国"与"俗国"并不是两个相互独立的政治实体或社会实体。因为社会的精神生活与物质生活不是彼此隔离的两个部分。实际上，"天国"与"俗国"在现世中相互交织，直到最后审判才把两者分开。由于这两部分人生活在同一国家中，"天国"与"俗国"在世间的命运是交织在一起的。人同时是两个国家（"天国"与"俗国"）的公民，人的本质也具有双重性，既是精神的又是肉体的，因此人既是现实世界的公民，又是上帝之城的公民。他把人的利益也划分为两部分：一部分是以肉体为主的世俗利益；另一部分是以灵魂为主的属于另一世界的利益。这种划分曾构成全部基督教关于伦理、政治思想的理论基础。

奥古斯丁避免将"天国"与"俗国"的区分同人间的教会和国家这两种社会组织画等号。奥古斯丁对"天国"和"俗国"的区分，在他看来并不意味着教会与世俗政权的对抗。因为基督教会与世俗的国家是类似的，而且也同属于"俗国"的范畴。二者所不同的是，基督教是在上帝之子耶稣领导下由对上帝的爱建立起来的。它教导人们追求精神生活，追求真正的和平与至善。奥古斯丁特别强调，唯有基督教能够引导人们归向"天国"，为此，他竭力主张，基督教会虽然属于世俗的范畴，但本质上高于世俗国家，世俗国家应接受它的神圣教导，以便完成人类的历史使命。他认为一切权力来自上帝，教皇是上帝在人间的代表，教权高于君权，君权神授，因此他主张，教会可以在宗教问题上管理所有基督教徒包括皇帝在内。世俗国家无权干预教会事务。

奥古斯丁也反对教会对国家事务进行干预，他奉行"恺撒之物当归恺撒，上帝之物当归上帝"的原则。基督教会在精神领域应当信从上帝，在世俗生活领域则应服从世俗权力与法律，承担世俗社会的义务，如纳税、服役等。世俗统治者也应和其他基督徒一样服从上帝的法律，以"天国"为朝圣的目标。上帝之城的优越性并不意味着教会就能统治世俗国家，因为上帝之城不等同于教会，而世俗之城也不等于异教的国家。奥古斯丁的目的是要求基督教徒不要将信仰与希望寄托给国家，在当时这意味着主张教会与国家的分离，而不是对国家事务的积极干预。

三　神法与人法

奥古斯丁的法律观受到斯多葛学派尤其是西塞罗的自然法学的影响，他把自然法思想结合进他的神学思想之中，形成了自己的神学法律观。

奥古斯丁把法律分为两种：神法和人法。所谓"神法"是指"上帝的法律"或"永恒法"，它是最高的理性，永恒的真理。奥古斯丁一方面认为神法是永恒的，不随时间而变更，是上帝意志的体现；另一方面，奥古斯丁又强调神法运用时的"可变性"：上帝的法律虽一成不变，但随时代地区的不同而形成各时代各地区的风俗习惯。上帝权衡时宜，对古人制定那样的法令，对今人制定这样的法令，古往今来都运用同样的正义，但神法运用到具体场合会有不同。

奥古斯丁指出，人法即世俗的法律，它是神法的派生物，它通过对犯罪的惩罚来维护和平秩序。尘世的法律是对人们邪恶本性的约束和惩罚，只有这样才能实现社会安定。它惩罚犯罪是为了帮助犯罪者改正错误。犯罪者改正自己的错误，不但对他本人有好处，而且对其他人也是个教训。

奥古斯丁认为，人法的主要特点是：第一，它必须以"神法"为基础；第二，它因时因地改变；第三，它不处罚内心的罪过，只处罚扰乱和平秩序的事件，其权限只限于现世生活的范围；第四，它是君主意志的表现，由君主制定和颁布，人人必须遵守，不得破坏；第五，它是公正的，它维护公益，法不公正就不是法；第六，人法相互之间有差别，甚至可能完全相反，它赋予每一个城邦以单一性和独立性。

奥古斯丁认为，人法与神法相比存在许多缺陷，不过奥古斯丁仍然强调要遵守和服从人法。奥古斯丁认为，君王制定的法律应当得到服从，服从君王是人类社会的共同准则。人类社会是有尊卑高下之分的，下级服从上级，人间服从上帝，是符合神法原则的。由此看来，奥古斯丁一方面强调人法要符合神法；另一方面，他又强调人们对君主的法律的服从，只有这样才能维护社会的和平与秩序。他的观点既维护了上帝的至高无上的权威，又为君主权威提供了辩护。

第三节　阿奎那

圣·托马斯·阿奎那（Thomas Aquinas，1225—1274 年），是欧洲中世纪最著名的神学家和经院主义哲学家，神权政治思想的主要代表。阿奎那出生在那不勒斯的一个贵族家庭，早年就读那不勒斯大学。1248—1252 年在科隆的多米尼克会研究院研究亚里士多德的著作。1251 年到巴黎大学做神学研究，1259 年重返意大利，任罗马教皇的随从，1267 年到巴黎大学讲授神学。1272 年再回意大利，主持多米尼克会在佛罗伦萨的神学研究工作直到病死。

阿奎那的著作卷帙浩繁，主要著作有：《亚里士多德〈政治学〉诠释》《君主政治论》《反异教徒大全》《神学大全》等。《阿奎那政治著作选》是对这些著作的节录。

一　神权政治论

阿奎那政治思想的主要来源：一是亚里士多德的政治理论，另一个是奥古斯丁的神学思想。作为中世纪基督教的官方理论家，阿奎那政治思想的主要内容就是神权政治论。

阿奎那政治思想建立在自然界和上帝和谐一致的基础之上。他认为，上帝安排的自然秩序是不平等的，社会也是不平等的。人有贤愚之分，智慧有高低之别。在社会中，统治与服从是自然的。他认为在社会中有三种服从：一是无罪状态下的服从；二是为赎罪而服从；三是对宗教的服从。阿奎那认为，高级的生物统治和利用低级的生物，上帝统治世界，灵魂统治肉体，这是天经地义的法则。他说："像在上帝所建立的自然秩序中，低级的东西必须始终服从高级的东西指示一样，在人类事务中，低级的人也必须按照自然法和神法所建立的秩序，服从地位比他们高的人。"[①]

在国家起源问题上，阿奎那继承了亚里士多德关于国家自然起源的论点，认为国家是由于人性中彼此依赖过合群生活的需要而形成的。他说："人天然是个社会的和政治的动物，注定比其他一切动物要过更多的合群生活。"[②] 他从基督教神学进一步推论：国家既然起源于人的本性，而上帝是人和人性的创造者，所以上帝便是国家——政治权威的最终主宰，人间的君主则是按照上帝意旨来管理国家的，他是上帝在人间的代表。换句话说，国家是上帝的创造，上帝是一切权力的源泉和象征。君主是上帝的一个仆人。国家必须服从教会，人法必须服从神法，世俗生活必须服从宗教生活。

在国家的目的上，阿奎那也继承和引申了亚里士多德的观点。他把封建制国家看作引导公民达到快乐而有道德的生活组织。他认为人集合成社会的目的在于过一种有德行的生活，只有通过这种生活，才能达到享受天国的快乐的目的。而享受天国的快乐并不是单靠人类的德行就能达到的，而是要依靠神的恩赐。因此，只有神的

[①] 《阿奎那政治著作选》，马清槐译，商务印书馆1997年版，第146页。
[②] 同上书，第44页。

统治而不是人类的政权才能使我们达到这个目的。

二 政体论

阿奎那继承并发挥了亚里士多德的政体理论。他按照政治统治的目的不同，将政治统治分为正义统治和不正义统治。他说："如果一个自由人的社会是在为公众谋幸福的统治者的治理之下，这种政治就是正义的，是适合于自由人的。相反地，如果那个社会的一切设施服从于统治者的私人利益而不是服从于公共福利，这就是政治上的倒行逆施，也就不再是正义的了。"[①] 这就是说，正义统治的根本标准是统治者应当念念不忘公共的幸福，而不去追求个人的私利。

阿奎那认为，正义统治有三种，即平民政治、贵族政治和君主政治。他说："如果行政管理是由社会上某一大部分人执行，这一般就叫作平民政治……如果行政管理归人数较少但有德行的人承担，那就叫作贵族政治……如果正义的政治只由一个人掌握，这样的一个人就被正当地称为君主。"[②] 相应地，不正义统治也有三种：暴民政治、寡头政治和暴君政治。当君主个人只顾获得私利而置社会公众的幸福于不顾，以暴力压迫掠夺人民时，这样的统治就是暴君政治。如果不义的政治不是由一个人而是由几个人结成集团施行的，这就叫寡头政治或少数人的统治。不义的政治也会由许多人行使，当平民以多数的优势压迫少数富人时，这就叫暴民统治。

阿奎那认为最好的政体就是由一人统治的政体，即君主政体。这是因为：第一，君主政体能最有效实现国家的目的，即通过和平统一谋取公众的幸福。君主政体比其他政体更容易产生统一，许多

[①] 《阿奎那政治著作选》，马清槐译，商务印书馆1997年版，第46页。
[②] 同上书，第47页。

人意见分歧，他们永远不能达成社会的统一。所以由一个人掌握的政府比那种由许多人掌握的政府更容易获得成功。"与其让那必须首先达成协议的许多人实行统治，还不如由一个人来统治的好。"① 第二，君主政体是最接近自然的政体。他用类比法推论说：在自然界，支配权总是操在单一的个体手中。如心支配身体的一切器官，蜂王支配一群蜜蜂，上帝主宰整个宇宙。这是完全合乎理性的，因为一切多样体都是从统一产生的。人工的产物不过是对自然作品的一种模仿，由此可知，人类社会中最好的政体就是由一人统治的政体。第三，上帝的意志和人类的经验都证明君主政体是最好的政体。上帝说过：许多牧人毁坏我的葡萄园。而由一个国王所统治的城市和省份都是一片升平气象，公道之风盛行，并因财富充盈而民情欢腾。所以上帝通过先知答应他的人民：只有一个君主来统治他们大众。这是上帝的恩惠。

总之，与其他政体比较，在正义的统治之下，君主政体优于贵族政体，而贵族政体又优于平民政体；在非正义的政治之下，情况正相反，因为它所凭借的统一的规模越大，它就越加有害，所以暴君政体比寡头政体有害，寡头政体比民主政体更有害，在各种非正义的政权形式中，暴民政体是最可容忍的，暴君政体是最坏的。

三　法治论

作为亚里士多德法治思想的传承人，阿奎那主张无论何人为国家制定了法律，自己也应受这些法律的支配。制定法律者必先守法，治国者也要守法。他认为"权力服从法律的支配，乃是政治管理上

---

① 《阿奎那政治著作选》，马清槐译，商务印书馆 1997 年版，第 49 页。

最重要的事情"①，因此结论就是："按照上帝的判断，一个君王不能不受法律的指导力量的约束，应当自愿地、毫不勉强地满足法律的要求。"② 当然，君王可以根据不同的情况对某些法律条款灵活变通，或在必要时修改法律，但总的来说，法律高于君王的权力。这说明即便在中世纪基督教信条中，认可的仍是法律高于君王的原则。

关于法的定义，他说："法是人们赖以导致某些行动和不作其他一些行动的行动准则或尺度。法这个名词（在语源上）由'拘束'一词而来，因为人们受法的拘束而不得不采取某种行径。但人类行动的准则和尺度是理性，因为理性是人类行动的第一原理。"③ 这就是说，法是行为的准则，是非的尺度，体现着理性。理性即是法，符合理性才能称为法。"法律不外乎是对于种种有关公共幸福的事项的合理安排，由任何负有管理社会之责的人予以公布。"④

阿奎那将法律划分为永恒法、自然法、人法和神法四种类型。

1. 永恒法

所谓永恒法，是上帝统治整个宇宙的法律，是上帝的理性的体现。"上帝对于创造物的合理领导，就像宇宙的君王那样具有法律的性质——这种法律我们称之为永恒法。"⑤ 世界上一切事物，都受永恒法的支配和调整。永恒法是最高类型的法律，其他一切法律都从永恒法产生。

2. 自然法

所谓自然法，是永恒法在人类社会的体现，是上帝统治人类的

---

① 《阿奎那政治著作选》，马清槐译，商务印书馆1997年版，第123页。
② 同上。
③ 同上。
④ 同上书，第106页。
⑤ 同上。

法。自然法包括以下箴规：自我保护，友好交往，异性相吸与繁衍后代，与理性相一致的向善的倾向，等等。这些都是人们必须遵守的行为尺度和道德规范。

阿奎那认为，自然法具有普遍性，对每一个人来说都是真理或正义的标准，自然法对于所有的人都一视同仁。

3. 人法

所谓人法，是指国家制定的法律。它是按照自然法对人类世俗事物的具体安排，人法从属于自然法。阿奎那认为："一切由人所制定的法律只要来自自然法，就都和理性相一致。如果一种人法在任何一点与自然法相矛盾，它就不再是合法的，而宁可说是法律的一种污损了。"[①] 也就是说，人法必须符合自然法的原则，而且以国家的公共福利为目标。人法具有易变性。

4. 神法

除自然法和人法外，还必须有一项神法来规范人类的活动。神法，即《圣经》。

阿奎那的法律理论，使亚里士多德以来的西方法治思想源流在中世纪得以延续，这是最有意义的一点。其实，中世纪欧洲站在教会一边鼓吹教权的思想家，没有人主张专制人治，反而是支持王权的人赞成专制人治，尤其是文艺复兴与近代民族国家形成时期。当然，阿奎那的法治理论，目的也是论证神权政治的合法性，与基督教所主张的教权高于王权的思想是一脉相承的。不管怎样，西方的法治思想在中世纪欧洲得以流传而没有断绝，一方面归因于王权有限、法律高于王权的事实与习惯，另一方面则要感谢阿奎那等为代表的基督教会的思想家们。没有基督教会在宗教与政治方面的巨大

---

① 《阿奎那政治著作选》，马清槐译，商务印书馆1997年版，第116页。

势力与影响，没有基督教会的分庭抗礼，中世纪欧洲恐怕与东方一样实行的是不折不扣的君主专制。

第四节 马西利

马西利（Marsillius，1278—1343年）是欧洲中世纪著名的市民阶级政治思想家。他反对教权，维护君权（俗权），是使中世纪政治思想摆脱神学桎梏的重要人物之一。他出生于意大利的帕多瓦，该城商业发达，市政管理采用民主制度，市民大会是最高权力机关，具有制定和颁布法律之权。这种政治制度对马西利的政治思想具有深刻的影响。由于反对教皇，1328年他被开除教籍，逃亡国外，托庇于当时四分五裂的德意志帝国境内的巴伐利亚君主路易。他晚年的大部分时间是在德意志帝国境内度过的。

他的主要著作是《和平的保卫者》（1324年）一书。该书分两部分，第一部分阐述亚里士多德的理论，表明亚里士多德对他思想的巨大影响；第二部分运用亚里士多德的理论分析教权与俗权的关系，批判教权，支持俗权。

一 反对教会法与教会权威

马西利撰写《和平的保卫者》一书的主要目的，就是在当时教权与王权的论争中支持王权，反对或者限制教会滥用自己的宗教权力干预国家事务。在国家起源问题上，他继承了亚里士多德的自然进化观，否认中世纪流行的国家的产生出于上帝的安排的观点，主张国家的产生不过是家庭与村落自然演化的结果，国家的目的在于实现人的良善生活。马西利撇开宗教神学而从世俗角度来解说国家的起源与目的,这就消解了教权主义的理论根基。他认为,国家是由六类不同身份职责的团体构成的有机整体:农民、工匠、商人从事生产与交换,军人负责保卫,教士负责宗教信仰,官吏负责治理国家。各个不同的团体各有专司,分工互助,才可以实现和平的幸福生活。教士的地位与作用并不特别重要,不过是认识与传播根据《圣经》而来的教义与信仰,劝说人们根据教义与信仰规范自己的言行。教士对于宗教信仰的宣传,并不构成一种权力或者政治权威,因为教会本身不具有现实生活中的强制力量。教会对人们只有教化的义务而无惩罚的权力。在他看来,不管基督教信仰怎样神圣,从世俗的角度看,它是与人类的世俗事务不相干的,世俗的问题必须根据合乎人类理性的是非功过予以解决,而无须考虑信仰的问题。他还据此否认教会法的必要性与正当性,认为根本就不存在所谓宗教的罪过,教会法自然没有存在的必要。如果教会法真是神法的话,它的惩罚手段也只能在另一个世界中(人死后)实行;相反,如果违反它仍然受到人间法律的制裁,这属于政府管理的职权,教会无权管辖。他论证只有国家才有权对人民征税,教会对人民征收什一税是越权行为。他不仅反对教会对世俗事务的处置权力,而且主张取消教皇在教会内的专制权力与等级教阶制度。他认为一切神职人员都是平等的,必须用全体信徒选举产生的宗教会议代替教皇管理宗教事务,上帝并没有委托教皇担当拯救人类的职责,虔诚信奉《圣经》中的教义与信仰才是人类获得拯救所必需的。他进一步认为,政府的权力必须是统一的和最高的,教会无权管辖世俗事务;否则,就要破坏国家机体的统一,从而也就破坏了和平。

二 人民或市民主权论

在马西利的进步政治思想中,还有"人民主权"的观点。按

第三章 中世纪欧洲政治思想

照马西利的说法，国家主权属于人民，在城市共和国则属于市民，任何统治者最终都要受人民（市民）的制约，对自己的行为负责。

马西利认为，法律是由人民制定的，人民是立法者，法律反映的是人民的意志。他在《和平的保卫者》中写道："立法者，或法律的主要而正当的来源，是人民全体，或其主要的部分。他们在大会中依照一定的规程，按照他们自己的意见或选择，而断定人类在社会中何者应行，或何者应避免，不从者受惩罚的痛苦。"[①]

马西利非常重视国家的立法权问题，他把这种国家权力置于其他国家权力之上。全体人民决定什么事情应该做，什么事情不应该做，并制定相应的惩罚措施，这就是立法。全体人民或者大多数市民虽然可以将立法权力委托于一人或者少数人，但是，受其委托的人不能因此就成为独立的立法者，他们只能对人民或市民每次委托的事宜，在一定的范围之内制定法律。人类均愿意遵守自己制定的法律，不愿遵守别人制定的法律，所以无论哪一类事情，只要有关全体人民或市民的利益，都应该由人民或市民自己立法。虽然有人主张，立法权可以属于一个人（指君主），或属于少数人，或属于大多数人；但属于一个人或属于少数人，这两种方案均属不妥。立法权属于一个人，则他可以为所欲为，只考虑个人的利益，制定出不公正的法律，这样，暴君政治就发生了。立法权属于少数人，避免不了寡头政治的出现。因此，立法权非属于全体人民（市民）或大多数人民（市民）不可。不管是谁，人们总不喜欢于自己有害的法律。人民如有立法权，就可以制定出良好的法律。

在他看来，所有的政治权威都来自人民的委托，并且以人民的

---

① ［意］马西利：《和平的保卫者》，剑桥大学出版社1993年英文版，第8页。

名义实施。委员会或市政府，执行的都是人民委托的权威。

三　立法权和行政权的行使及其关系

马西利主张，不仅人民（市民）自己有权利行使立法权，而且由人民（市民）所选举的立法机关也有权行使。在古代希腊，由于城邦很小，可以实行直接民主，也就是说，由全体公民直接立法、议决国家大事或选举国家机关。到了中世纪，特别是马西利所处的历史时代，由于国家领土的扩大，人口数量的增加，已摆脱城市国家那种狭小的范围，因此，不得不将直接的民主政治改变为间接的民主政治，这就是近代代议制的前身。

立法权虽然属于全体人民（市民），至于执行法律的权力，马西利认为，按其实质说，以属于少数人为佳。法律的行使为什么要委托给少数行政官员呢？这是因为，法律由一人或少数人执行比由多数人执行较为方便。执行法律要及时，又要参酌各种实际情况，迅速适应变化了的形势，决定对策，这些皆非大多数人所能办到的。所以执行法律的权力，要委托给少数行政官员。

行政官员处理政务时必须依据法律，行政官员的任用也以人民（市民）选举为宜。行政机关的活动应以市民的意见为准绳。市民除选举行政官员外，如行政部门不能完成其任务，必要时市民有权罢免行政官员；行政官员执政如有偏差，则市民有权加以纠正。这样，最高权力仍掌握在市民手中。马西利把国家立法权和行政权分开的思想对于后来洛克的分权思想和孟德斯鸠的三权分立理论的形成和发展，产生了一定的影响。

在马西利生活的时代，除极少数城市共和国以外，遍及世界的都是各种不同的君主政体。即便是意大利的城市共和国，也是名誉上隶属于君主的自治共和国，并非完全独立的主权国家。他的民主共和思想，就是以城市国家为原型，而不是以帝国为背景的。至于在德意志帝国内，在欧洲大陆，马西利赞成立宪君主制，反对世袭的君主制，更反对专制君主制。

马西利的宗教与政治思想，既开启了近代宗教改革的思路，又对近代民主共和思想的形成提供了宝贵的思想资源。他实在是从中世纪政治思想向近代政治思想转变的先驱人物。

第四章 文艺复兴与宗教改革时期的政治思想

第一节 概论

一般认为,文艺复兴和宗教改革是西方近代文明的开始。

中世纪的意大利是西方经济、文化比较发达的地区。13—14世纪,一些在地中海沿岸商品经济发达的城市,如威尼斯和佛罗伦萨,产生了近代资本主义的萌芽,市民阶级发展壮大起来。在这些城市中,人们生活富裕,自由自在,对文化艺术有浓郁的兴趣。正是这些,使它们成为文艺复兴的发源地。文艺复兴始于15世纪的意大利,16世纪以后波及欧洲其他国家。

文艺复兴表面看是古希腊、古罗马文化的复兴和再生,实际上包含着更为进步而复杂的内容,是近代思想文化的开端。在文艺复兴运动中,近代思想文化对中世纪封建制度、基督教神学的蒙昧主义和禁欲主义展开了尖锐的批判和抨击。它的中心是人文主义,或曰人本主义,即倡导以人为中心而不是以神为中心作为认识和判断一切的标准。作为生活的基本准则，它要以人的权利取代神权。它高度崇尚和重视现世的世俗生活，主张每个人都有权创造、追求和享受现世的幸福。受此影响，人们对宗教日益淡漠，或至少不允许宗教干涉他们对人类丰富生活的体验和探索。这就把个人从中世纪神学的禁锢中解放出来，个人可以自由地决定自己的命运，全面发展个人的才能，追求个人的自我实现和自我完善。他们相信自己的创造力，而不相信神赐的力量。尽管个人主义植根于西方古典思想文化传统中，但现代个人主义确实发端于文艺复兴时期。这种与中世纪迥然有别的人文主义和个人主义观念，代表了西方文明发展的新趋势。

文艺复兴涉及文艺、哲学、宗教、政治思想、伦理道德、价值观念诸领域，对后世影响很大。人文主义的传播，思想观念上的更新，促成了16世纪欧洲大规模的反封建、反教会的宗教改革运动。宗教改革对教会的统治地位和封建特权、等级制度进行了猛烈的批判，近代意义的自由、平等、民主思想，在运动中初步表达出来。以个人的信仰自由为基础，各国制定了适合自身发展所需的新教教义，这不仅在精神上为信仰方式的转变提供了支持，而且对在实践中为教徒按照平等原则组织新的教会起到了推动作用，并进一步促动了国家政治制度上的变更。

宗教改革的影响是多方面的。首先，基督教教会从此之后，不再是大一统的社会组织，除了旧的天主教之外，改革后的新教成为各民族国家内部的组织。新教中著名的是路德教、加尔文教和英国的国教。其次，宗教开始退出政治舞台，成为人们私人领域的一种信仰。最后，新教各派在某种程度上都提倡一种开明主义，比较欣赏自由和平等的精神，以反对中世纪教会的专横和等级制。新教改革摧毁了天主教会的精神独裁，使欧洲人的宗教信仰走向多元化，为宗教信仰自由做了准备。

文艺复兴和宗教改革破坏了中世纪的宗教、社会秩序，是个人主义潮流的产物，也是资本主义发展和市民阶级壮大的结果。预示了近代历史的开端。

在政治上，这个时期王权与教权、王权与封建贵族的斗争多以王权的胜利而告终。新兴的资产阶级与王权结合，帮助国王建立起专制君主政体。它们为了开拓国内市场和发展对外贸易，首先希望建立一个统一的民族国家，以便扫除资本主义发展道路上的障碍，这样就必须打破封建割据局面，帮助国王摧毁封建贵族势力。在所有的王国中，王室的权力不断膨胀，而与之抗争的集团，诸如贵族、议会或僧侣阶层的权力则相应被削弱。中世纪的代议制几乎到处都在走下坡路。只有在英国，实行专制统治较短的都铎王朝允许议会制保持下去。结果就是封建制度的消失，君主统治的新兴民族国家的兴起，这自然有利于商业和资本主义的发展。恩格斯曾经指出："王权依靠市民打败了封建贵族的势力，建立了巨大的、实质上以民族为基础的君主国，而现代的欧洲民族和现代的资产阶级社会就在这种君主国里发展起来。"[1] 英王亨利七世、法王路易十一、西班牙国王裴迪南五世都在 15 世纪末期相继建立了统一的民族国家。德国、意大利为例外，仍然四分五裂。中世纪那种联合欧洲各民族建立一个世界帝国的思想，已经让位于近代民族国家的理论与现实。近代国家主义（或民族主义）和王权（非帝权）思想代替了旧的政治观点。这在西方政治思想发展史上是一个重大的转折。

如果说在中世纪，专制君主政体如凤毛麟角一样稀少，那么在刚进入近代的欧洲，君主专制成为普遍的政体了，开始它推动了社

---

[1] 《马克思恩格斯选集》第4卷，人民出版社2001年版，第261页。

会的进步，而它的巨大破坏力尚未显露，与新生的社会力量矛盾不大。各地教会日益听命于王权，最后，教会的权力消失殆尽，教皇的世俗统治权已不复存在，教会成为自愿组成的联合团体或成为民族国家的小伙伴。

席卷欧洲的如此剧烈的变化必然反映在政治理论方面。当时的思想家们摆脱了神学的世界观和思路，开始用"人的眼光"，从人文主义出发，从经验和理性出发来考察、解释政治社会问题，把政治社会关系看成一种权力关系，提出了权力政治观。国家被解释为人的需要的产物，法律也成为理性与权力的表现。这样，不仅教会披在国家身上的神圣外衣被剥掉了，而且古代人将国家看作人们为了追求某种道德目标而组成的共同体的观点，也失去了存在的依据。权力代替神意和道德，成为国家与法律的基础。权力政治观和国家主权学说都具有近代政治思想特征，这是对古代伦理政治观和中世纪神学政治观的突破，是政治思想的巨大进步。

资本主义在发展的初期，就已显露出种种弊病，人民群众陷入更加贫困的境地，随之近代社会主义思想产生了。它大胆地批评资本主义造成的罪恶，特别是社会的不平等，提出消灭私有制度，达到财产公有、人人劳动、平均分配的理想社会，并设想了国家在未来生产中的组织和管理职能。这一时期社会主义的代表人物及其著作，有英国莫尔的《乌托邦》（1516年）、意大利康帕内拉的《太阳城》（1613年）。

托马斯·莫尔是近代社会主义的创始人，他的思想深受柏拉图《理想国》的影响。他规划的乌托邦实行财产公有、共同劳动的理想社会制度，并在全国范围内组织社会生产。家庭是基本经济单位，主要从事手工业生产。农业实行义务劳动制，每个公民一生中都要在农村轮流劳动两年。产品一律交到公共仓库保存，并按家庭需要分配。公民有大量的业余时间进行科学研究、文化学习或艺术活动，人人具备高尚的道德修养。乌托邦实行民主政治，劳动群众可以广泛参与国家事务的管理。各级行政官员一律由选举产生，不享有任何特权，不称职者可以撤换。最高首脑是一位哲学家国王，终身任职。法律简单明了，人人精通。

托马斯·康帕内拉在《太阳城》中尖锐抨击了贫富对立与私有制，揭露了统治集团专横残暴、欺压百姓的行径，不过他的社会理想也较极端。他的理想社会——太阳城实行共产共妻的公社制度。全体居民共同劳动，居民按需要从公社领取生活用品，在公共食堂用餐。社会生活与私生活都强行划一，连妇女涂脂抹粉和穿长裙也要处死，因为这犯了伤风败俗罪。在管理制度上，康帕内拉设想了一种政教合一、行政与司法合一的形式。最高领袖是"太阳"，兼任政府首脑、最高裁判和大祭司长，由最聪明、最高尚的哲学家担任，终身任职。"太阳"高高在上，代表真理与正义，谁反对他就是人民公敌，自然是死罪。全体公民有权参加公民大会，以民主方式选举并更换一般政府官员，大会每月举行两次，与会者有权批评政府的工作。

莫尔与康帕内拉的思想都深受柏拉图《理想国》的影响，成为以后空想社会主义者的理想蓝图。

第二节 马基雅弗利

尼科洛·马基雅弗利（Nicollo Machiavelli，1469—1527年），意大利文艺复兴时期著名的政治思想家、历史学家和军事学家，是现代政治思想的主要奠基人之一。主要著作为《君主论》（1513年），又译为《霸术》,《论提图·李维的前十卷》(1513年)和《佛罗伦萨史》(1525年)。

马基雅弗利出生于佛罗伦萨一个律师家庭。他年轻时参加了1494年佛罗伦萨人民反对美迪奇家族专横统治的斗争,斗争胜利后恢复了佛罗伦萨共和国。1498年他先后担任共和国第二国务厅长官,十人委员会秘书,国民军指导委员会秘书。1512年美迪奇家族复辟,马基雅弗利被解除一切职务,并遭监禁。

马基雅弗利生活的时代,正是意大利文艺复兴的鼎盛时期。当时意大利在工商业和对外贸易上居欧洲前列,在文化艺术上硕果累累,但在政治上却衰败无力,处于四分五裂的割据状态。意大利分成米兰、那不勒斯、威尼斯、佛罗伦萨和教皇国五个较大的国家及许多小的封建领地,互相混战不已。罗马教廷有意制造纠纷,分而治之。人民群众和进步势力迫切要求建立强有力的政治权威,实现国家的统一和稳定,推进资本主义工商业的进一步发展。适应这一需要,马基雅弗利创立了他具有近代特征的政治思想。

一 权力政治观

马基雅弗利作为现代政治学的奠基人之一,第一次提出了权力是政治的核心的观点,把政治学和神学、政治与道德区分开来。他认为研究政治社会问题,不应该从上帝和道德出发,而应该用人的眼光,从历史和现实经验出发研究和处理政治问题。马基雅弗利政治思想的基础是人性论,他认为人的本性是自私的,人的欲望是支配人的行为的原动力,人的基本欲望是追求权力和财富。世上的权力和财富是有限的,而人的贪婪欲望是没有止境的,这样人与人之间自然就会产生争斗。人们为实现各自的欲望,为保卫自己的利益不得不联合起来,选出勇敢而有智慧的人担任领袖,颁布法律,于是就产生了国家。国家的根本问题是统治权,权力是政治的核心,国家只有掌握和运用统治权,才能实现其统一和安全,维护社会的秩序。所以他认为,统治者应以夺取权力和维护权力为目标,而不应以善良道德为目标,应该抛弃把政治追求的目标仅仅归结为伦理至善的传统观念。

马基雅弗利也很关注君主如何维持自己权力的问题。他认为,君主要维持自己的权力,一靠法律,二靠暴力。他说:"世界上有两种斗争方法:一种方法是运用法律,另一种方法是运用武力。第一种方法是属于人类特有的,而第二种方法则是属于野兽的。但是,因为前者常常有所不足,所以必须诉诸后者。"① 也就是说,马基雅弗利本来蔑视、排斥暴力,但在不得已的情况下君主也必须交替使用法律和暴力进行统治。他认为,人民必须有法律的约束和指导,这样才能获得良好的品德,使人性中善的一面得以发扬光大。人民如果受到法律恰当的约束,就会变成精明的和文雅的公民。国家的生存也取决于法律的完善,因为完善的法律是产生全部公民爱国美德的源泉。即使在一个王国,政府保持稳定的首要条件也在于法治。马基雅弗利主张创建新的法律制度,并使新的法律制度得到巩固和普遍遵守,如此,国家的统治就会稳定而持久。马基雅弗利还主张废除雇佣军制度,建立由人民、市民组成的国民军以巩固国家政权。

二 政体学说

马基雅弗利受亚里士多德的影响,认为在历史上依次有三种政体:君主政体(有限的或立宪君主政体)、贵族政体和共和政体。但这三种政体形式都会出现反常的、坏的变形:君主政体的变形是暴

---

① [意]马基雅弗利:《君主论》,潘汉典译,商务印书馆1994年版,第83页。

第四章 文艺复兴与宗教改革时期的政治思想

君政体，贵族政体的变形是寡头政体，共和政体的变形是群氓统治。

马基雅弗利就上述政体的优劣进行了比较，他认为暴君政体最坏，共和政体最好，共和国是理想的国家形式。他以古罗马共和国为例，对它的优越性给予了充分的肯定和赞赏。马基雅弗利研究罗马的成就与伟大后指出：经验表明，城邦只有处在自由之中才能政通人和，国富民强，罗马从君主手中得到政治自由之后，才出现了空前的强大；相反，城邦为暴政所统治，大多数情况下，总是倒退没落。世界各地一切享有自由的城邦总是获得非凡伟大的成就。他还指出共和制最符合自由与平等的原则，能消灭等级特权，公民有献身于社会的自由和权利，能增进公共福利，保证公民的财产安全。共和国的人民比君主国的君主高明，坚定而有理性，不论在道德水平还是判断力方面都高于君主。虽然人民不能就错综复杂的政策问题做出有远见的判断，但对于他们所了解的事物，例如估计和判定地方官员的优劣，他们的判断远比君主精明而稳妥。同时，他还认为在人民参政的共和国里，贵族处在人民权力的限制之下，他们的权力欲望不会造成对国家的危害。另外，共和制还能激发人民的爱国热情，保证国家的统一和威力。

马基雅弗利认为实行共和制需要具备一定的条件，它只有在国家统一，保持着坚固文明生活和良好秩序的国度才能实行。而就意大利当时的条件而言，民族未统一，国家处在分裂割据状态中，是不能实行共和政体的，只能实行中央集权的君主专制。因为在内战混乱、腐败堕落的意大利，只有王权代表着秩序和民族统一的进步倾向，只有借助王权，才能抗衡和打垮腐败堕落的贵族、教会势力。他说："要建立任何一种秩序，唯一的方法就是建立君主之治。因为在人民彻底的腐化堕落已经使得法律无法起到制约作用的地方，就有必要确立某种至上的权力。凭借君主之手，且依靠各种充分而绝对的权力,这种至上权便有可能遏制住权贵们的极大野心和腐败。"① 马基雅弗利主张的君主政体不是世袭的君主政体,而是由人民选举产生的君主政体,如君主成为暴君,人们就有权推翻他。

马基雅弗利的政治理想是共和政体,因此他只是在很特殊的两种情况下才主张采取君主专制统治:一是立国之初,二是在改造腐败不堪的国家时。国家一旦建成,必须让人们参政。君主在处理国家事务时必须以法律为依据,尊重人们的财产权和其他权利,只有这样,国家才能长治久安。在他看来,专制制度的强制力量是一服强烈的政治药剂,对腐败的国家和所有国家遇到特殊紧急情况时,这服药是有用的;但毕竟是毒药,用时必须十分小心谨慎。总之,在政体问题上,他的主张是:如有可能,就建立共和政府;如有必要,就实行君主专制。

三 权术政治主张

马基雅弗利是西方政治思想史上最早提出政治权术的思想家。他根据历史和现实的政治经验,认为一个君主要获得和维护自己的统治权威,不仅要具有良好的军事素养,还必须善于运用权术。权必须有实力,国家的实力就是军队;术,就是统治的技巧、谋略和手法。马基雅弗利明确提出,统治者要像狮子一样凶猛,像狐狸一样狡猾。因为狮子不能防御陷阱,狐狸不能抗击豺狼。君主既是狐狸以认出陷阱,又是狮子以使豺狼恐惧,即又狡诈又凶猛。

马基雅弗利对人性不抱任何信心。在他看来,不论何时何地,人都忘恩负义,心怀异志,弄虚作假,伪装好人,见死不救和利欲

---

① [美]乔治·萨拜因:《政治学说史》下卷,邓正来译,上海人民出版社2010年版,第22页。

熏心。因此，君主不应受传统道德准则的约束，为了实现自己的目的可以不择手段。他认为，君主不需要具备善良的品性，但又要让人看出具有美德，这就需要做一个伪装者，用欺骗和伪善把人弄糊涂。君主在一个大多数人并非善良的世界里，如果一意坚守道德准则，不仅不能成就伟大的事业，而且肯定会遭毁灭。所以，他提醒君主，不要怕别人指责他行恶，要放心大胆地干下去，目的总是证明手段正当，这是君主玩弄计谋所依据的总原则。君主在政治上只应关心什么是有效的，什么是无效的，而不必过问正当与否。在他看来，正义、道德、宗教、法律，统统都是服务于君主权力的手段而已。

当时社会的腐败，意大利各国的软弱及外来征服的威胁使他渴望出现一个能够拯救意大利的理想的新君主。意大利的博尔吉亚作为一个雄心勃勃、凶残刚毅的君主似乎就是这样的人。马基雅弗利明白这位君主必须克服巨大的困难，为达目的必须不择手段，甚至宗教也必须服从他的需要，成为他权力的工具。马基雅弗利的权术政治主张当时就是向他提出的。他提出这些露骨的手段只是因为他认为人类过于丑恶，而他向往的则是一个由善良纯洁的人们组成的社会，像古罗马共和国。

政治现实决定政治意识，政治意识反映政治现实。当时在意大利那样一个腐化堕落的国度自然产生了主张为达目的不择手段的马基雅弗利主义，如同在政治上非道德主义泛滥的战国时期的中国，相应地产生了韩非子的权术政治理论。从马基雅弗利的政治理想与原则来看，他本来是近代自由主义的先驱，但他解决现实问题的权术与政治主张，却论证和助长了最坏的专制主义。

第三节 布丹

让·布丹（Jean Bodin，1530—1596年），是法国早期市民阶级的政治思想家，近代国家主权学说的奠基人。

布丹出生于法国安吉尔市的一个富人家庭，大学毕业后做过一段时间的法学教师。后来一边从事律师职业，一边研究写作。1576年任亨利三世宫廷律师，当选过省议会议员和法国三级会议的第三等级议员。布丹的著作主要有《简明历史认识方法》（1566年）和《国家论六卷》（1576年）。《国家论六卷》是有关国家与法律思想的巨著，系统阐述了国家理论特别是国家主权学说。

布丹生活的年代，法国初步实现了政治上的统一，但是国家的权威并不巩固，王权受到多方面限制。法国几乎没有统一的法律制度，教士、贵族享有广泛特权，制约着国王的权力。市民阶级为了自身的利益，要求一个强大的民族国家，一个强有力的王权，以及和平、安全、有序的环境。布丹就是适应这种历史要求而开始写作的。

一 国家起源说与君主政体论

在国家起源问题上，布丹继承亚里士多德的观点，认为家庭是国家的真正来源。布丹认为，家庭是人类社会联系的最早和首要的形式，社会与国家都是由家庭产生的。他认为家庭是一个自然单位，私有财产的权利与之俱生，而国家和所有其他社团都由此得以形成——国家是各家各户的政府，家长一走出家庭并同其他的家长一致行动便成为公民。许多家庭的联合组织（村庄、城市和各式各样的团体）为着共同防卫和追求相互的利益而产生了。当最高权威把这一切统一起来时，一个国家便形成了。

布丹认为，国家带有家庭的特点：一是家庭成员间是不平等的，国家中每个人也是不平等的；二是家庭有私有财产，国家也需要有私有财产，否则国家就不能维持和存在；三是家庭中家长具有至上权威，国家中主权者也应当具有至上权威，或称主权，它是国家的灵魂，没有主权国将不国。

布丹认为，国家是由许多家庭组成的具有最高权力的合法政府。这里所说"合法"是指正义，或指遵循自然法，这样就把国家同强盗集团、同非法组织区别开来。同时，布丹还认为应该把国家同政府区分开。他指出，一个统一的法律上的首脑是国家的标志，而政府形式的区分则是与国家结构相联系的。君主制中主权属于国王，各等级的职能具有顾问性质，君主可以同顾问商量问题，但不受提意见者的约束；贵族制主权属于议会，国王的行动受各等级行动的约束；民主制主权属于民众，决定和复审的权力属于民众团体。布丹认为并不存在混合政府，最高权力必须是单一的。主权要么属于君主，要么属于贵族议会，要么属于民众。他认为在法国，国王是国家首脑，掌握国家主权，议会（等级会议）只不过是国王的顾问。任何人或机构都不能与国王分享主权。如果一个国家的最高权力同时属于不同机关（如君主和议会），那么它就不能成为国家，而只能是无政府状态。所以布丹坚决反对分权论，反对混合政体，认为混合政体是将主权分为几个部分，由几个机关分别掌握，它是违背主权不可分割的原理的。

布丹主张实行君主政体，认为君主政体是最优良的政体。因为在实行君主政体的国家中，行政机关不像民主政体那样行动迟缓，它最适宜于危机存亡时期。布丹把君主国分为三类，一是明君的君主国，在明君的统治下，人民的生命、财产与安全都有保障，君主尊重法律，依法治国；二是专制的君主国，君主统治人民如同家长统治奴隶一样；三是暴君的君主国，暴君置一切法律于不顾，任意对人民施行暴政。布丹认为明君的君主国最好，暴君的君主国最坏，法国应当由明君来统治。

二 国家主权学说

《国家论六卷》最重要的理论贡献，是首次系统论证了国家主权学说。所谓主权是指国家对内具有至高无上的权力，对外具有独立平等的权力。布丹认为，最高权力的产生，就从实质上把国家和包括家庭在内的一切社会组织区别开来。他明确界定国家就是"被一个最高主权所支配的团体"，也就是主权者和臣民的结合。那么，主权又是什么呢？他认为主权是一个国家的绝对的和永久的权力，他说："主权是不受法律约束的、对公民和臣民进行统治的最高权力。"①

布丹理解的主权具有如下几个特性：第一，主权是最高权力和绝对权力，人世间没有什么比主权更高的权力了，它可以支配人们的财富、生命以及整个国家的一切事务；第二，主权是不受法律限制的权力，因为主权者本身就是立法者，主权本身就意味着不经上级、同级和下级的同意，集体地或分别地有为公民制定法律的权力；第三，主权是永恒的、不受时间限制的权力，终身有最高权力的人才是真正主权者，罗马执政官不是真正的主权者，因为执政官的任期有一定限制；第四，主权是不能转让的权力，主权只能由主权者享有；第五，主权也含有主权者控制习惯法之意——允许习惯法存

---

① [美]乔治·萨拜因：《政治学说史》下卷，邓正来译，上海人民出版社2010年版，第82页。

在就是批准了习惯法——制定法律能够改变习惯，而习惯却不能改变法律。

主权除了受神法、自然法的制约以外，在世俗国家中是不受任何制约的权力，其内容是相当广泛的：第一，立法权，法律全然是主权者意志的行为，是主权者的命令，法律是由主权者制定的，一切服从者都不能参与立法。第二，宣战、媾和及缔结条约的权力。第三，官吏任免权。第四，最高裁判权——主权者是国家的最高裁判官。第五，赦免权，这是最高裁判权的一部分。第六，提出有关忠节、服从的权力，服从者有效忠、服从主权者的义务，没有主权者的同意绝对不能解除这种义务。第七，货币铸造和度量衡的选定权。第八，课税权，赋税的征收，属于主权者；但布丹对此权有所限制，他认为，基于私有财产不可侵犯原则，没有人民的赞同，主权者不能任意扩大课税权。

一般而论，布丹主张主权是永恒的、无限的和绝对的权力。布丹是一个君主主权论者，他认为君主享有主权，君主的行为当然不对人民负责，也不受法律约束。但具体到实际问题上，他又给主权加了一系列的限制，从而把绝对的主权限制成了相对的主权。

布丹承认，如果主权是不受任何法律限制的权力，则找不出一个有主权的君主。因为一切君主都受神意法、自然法及国家基本法的限制。主权首先应受到自然法的限制。因为自然法植根于人类理性之中，人类都有理性，既然人类不会违背自己的理性，君主也无权违背自然法，即君主没有破坏神法及自然法的权力。其次，主权应该受到社会契约的限制。君主如若以私人资格与人民订立社会契约，就必须遵守；就是前任君主所订立的契约后任的君主也要遵守。最后，主权应该受到国家基本法的限制。因为国家最高权力是以国家基本法律为依据的，如果君主废止或改变基本法，将会动摇国家的基础，因此君主也无权违背或破坏基本法。规定王位继承以及国家领土的法律等，布丹均认为是基本法。

布丹的主权说看似自相矛盾：主权是绝对的又是相对的。这一矛盾最好这样来解释：相对于封建贵族的特权与反叛来说，主权或王权是绝对的、不受限制的；但相对于私有财产权而言，主权又是有限的、相对的。因为私有财产是不可侵犯的，这是自然法的神圣法则。布丹提出征收赋税会减少私有财产，所以主权者行使征税权时，必须征得人民的同意。只有在全体利益发生危险时，才能增加新的赋税。至于公用征收，前提是有助于公共福利，并给予相当赔偿始得执行。君主若不遵守自然法的这些神圣法则，人民就可以拒绝服从。这样来看，说他代表法国市民阶级的利益不无道理。

第四节 加尔文的宗教改革思想

让·加尔文（Jean Calvin，1509—1564年），是欧洲宗教改革运动的领导人之一，加尔文教的创立者。他出生在法国北部的诺扬城，早先主攻文学和法律，后来专修神学，对《圣经》和早期教父的著作深有研究。1533年加尔文在法国开始宗教改革活动，被指控为宗教异端。1541年他到日内瓦城主持宗教改革，日内瓦成了新教城市的典型。他还派出许多传教士到欧洲各地活动，建立加尔文教教会。到他逝世时，英国、法国、德国、匈牙利等国家都有加尔文教的组织和教派。他在日内瓦建立了一个政教合一的神权共和国。他要求人们克己禁欲，勤俭质朴。加尔文在信仰上笃诚狂热，不容异端，尽管他的教派也被天主教当作异端加以迫害。加尔文的著作很多，其中《基督教要义》（1536年）是他阐述宗教改革思想的主要著作。

第四章 文艺复兴与宗教改革时期的政治思想

加尔文宗教改革的理论基础是预定论,以否定罗马教会宣传的救赎理论。他改造了路德"因信得救,不靠功行"的思想,强调这一理论的宿命论方面。他将一切看作上帝的安排和命令,相信上帝创造一切,管理一切。上帝对人的拯救也是预先安排好的,但他也肯定人们自身的努力。加尔文认为,虽然一切都是上帝预定的,但教徒在现世应该勤奋工作,积极谋取事业上的成功。因为成功就是上帝恩典的表现。

加尔文像路德一样,主张《圣经》是信仰唯一的权威,教徒可以通过理解《圣经》直接和上帝交往,人人都可以从认识自己到认识上帝。加尔文认为,人是"因信称义"的,教徒应做到内心只信仰、顺服基督,才可成为"义人"。由此,加尔文强调信仰重在内心真诚,他以此反对教会规定的繁缛礼节。他认为拘守教会的仪式进行忏悔、禁食、苦修等功行,并不能使人的罪得到拯救,这些形式不过是教会用以牟利、骗钱的手段。他还说教皇、主教们并不能代表上帝,相反,他们是"基督的主要仇敌"。

加尔文宗教改革思想的激进性,还表现在他改革教会的主张上。他否定教皇的权威和教阶制度,主张不设教皇和主教,教会也不能掌握在世俗权贵手里,应当交给大众管理。他主张以民主的原则组建教会组织,教会应该从广大教徒中选举教会管理人员,由教士代表,即长老和牧师管理宗教事务。被选举的人必须没有野心,心地纯洁。他说:"除非人在道德上健全,在生活上圣洁,不致因过失使他们的权柄败坏、使职分蒙羞辱,就不配当选为监督。"[①] 加尔文认为,教士之间虽有职务高低之分,但他们之间的关系是平等的,即

---

① [法]加尔文:《基督教要义》上册,徐庆誉、谢秉德译,宗教文化出版社 2010 年版,第 43 页。

使是教会的首脑,也要服从"由信众兄弟组成的大会"的决定。

　　加尔文认为政府的权力来自上帝的授予,是神圣的。政府官吏是上帝的佣人,必须在他们的管治中表现出上帝的眷顾、仁慈和公正。他指出法律是国家的灵魂,法律的内涵就是爱。法律不是为了约束人民,而是为了保障人民。在政府体制上,加尔文不赞成君主制,认为由一个人或一个家族掌握政权是亵渎神圣的。他对民主制也抱有轻蔑与反对的态度,认为民众可能冲击法律与秩序。他欣赏贵族制政府能将民众与贵族两方面的意愿结合起来。加尔文设计了一种政教合一的寡头制权威,目的是建立一个教会与政府相互合作、相互促进的上帝之城。教俗两界的权力地位相等,由上帝分别授权,在神圣的戒规指导下共同发挥作用。只是两种权力的范围和手段应该有所区别,以求互相补充和互相监督。世俗官员高举的是刀剑,教会高举的是《圣经》。双方都以自己的方式维护、推进基督教世界的秩序。

　　加尔文把日内瓦的城市委员会建成了一个与教会密切合作的政府,委员会由教会的神职人员与世俗长老共同管理。政府与教会两套人马互相渗透,组成一个权力共同体。城市和教会还制定了严格的规章制度,对普通市民进行管理和监督。市民不参加宗教礼拜,唱庸俗下流歌曲,跳舞,打牌,都会受到惩罚。加尔文还主张城市的财产应该由它的成员共同享用,社区应该照顾好每个人的生活,政府要救济穷人,发展工商业,给予每个日内瓦公民以工作的机会。

　　加尔文主张民众包括基督徒在内,要尊敬和服从世俗的官长。一般来说,人民不应起来反抗,应该由地方官长出面对抗暴政,保护人民;不过他认为对于不信上帝、不服从基督的统治者,教徒没有服从的义务,人民可以反抗这种暴君。

　　和路德相比,加尔文的宗教改革思想更有系统性和理论性,同时更为激进。加尔文教会改革的主张，对近代民主共和制度的建立产生了直接的影响。"加尔文的教会体制是完全民主的、共和的；既然上帝的王国已经共和化了，人间的王国难道还能仍然听命于君王、主教和领主吗？当德国的路德教已变成诸侯手中的驯服工具时，加尔文教却在荷兰创立了一个共和国，并且在英国，特别是在苏格兰，创立了一些活跃的共和主义政党。"① 确实，加尔文教对西方近代新道德的形成与民主共和意识的产生，都有相当大的影响。

---

① 《马克思恩格斯选集》第3卷，人民出版社2001年版，第707页。

第五章　17世纪荷兰的政治思想

第一节　概论

16世纪包括今日荷兰、比利时与卢森堡在内的尼德兰，正处于西班牙的封建统治下。从1566年开始，历经几十年的反抗斗争，1609年尼德兰革命在北方七省取得成功，建立了荷兰共和国。荷兰独立以后，很快成为17世纪经济文化最先进的国家。荷兰的经济主要依赖海外贸易，它的造船业和航海业位居世界第一，它的商船航行世界各地，运销各国商品，被称为"海上马车夫"。同时它还进行残酷的殖民掠夺。17世纪的荷兰是一个"标准的资本主义国家"。荷兰资本主义经济的发展呈现出商业发展优于工业发展、对外贸易优于国内贸易的特点，这些都对荷兰的政治思想产生了不小的影响。

17世纪的荷兰是欧洲最早进行反封建革命并取得成功的国家，但这一革命的社会基础相当复杂。工业资产阶级的力量和政治影响不够大，荷兰共和国的政权由富商和新贵族掌握，新贵族又与荷兰的封建势力有千丝万缕的联系。革命后，荷兰共和国的最高权力属

第五章　17世纪荷兰的政治思想

于"三级会议",其成员由各省教士、贵族和市民这三个利益集团的代表组成,享有立法和决定赋税的权力。三级会议的常设行政机关是国务会议,首脑由奥兰治家族世袭,其权力相当大,拥有诸如协调三级会议代表的意见,在必要时行使最高职权处理国务等权力。可见,荷兰共和国是半君主性质的共和国。奥兰治家族是共和国中保守的贵族集团的政治代表,排斥并拒绝广大人民以及工业资产阶级等政治力量参与国家管理事务。共和国成立后,寡头统治集团只注重商业发展,新兴市民阶级与寡头统治集团的政治斗争时常发生,资产阶级面临着进一步推进资本主义经济发展和实现民主政治的使命。近代自然法学说代表了政治法律观上的革命要求,可以为实现这一使命提供理论支柱。格劳秀斯与斯宾诺莎就以自然法作为其政治思想的基础,论证了新兴政治力量的政治诉求。

在国际社会中,当时荷兰已是海外贸易大国和海上强国,实行贸易立国政策,并与西班牙、英国、法国等欧洲强国争夺海上霸权。17世纪上半叶欧洲大陆发生了"三十年战争"(1618—1648年),许多国家卷入了这场混战,战争严重阻碍了欧洲资本主义的发展。结束这场战争的《威斯特伐利亚和约》的签订,标志着近代国际关系与国际法的起步。荷兰作为初生的资本主义国家,作为一个海上大国和陆上小国,迫切需要一个相对和平稳定的国际环境,需要世界各地的海洋自由航行,由此导致其特别关注国际关系和国际法问题。荷兰殷切期望用国际法规范国家间的关系,保护其至关重要的海外贸易。在这种情况下,格劳秀斯的国际法学说应运而生。

海外贸易的繁荣与经济的发展,促进了荷兰科学文化的繁荣,荷兰成为17世纪欧洲科学文化的中心,成为学术思想和宗教信仰自由的旗帜,欧洲许多先进思想家纷纷逃到荷兰著书立说。不过天主教会在荷兰仍有巨大的影响力,教派之间壁垒森严,教会神学仍束缚着多数民众的思想，无神论不时受到教会势力的反对与迫害。宣扬无神论，破除宗教迷信成为荷兰社会生活进步的精神动力，宣扬无神论，鼓吹信仰自由也就成为荷兰17世纪社会政治学说的主题，斯宾诺莎便是其中的杰出代表。格劳秀斯和斯宾诺莎在自然法、权利论、主权说、国际法等方面阐述和发展了近代西方政治学说，推进了法学政治观在近代西方的确立。最有特色的是，斯宾诺莎还提供了建构和论证哲学与政治学说的数学推理法，表明大陆哲学的唯理主义对他思想的重大影响。

第二节　格劳秀斯

雨果·格劳秀斯（Hugo Grotius，1583—1645年），17世纪荷兰著名的政治思想家，近代自然法理论的创始人之一，近代国际法理论的主要奠基人。

格劳秀斯出身于荷兰德弗特城的富裕律师家庭，11岁时就入莱登大学学习哲学和法学，15岁时赴法国继续攻读法学，两年后获法学博士学位。格劳秀斯于1609年发表了《论海上自由》，国际法理论初显端倪。1613年任荷兰驻英国公使，并以荷兰代表身份同英国政府商谈关于荷兰在英国沿海的渔权问题。1618年荷兰发生宗教政治内讧，格劳秀斯由于支持温和派反对奥兰治家族而被判为终身监禁，后流亡巴黎。1634—1644年被瑞典政府委任为驻法公使。1645年逝世于德意志的洛斯托克。

在格劳秀斯的时代，国际政治和国内政治斗争风起云涌，"三十年战争"使欧洲政治格局动荡不安。荷兰统治集团正在推行大规模的海外贸易，争夺海上霸权。格劳秀斯的政治法律学说正反映了这一时代特征。代表其政治法律思想的著作有两部：1609 年发表的《论海上自由》以及 1625 年发表的《战争与和平法》。前者论述了航海自由的主张，后者则是最早的一部完整、系统论述国际法理论的著作。他第一次把国际关系问题引入政治学说，从国家关系的角度丰富了布丹的主权学说，奠定了国际法的理论基石。格劳秀斯把主权国家作为国际法的主体，完全改变了古代罗马以个人权利和契约关系为基础的万民法概念。

一 自然法理论

17 世纪西方政治学说完成了从神学束缚中解放出来的任务，政治问题逐渐趋于世俗化，法学政治观取代了神学政治观。法学政治观用"人的眼光来观察国家"，从人的理性出发来建构国家和法的政治基础。这是对神学世界观的直接否定。格劳秀斯最早完整地提出近代自然法学说，以后的霍布斯、斯宾诺莎、洛克、孟德斯鸠、伏尔泰、卢梭等政治思想家从不同的角度丰富了自然法学说。法学政治观的形成，成为近代西方政治思想家理性主义政治思维的基点。

格劳秀斯明确提出："自然法是正确的理性命令，它指明任何与我们理性和社会本性相符合的行为就是道义上公正的行为，反之，就是道义上罪恶的行为。"[1] 这表明格劳秀斯以人的本性作为解释自然法内涵的基础，这是近代新政治观的特征。在格劳秀斯看来，理性是人人都具有的天赋能力。人类假使没有上帝，也能依据自己的理性行事。自然法是绝对真理，是完全不能改变的，即使上帝也不能改变。他举例说明二加二必等于四，不能有其他可能，凡是内在为恶的，也不能不是恶。也就是说，衡量行为的善恶，要以人的理

---

[1] ［英］汉默顿编：《西方名著提要》，何宁译，中国青年出版社 1957 年版，第 111 页。

性为唯一标准。格劳秀斯的自然法理论是对中世纪神学政治观的批判，开始了西方用理性主义政治思维阐释自然法理论，建构政治学说的历程。

格劳秀斯把法分成两大类：导源于人类理性的，是自然法；导源于意志的，称意定法，其中包括神法和人为法。自然法是其他法律的基础，普遍适用于全人类。神法虽低于自然法，但高于人为法，它是人为法的第二个基础。

自然法是合理、永恒而又普遍的，导源于自然法的自然权利必定也是合理、永恒的。权利只不过是公道的意思，权利具有道德性质，说明格劳秀斯的法学政治观尚未完全摆脱古希腊伦理政治观的影响，还没有离开古代政治正义的传统。格劳秀斯通过自然法论证了维护私有财产的必要性，所以他主张自然权利的原则包括不触动别人的财产，归还属于别人的东西并偿还由它得到的利益。人们必须履行诺言，赔偿由于自己的过失而造成的损失，以及给应受惩罚的人以报应等。他把财产权与自然法相联系，作为自然权利最高的原则，开启了近代政治学说对私有财产权论证的先河。但是，格劳秀斯的自然法理论带有那个时代所特有的缺陷：第一，他在自然法理论中，虽然以法学政治观对神学政治观进行了批判，但依然为上帝保留了位置，依然把置于理性之后的神法作为人类法的第二个基础。第二，他认为社会交往是人类独特的本性，人类不像其他动物那样只管寻求自己的满足和利益，他把人类的社会性作为其政治学说的基石和自然法的渊源当然是没有问题的，但他在社会关系中更强调个人的道德义务而不是个人的天赋人权，权利政治论在他那里尚不明确。第三，格劳秀斯的自然法学说不仅带有神学政治观的痕迹，而且还未完全摆脱古希腊时期的伦理政治观的影响。他把人的社会性作为自然法的渊源，把是非善恶的共同道德标准作为人类社会结合的动因。他认为在人类社会中如果只有自利是行为的动机，社会就没有存在的可能。这表明他还未走出伦理政治观的思维模式。

总而言之，格劳秀斯的自然法学说，开创了近代西方自然法理论的先河，同时它又是不成熟、不彻底的理论。

二　主权理论

格劳秀斯在政治学说上的重要贡献，是从国际关系的角度进一步充实了国家主权理论。在论述国家主权理论之前，格劳秀斯先从社会契约论角度阐释国家的起源。他认为人类早期社会是"自然状态"，没有国家，没有私有财产，人们按照自己的本性过着和平宁静的生活。人人平等自由，只受自然法的约束。人类的发展导致私有财产的出现，随之产生了人与人之间的争夺。为求财产的安全和权利的保障，人们订立契约，告别自然状态，成立国家，过上政治生活。格劳秀斯认为国家就是一群自由人为着享受公共的权利和利益而结合起来的完善的团体。他以"国家人造"取代"国家神造"，是一大理论进步。

格劳秀斯从国际关系角度对国家主权进行了深刻的剖析。他认为，主权是国家的灵魂，是国家得以存在的表征。主权是国家的最高权力。他指出："所谓主权，就是说它的行为不受另一种权力的限制，所以它的行为不是其他任何人类意志可以任意视为无效的。"[①]主权包括颁布法律、执行法律、任命官员、征收赋税、决定战争及缔结条约等权力。可见，他的主权内涵，包括对内对外两部分。他把国际关系引入主权框架，认为主权不受另一种权力的限制和支配，强调其对外方面是独立地行使国家权力。格劳秀斯关于主权国家对

---

① ［英］汉默顿编：《西方名著提要》，何宁译，中国青年出版社1957年版，第113页。

外独立的特征的分析,是对布丹主权理论的发挥,也推动了西方国际关系学对主权理论的研究。

和布丹一样,格劳秀斯的主权理论也呈现明显的矛盾和混乱。具体表现在,他承认从广义上说主权为国家或社会全体所有,又主张从狭义看主权只能由一人或少数人掌握,他因此反对人民主权。他说:"有些人认为,最高权力永无例外地属于人民,所以只要他们的君主滥用权力,人民便可以起来限制他、惩罚他,我们却不能不反对这种意见。这种意见过去招致了什么祸患,每个明智的人都是看得出来的。"[①] 因此为了维护公共和平与良好秩序,国家有权制止人民无限制地运用抵制或反抗君主的权利。如果允许滥用这样的权利,国家将无法存在,而变成无政府状态。但他又认为君王如果违反了法律和国家利益,人民不但可以用武力推翻君主,而且在必要时还可以处死他们。人民在这些情况下,可以另立契约,重建国家。他一方面认为主权经过社会契约产生,基于人民的同意,但他又承认征服者经过正当的战争对被征服者拥有主权。在主权行使方式上,他既承认主权本身是统一的,又认为主权可以在几个君主之间或君主与人民之间分掌。他既否认人民主权,承认主权是超乎社会之上的权力,但他又承认如果君主对人民有过誓约,那么一旦违约就会丧失主权。这些都反映了格劳秀斯主权理论的复杂性与逻辑上的不一致。

格劳秀斯的主权理论因应了当时的时代特征和要求。随着民族国家的建立,主权国家间关系的规范在当时及以后西方政治舞台上的重要性是无须强调的。当时欧洲是一片混乱,教会权威已经大大衰落从而无法影响世俗国家,各个独立国家之间的关系陷于前所未

[①] [英] 汉默顿编:《西方名著提要》,何宁译,中国青年出版社1957年版,第113页。

有的混乱状态。呼吁国际国内秩序，强调国际和平，格劳秀斯的主权学说具有历史意义和时代价值。当然，他片面地强调社会秩序，否定人民主权，是其理论的缺陷。

三　国际法理论

格劳秀斯的首要贡献在于他创立了系统的近代国际法理论，提出了一系列影响深远的国际法原则。格劳秀斯认为国际法的法理基础渊源于理性的自然法，由于自然法所固有的正当理由，它对所有的民族、臣民和统治者都具有约束力。格劳秀斯敏锐地认识到，随着宗教改革和基督教威信的沦落，任何教会的或神圣的权威都不可能建立起一套法律规范，给欧洲各国以同样的约束并指导基督教与非基督教国家之间关系。因此，国际法只能以自然法即人类理性为基础才获得差强人意的法律权威。国际法不一定是一切民族共同承认和遵守的，往往是一部分民族国家承认，另一部分则不承认，但它既然有理性的权威，则有权要求所有民族国家共同承认和遵守。只有国际法才能规范各国间的关系，维护国际社会的和平。格劳秀斯把国际法分为两类：一类是从理性、自然法推论出来，另一类是根据各国共同意志所制定的国际法，叫意志国际法，它是各国公认并予以遵守的。由于自然法代表人类理性，因此，它是制定国际法的依据。格劳秀斯的目的在于要为人类社会树立最普遍的行为规范准则。

格劳秀斯区分了正义战争和非正义战争。他指出，所谓正义战争的标准是为了保卫身体与财产，恢复被掠夺的财产，对侵略者的惩罚等。反之，都是非正义战争。《战争与和平》一书首次对战争的性质做了区分，明确支持正义战争，具有重要的理论意义。格劳秀斯提出，即使发生战争，各个国家之间仍要恪守公平与人道主义原则，如公开宣战，缔结战后和约，保护妇女、儿童、学者和商人，保护反战者与无辜生灵，保护敌方使节和谈判代表。对俘虏也要给予人道主义待遇，实施避难权等。他还倡导对于战犯、损害和战费不加追究，用来换取一个有保障的和平。战争的目标就是维护国际社会的和平秩序。

格劳秀斯还提出了"中立"的思想，当然"中立"并非完全没有倾向。非参战国家对无正当理由而发动战争的国家不应采取任何支持行动，对于进行正义战争的国家，不应采取任何阻止行动。

格劳秀斯还非常强调公海自由。他主张不管是整个海洋还是海洋的重要分支，都是各国公用的，应成为各国的共同财富，任何人或任何国家都不能把它据为私有。

格劳秀斯创立的国际法理论首次改变了罗马时代以来的万民法的含义。古罗马时期，万民法是共同采用的私法，指未取得罗马公民资格的各民族间关于财产、契约与婚姻等事项的法律与习惯。到罗马帝国时期，万民法几乎就混同于自然法。中世纪，国际法常用来指团体之间、国家之间交际时满足私人利益的习惯法或战争的惯例等。格劳秀斯第一次把国际法的主体看作主权国家，国际法是处理主权国家间关系的规范，是国际关系的公法通则，从而改变了古代万民法把个人作为国际法主体的观念。格劳秀斯还把自然权利、理性主义、人道主义引入国际法，使他的国际法理论披上了近代的色彩。

第三节　斯宾诺莎

别涅狄克特·斯宾诺莎（Benedictus Spinoza，1632—1677 年），是荷兰杰出的唯物主义哲学家和政治思想家，出生在阿姆斯特丹一

第五章 17世纪荷兰的政治思想

个殷实的犹太富商家庭。他在犹太人学校学习时就对《圣经》提出种种疑问,这引起了犹太教拉比们的愤怒,但他拒绝改变自己的观点。1656年,他被犹太教会革除教籍,随后又被市政当局驱逐出城。此后他生活颠沛流离,备尝艰辛,直到贫病而死。罗素评价他是"伟大哲学家当中人格最高尚、性情最温厚可亲的。按才智讲,有些人超越了他,但是在道德方面,他是至高无上的"[1]。

在哲学和政治思想上,斯宾诺莎深受笛卡尔和霍布斯的影响。他的主要哲学、政治学著作是《伦理学》(1675年)和《神学政治论》(1670年)。他首次用历史学方法研究了《圣经》,证明《圣经》是一部历史著作,出自许多著者的手笔,并非那么神圣。他是个无神论者,怀疑上帝的存在。他揭露统治者制造迷信的目的就是欺骗人民,迷信的根源在于恐惧和无知。这在当时是非常大胆的,难怪他一直受迫害。

一 自然权利观与社会契约论

斯宾诺莎的哲学、政治学以人为出发点,他把人作为自然的组成部分加以考察,认为人的一切欲望和情感都表现出自然的力量和自然创造的技巧。人性是"永远和到处同一的",就是说存在一种普遍的抽象的人性。首先是"自我保存",它构成斯宾诺莎伦理学和政治理论的基础。人的自我保存包括经验知识的获取,主要是身体的保存,一个人的幸福即在于他能够保持他自己的存在。此身丧失,何言其他?根据"自我保存"原则,斯宾诺莎提出了自然权利说。他主张,每个人天生都有生存权这一最高的自然权利,都可以按照自己的意愿寻求自己的利益。在没有法律的自然状态下,每个人都

---

[1] [英]罗素:《西方哲学史》下卷,马元德译,商务印书馆1982年版,第92页。

竭力保存自己。人的自然权利和他的天然欲望以及力量是一致的，也就是说，权力的大小决定于每个人力量的大小。

自我保存需要求助人的理性。他认为，人和动物在本质上的不同之处，就在于人的正常欲望都依据于理性的命令。理性的本质在于认识事物的必然性，在于每个人都爱他自己，都寻求自己的利益，也就是说都尽最大的努力保持自己的存在。简单说来，斯宾诺莎主张人们只有在理性指导下，才能更好地实现自我保存。为了达到自我保存，斯宾诺莎还提出了所谓指导每个人行动的准则，即"两利相权取其大，两害相权取其轻"。斯宾诺莎的社会契约理论就建立在这一基础上。

霍布斯的国家学说和方法论深深地影响了斯宾诺莎，他也用演绎推理法阐述了他的社会契约论。

他认为在自然状态下人们不受任何法律的约束，每个人也不服从其他人。一切物品属于一切人，无所谓私有和让与，也没有公正不公正的问题。在自然状态下人们都受自然法则的支配。为了自己的安全和利益，避免同类之间的损伤，人们才要求形成一个遵守固定法律、由公共权力管理的社会。

斯宾诺莎指出，人们通过社会契约组成社会必须放弃一切自然权利，把判断善恶和实施惩罚的权力统统交给国家掌握。他从人的自利的本性考虑，主张国家权力一定要强大有力，否则无法震慑个人的犯罪冲动和损人利己。国家统治权以人们缔结契约时转让的权利为基础，有随意发布命令之权。统治者可以想做什么就做什么，他们有统治一切人的最大权威，可以用武力驱使人，用死惩罚人。法律有约束一切的力量，目的是使人们的生命和整个社会皆得安全。而人民原来的所有权利，都已经经由社会契约移交给了国家。

斯宾诺莎又和霍布斯有所不同，他主张在国家中保证个人的政治和思想自由。他认为和自然状态相比，人们在社会状态中受法律约束，必须服从政府，并且维护其个人的欲望和权利。服从政府是一个公民的职责，公民因服从国家的法令才享有国家的权益。在社会状态中，人们凭借对共同契约的承认，有了明确的私有财产，也有了善恶之心和公正观念。斯宾诺莎认为，国家就是这种坚实地建筑在法律和自我保护力量上的社会，公民就是在这样的国家的法律保护下的个人。在这个意义上，国家的最高权力是有限的。它只能增进人民的福利，只是以恐惧之心控制人民的行为，而不是要引起多数人民的激愤或反抗。他提出，如果个人权利受到最高权力的侵犯，人民可以重新缔结契约。

二　民主政体论

在政体问题上，斯宾诺莎根据立法权的归属，把政体划分为民主制、贵族制和君主制三种。他反对君主制，主张民主制，认为"民主政治是最自然，与个人自由最相合的政体"[①]，民主制是最好的国家政权形式。原因如下述：第一，在民主政体下，重大问题取决于社会大多数人的意志，最高的原则是全民利益，而不是少数统治者的利益。而君主制或贵族制就难以实现大多数人的意志，满足大多数人的利益。第二，民主国家统治权由人民集体行使，以理性做指导，根据法律处理事务，可以避免在处理国家大事时出现大的灾难和失误。处事荒唐的概率很小，因为大多数人不可能同时发疯。专制制度下的暴君、独裁者掌握了不受限制约束的权力，可以为所欲为，经常干出发疯发狂、荒唐离谱的事情来祸国殃民。第三，民主国家中人与人之间都是平等的，每个人都同等地受契约的约束，

---

① [荷兰] 斯宾诺莎：《神学政治论》，温锡增译，商务印书馆1996年版，第219页。

大家都有平等的参政权，在法律面前人人平等。君主制和贵族制下则是特权与不平等。第四，在民主政体下公民有自由权，自由即政治的目的，所有人都是自由的，与他们在自然状态中一样。国家保障人民的自由、生命、财产权利。统治者与被统治者实为一体，因此，统治者从不暴虐，被统治者从不反叛。而专制国家人民的财产、生命、自由是没有保障的，时常遭掠夺。君主专制国家充满了奴役、野蛮与荒凉，不会长久。第五，民主国家只为和平与自由而战，不会主动侵略他国，所以战争是很少发生的。专制国家君主往往由于好大喜功而发动战争，所以经常侵略他国。第六，民主政体是合于人类天性和理性的优秀政体，是不易受人攻击的，故而民主社会是稳定的，真正能实现长治久安。专制独裁靠着镇压、恐怖和欺骗也能实现一时的表面上的安定，但最终不是长久之计。人民的不满和反对积蓄久了，早晚会猛烈地爆发出来，从而造成内战和大乱。

不过斯宾诺莎赞扬的民主政体并非近代代议民主政体，而是古代直接民主政体，只适用于小国寡民的城邦，在近代民族国家普遍建立后已失去其现实意义。这一点他也看了出来，所以他断定民主政体近乎理想而难以实现。他没有将古代民主原则与当时并不少见的代议制结合起来得出近代民主的主张，实为不足。

斯宾诺莎排斥君主制，他更反对在一个有完整法律、不习惯国王的国家建立君主制。他指出，事实上没有任何一个人能够拥有完全的主权并实行主权，各种君主政府事实上只是贵族政府，所以君主国是不可能的。

从当时荷兰的政治现实出发，斯宾诺莎对贵族制做了详细的讨论和设计。他认为荷兰共和国实行联邦制，这正是贵族共和制的稳固基础，可以防止出现寡头专制。各省握有主权，有做出决定并敦促贵族们执行的权力，有保持人民的自由的权力。如果统治者暴虐无道，各省可以运用权力加以约束。他认为这种政府制度对荷兰更有利。斯宾诺莎否定君主制，赞扬民主制，然而认为民主制偏于理想而不易实行，他更多地论证贵族共和制的可能性。实际上就是为当时荷兰的贵族共和制做辩护。

三　思想自由论

斯宾诺莎认为自由是人类不可割弃的天赋人权，人们订立契约，建立国家的目的就是获得安全、自由和幸福。"自由比任何事物都更为珍贵"[①]，在他看来，自由不仅是天赋人权，而且自由的存在对社会的安定和真理的探求都有好处。

由于斯宾诺莎怀疑基督教神学，相信唯物主义，在当时宗教神权迫害异端盛行的环境中，他饱尝宗教迫害和思想言论不自由的痛苦。因此，斯宾诺莎在对自由的探讨中，着重阐述了思想和言论自由。他认为，国家的法律和权威是必须服从的，但任何时候每个人对于他的思想自由享有不可剥夺的权利。对于是非的判断、真理的承认与否、宗教信仰的选择等个人天赋权利，政府不应强行规定，否则就是滥用治权以篡夺人民主权。如果政府连人的思想言论都要控制，那必定是暴虐的政府，只有允许思想言论自由的政府，才是文明的好政府。他论证说，人们订立契约，建立国家，每个人放弃的只是自由报复与自由行动之权，但仍保留了自由思想和自由发表意见的权利。他还指出，思想言论自由并不会危害国家，虽然人们可能会发表反对当局的言论，在思想观点上与政府有分歧。他认为思想自由不同于奢侈、嫉妒、贪婪、酗酒等放荡行为，思想自由是不能禁绝的，每个人天生是他自己思想的主人，没有人愿意或被迫

[①]　[荷兰] 斯宾诺莎：《神学政治论》，温锡增译，商务印书馆 1996 年版，第 12 页。

把他的天赋自由思考判断之权转让与人。这种天赋权利是不能转让的，即使出于自愿，也不可能放弃。他指出自由思想的权利是人人力所能及的，理智思考的能力是人所共有的普通才能，而不是什么神奇的能力。如果压制和禁绝人们自由思想，势必会使人们不敢把自己真实的想法表达出来，心口不一，造成对信义的败坏，科学与艺术的无创建，迷信盛行和丑恶泛滥。因此，政府不应剥夺人民思想自由和言论自由的权利。

思想自由本身是一种道德行为，不能杜绝，因此强制"言论一律"是难以成功的。统治者越是设法禁绝言论自由，人们就越是顽强地抵抗。他指出，要求言论自由的人，都是一些受过良好教育、有高尚道德品行、有理性有头脑的人，是民族的脊梁，社会进步的先驱，而绝不会是那些贪财奴、谄媚的人及别的一些愚蠢之人。这些人想的只是怎样填饱自己的肚子和充实自己的钱袋，他们才不关心思想言论是否自由。禁绝言论自由，只是激怒了那些正直而智慧的人。

斯宾诺莎在承认思想言论自由权的同时，又认为无限制的言论自由也是有害的。他想研究明白言论自由究竟到什么程度才不会危及国家的安宁和统治者的权威，也就是说他要对之加上一定限制。

斯宾诺莎在宣扬思想自由的同时，强调了人在行动上要守法。在哲学上，他认为，人无所谓意志自由，人只有在正确认识并服从事物必然性的基础上才能取得行动的自由。在社会政治问题上，斯宾诺莎认为国家和法律是人的各项权利的保证。自由就是服从法律，就像在自然当中服从必然，服从理性一样。在理论上，斯宾诺莎把自由和守法看成一回事，认为受理性指导，遵守国家法令生活的人，比自然状态中的人更加自由。换言之，人越自由，便越自觉遵守国家的法律，服从他所属的统治权的命令。如果每个人想怎么做就怎么做，公众的平安和幸福就不能维持，国家必然会随之灭亡。总之，"思想自由，行动守法"，就是斯宾诺莎政治学说的主要结论。

斯宾诺莎的政治思想既包含很多近代自由主义的内容，又有一些与自由主义相矛盾的观点，这与霍布斯的影响有关。正是霍布斯的影响使他的思想多少偏离了近代自由主义。

第六章 英国革命时期的政治思想

第一节 概论

17世纪的英国革命开辟了西方政治文明的新纪元,这次革命的成果——君主立宪制的确立,奠定了西方近代政治自由与宪政的传统。围绕着这场革命提出的丰富的政治思想也对欧美国家政治制度与政治思想的演变产生了重大影响,近代西方的自由主义就发源于此。

在西方,自由与宪政的思想可以追溯到古代的共和法治理念。古代的共和思想强调的是不同政体因素的相互混合、相互制约,达到一种平衡。英国的自由与宪政思想在继承、吸取古代共和思想的基础上,进一步提出政府权力的分立、制约与平衡,强调议会独立的立法权力,强调对王权(行政权)的依法制约。

英国之所以能够开创西方近代自由与宪政的传统,是与其中世纪的政治法律制度及政治文化分不开的。中世纪英国王权有限,法律高于国王。1215年的《大宪章》给王权以明确的约束,并保障人民的基本人权。16世纪以后，英国虽也走上了君主专制之路，但议会的权力及影响仍明显大于欧洲大陆国家，国王要征收赋税还必须取得议会的批准，英王也不敢像法王路易十四那样自豪地夸耀——"朕即国家。"

与政治上王权扩张的同时，经济上也发生了重大变化——近代资本主义产生并发展起来。英国开始了海外扩张，与荷兰、西班牙争夺海上霸权，殖民掠夺的序幕已经拉开。圈地运动和宗教改革削弱了旧的乡绅地主，打击了僧侣势力。这一切都为英国资本主义的原始积累提供了不可或缺的资金、劳动力和市场。悄然进行的经济革命使新兴的政治力量壮大起来，包括城市中从事手工业、商业、贸易、金融的工商业资产阶级和从旧乡绅地主中分离出来的新贵族势力迅速增长，利益关系使两者结成同盟。他们在王国政治体制内，特别是议会中的地位越来越重要，以至对君主专制与征收新的捐税公然反抗。新贵族与新兴资产阶级联手成为1640年内战的发动者和领导者。耐人寻味的是，在反抗君主专制与征收新的捐税问题上，革命者很方便地求助于中世纪的政治传统，以证明不是他们而是国王的行动违背了法律与传统。

在历史上，英国议会一直作为贵族和市民限制国王权力的一种政治机制存在着，新贵族和资产阶级很好地利用了这一合法的政治组织。17世纪国王与议会的斗争白热化，议会就成了革命力量的大本营。1640—1688年英国革命前后经历了两次内战，1649年议会把国王查理一世推上了断头台，建立起共和国。其后又经历了克伦威尔独裁以及王朝的复辟，直至1688年的光荣革命才以《权利法案》的形式确立了君主立宪制，新旧势力达成了政治妥协，革命的大幕才告落下，其长期性、曲折性可见一斑。

在革命进程中，各种政治思想纷纷亮相，斗争也空前激烈。菲尔麦和霍布斯作为王党的代表卖力地为君主专制制度辩护，长老派虽赞成革命，但又总想与国王妥协尽快结束革命，独立派则要求成立代议民主共和国，平等派进而主张财产平等与民主自由，掘地派甚至喊出了"废除私有制，土地公有"的口号。是拥护"天赋人权"、议会主权还是赞成"君权神授"、君主专制成了革命或反革命的基本思想底色。菲尔麦为专制主义辩护的主要理由竟是王权来自上帝给人类始祖亚当的父权的谬论，他只能借助神学迷信进行诡辩。霍布斯比他前进了一步，用社会契约论来为君主专制提供合法性的解释，不过是用新瓶装老酒，用另一种更有欺骗性的新说法维护旧的专制制度。弥尔顿、哈林顿作为共和事业的坚定支持者，为建立一个新式自由共和国出谋筹划，呐喊辩论。弥尔顿的《论出版自由》至今仍是捍卫新闻自由的不朽经典。哈林顿《大洋国》在政治学说史上也留下了巨大的印迹。在空前自由、活跃的思想背景下，英国产生了一位影响深远的伟大思想家——约翰·洛克。洛克对各类主张加以总结，驳斥了菲尔麦、霍布斯的保王思想，也摒弃了平等派、独立派的一些不切实际的激烈主张，阐发了他的以保护私有财产与个人自由为目的、以分权和法治为手段的自由主义理论。他的学说成了1688年光荣革命后英国确立的"立宪君主制"的理论基础，恩格斯评价洛克的宗教政治思想是1688年阶级妥协的产儿可谓准确。

概括地说，17世纪英国政治思想有以下两个特点。

首先，财产权问题成了斗争的核心与归宿，私有制被确认为不可动摇的现代社会基础。英国革命期间，财产权的争论呈现白热化，人们从来没有这样清晰地意识到财产权与社会制度之间的密切关系，引发革命的主要原因就是国王是否有权不经议会同意征税的问题。哈林顿明确指出财产权是国家的基础，财产权特别是土地所有权决定国家的性质。菲尔麦和霍布斯站在王党的立场上否认财产权的神圣性，在他们眼里只有王权才是神圣不可侵犯的。温斯坦莱则代表激进派的穷苦人民要求分配土地，指出真正的自由是使用土地的自由，他还借上帝的名义提出了消灭私有财产的共产主义主张。当然这场革命毕竟是为资本主义开辟道路的，要求私有制基础上的经济自由是资产阶级的首要诉求。洛克因应时代的需要，明确地把私有财产列入了人类与生俱来的不可转让的自然权利，并以劳动价值说为私有制论证。洛克的主张不仅合理，而且合用，比其他主张更有价值，因此被法律认可，为道德肯定也在情理之中。

其次，国王与议会的关系成为政治思想的主要内容，限制王权、实行君主立宪成为舆论主流。议会在英国历史上向来以限制王权为己任，尤其是限制国王的征税行为。在这过程中，议会不仅积累了很多有益的经验，而且形成了许多制度化的习俗和惯例。英国的内战也是以国王与议会的斗争为形式展开的，国王权力的衰落和议会权力的上升使"议会主权"成为思想家们探讨的焦点。弥尔顿主张成立没有国王与上议院的议会主权的共和国。王党分子不过把议会当作国王的驯服工具，必须听命于国王。洛克则指出立法权归议会所有，而立法权的所属决定国家的性质，立法权高于国王为首的行政权。至于议会的选举制度，议员的任期，议会与执行官员的关系等，各派人士也是论争不已。这都为后人留下了宝贵的政治遗产。

英国革命时期政治思想的上述特点，使以个人自由、财产权利为基础，以限制王权（政府权力）、实现法治与分权为特征的宪政思想成为英国革命时期政治思想的主流，开创了西方近代自由与宪政的思想传统。

革命以后建立的英国的君主立宪制在世界范围内产生了巨大影响，议会制也成为各国纷纷仿效的政体形式。17世纪以后英国政治制度的成功运作确实证明了英国人非凡的政治智慧。

第二节 霍布斯

长期以来，国内关于霍布斯的著述差不多都把他判定为代表英国资产阶级和新贵族利益的思想家。如邹永贤主编的《国家学说史》称霍布斯的"国家思想代表了英国资产阶级和资产阶级化的贵族的利益"[1]。这一看法，在国内差不多成了定论。然而问题在于：霍布斯在英国资产阶级革命时代，念念不忘的是为斯图亚特王朝的事业进行辩护，而对革命则肆行攻击和诋毁。这样的思想家，断难划入资产阶级阵营。

托马斯·霍布斯（Thomas Hobbes，1588—1679 年），英国著名哲学家，反对革命主张保王的主要政治思想家。霍布斯政治思想的代表作是《利维坦》，1651 年出版。正如罗素所说的："《利维坦》中表达的政治见解是极端的王党政见，霍布斯抱持这种政见已经很久了。"[2] 萨拜因在《政治学说史》中也评论霍布斯支持君主专制的政府，他个人的一切利益使他依附于保王派，他还由衷地认为君主制是最稳定而有秩序的政府。当 1640 年英国革命爆发之际，为了维护封建王权，反对和诋毁革命斗争，霍布斯适时地写出了《保卫在国内维持和平必不可少的国王大权》的小册子，为封建王权鼓吹和辩护，结果惹来议会派和人民群众的强烈不满和反对。1642 年他的《论公民》一书出版，《论公民》和《利维坦》一样，体现的都是坚定的王党政治观点，反对与攻击革命。

---

[1] 邹永贤主编：《国家学说史》上册，福建人民出版社 1999 年版，第 320 页。
[2] ［英］罗素：《西方哲学史》下卷，马元德译，商务印书馆 1982 年版，第 67 页。

第六章 英国革命时期的政治思想

一 国家起源与本质论

霍布斯的政治论著,都是为封建王党事业服务的。因此,他的自然状态理论,也和17世纪英国革命的代言人——洛克的自然状态理论大相径庭。在霍布斯看来,自然状态下的人们是生而平等的,但由于人性中的弱点,由于缺少公共权力,使得人人处于互相侵夺的战争状态:利益的互相竞争,安全上的互相猜忌,荣誉的争夺,都使人类处于每个人对每个人的战争状态。在这种情况下,产业是无法存在的,生产技术的进步是不可能的,因为其成果不稳定。没有财产权,没有你的我的之分,也无所谓公正和不公正,暴力和欺诈成了主要的品德。"最糟糕的是人们不断处于暴力死亡的恐惧和危险中,人的生活孤独、贫困、卑污、残忍而短寿。"[①]

在这种恶劣状态下,人们没有欢乐,没有安全,只有极大的忧虑和痛苦。人们要摆脱这悲惨的状况,只有建立一种为大家畏惧和服从,有权指导人们行动的公共权力。这种公共权力的产生必须通过社会契约,根据人民达成的社会契约,大家把所有权力和力量转让给某一个人或多人组成的集体,由他或他们代表大众的人格和意志。大家都让自己的意志服从于他的意志,让自己的判断服从于他的判断,这样公共权力或国家就产生了。国家的本质就是主权,即不受限制与约束的绝对权力,它不是来自上帝,而是来自人民的授权。霍布斯把被授予权力的人或机构称为主权者,主权者是国家的大脑,有权统治一切。霍布斯将这种产生公共权力的社会契约说成人民大众彼此之间订立的,而非民众与统治者订立的。他排除了民众与统治者订立社会契约这一条,逻辑上就排除了统治者受任何契

[①] [英]霍布斯:《利维坦》,黎思复、黎廷弼译,商务印书馆1986年版,第95页。

约约束的可能。统治者的权力是绝对的、至高无上的、不受限制的，人民大众一旦订立社会契约，将主权交与主权者（君主或议会），人民就丧失了一切权利，而只剩下服从的义务。不管统治者对人民大众怎样为所欲为，便都是合理而合法的。因为这是人民所授权的，是他们为了自身的安全与和平而同意的。他之所以不主张君权神授说而是用社会契约来解释君主主权的来源及其合法性，是因为他清楚当时人们的理性已经觉醒，君权神授说已很难欺骗世人。

二 君主专制论

霍布斯之所以把自然状态说得那么可怕和恐怖，正是为了论证封建王权绝对不容侵犯和反叛。连他自己也承认自然状态不过是一种想象，从来也不存在这样的战争状态。但他偏要这么说，因为只有像他这样将自然状态描写成人与人之间的战争与侵掠状态，才能更加反衬出专制王权带给人民的"恩惠""和平"与"安全"，才能充分地显示人民反抗封建王权的"忘恩负义"和"不明智"。

不论是霍布斯的自然状态说，还是他的君主主权论，都是围绕着维护英国封建王权和抨击英国革命这一主题展开的。在他看来，一旦英国人民把国家主权授予国王，就等于授予了他为所欲为和对人民滥施暴政的自由。当国王这样做时，他对人民既非不义，更非侵害，因为这一切都来自人民的正当授权。处于暴政的奴役下，人民也不能起来反抗，只能听之任之。人民反抗王权，不仅违反国法，而且背叛了自然法，因为每一个人都有责任保卫给予自己和平与安全的国王和政府当局。因此，他对英国人民处死查理一世痛心疾首。正因为他把君主的一切作为都当成来自民众与社会契约授权的正当合法行为，所以他才否认世界上有暴君与暴政，断言暴君与暴政不过是反对君主政体的人对君主政体的仇恨与蔑视而已：他们不喜欢

第六章 英国革命时期的政治思想

君主政体,便将其说成是暴君与暴政。他认为只有当人们受够了内战和大乱的苦难后,才会明白君主专制政府的无可企及的优点。

作为一个坚定的王党分子,霍布斯为君主政体大唱赞歌。他列举了不少理由用以说明君主制比民主制或贵族政体优越,但可惜这些理由多是违背历史事实的似是而非之论。比如他说:"在君主国家中,私人利益和公共利益是同一回事。君主的财富、权力和荣誉只可能来自人民的财富、权力和荣誉","而在民主政体或贵族政体中,公众的繁荣对于贪污腐化或具有野心者的私人幸运说来,所能给予的东西往往不如奸诈的建议、欺骗的行为或内战所给予的那样多"[1]。为了贬低民主政体和贵族政体,他就诬蔑民主政体和贵族政体是贪污腐化和掌握在野心家手中的政权。在听取意见方面,君主制也优于民主制。君主可以最大限度而又私下保密地听取来自不同阶级与层次的专家的意见,而议会听取意见时,除了自始就有权的人以外其他人不得进入,这些人大多数都精于谋财而拙于求知,发表意见时往往长篇大论,因此在民众大会上或议会中的决定往往不如国王根据少数几个人的建议做出的决定来得明智,因为在民众大会上和议会中透彻了解国内外形势的人可谓凤毛麟角。君主政体的优点则相当多,在他看来,君主不可能由于忌妒或利益而自己反对自己,而议会却会这样,甚至会达到引发内战的程度。在君主国,各政府机构是和谐一致的,民主政体的机构却矛盾重重。所以,君主政体最完善。他承认君主政体也有弊端,但他强调民主政体弊端更大。

霍布斯倾心赞美的君主政体绝非英国资产阶级和新贵族期望的立宪君主政体,而是不折不扣的君主专制政体。由于英国一向有限

---

[1] [英]霍布斯:《利维坦》,黎思复、黎廷弼译,商务印书馆1986年版,第144页。

制王权的传统，这种绝对君主专制政体在英国历史上都是没有先例的。他认定主权者——专制君主的权力："不得其允许不能转让给他人，他的主权不能被剥夺，任何臣民都不能控诉他进行侵害，臣民不能惩罚他，和平所必须的事物由他审定，学说由他审定，他是唯一的立法者，也是争执的最高裁判者。"① 君主制定法律，可立法可废法，不需守法。要君主服从法律，犹如在主权者之上又立了一个主权者，是不可思议的事情。法治在理论上是错误的，在实践上是有害的。君主的主权既是至高无上的，又是不可分割的。对主权予以分割会导致无尽的内战和叛乱，国将不国。他以罗马共和制为例说明主权的分割导致内战与叛乱，最后毁灭了共和政体。他说："分割国家权利就是使国家解体，因为被分割的主权会互相摧毁。"② 他断言英国的内战和革命便是由权力分割造成的。他说："如果英格兰绝大部分人当初没有接受一种看法，将这些权力在国王、上院、下院之间加以分割，人民便决不会分裂而首先在政见不同的人之间发生内战，接着又在宗教自由问题方面各持异议的人之间发生内战。"③ 在这个顽固的王党分子看来，英国内战和革命不是由于斯图亚特王朝的暴虐专横引发的，而是由于议会从国王手中分出了一部分本应属于国王的权力，即立法权和征税权而引起的。因此恢复和平与安全的解决之道便是将议会的权力都收归国王，将议会变成一个摆设或干脆取消。因此，拥有绝对主权的君主专制是唯一合理的政治形式。

在霍布斯生活的时代，一方面封建专制王权和革命的资产阶级、人民群众展开生死搏斗，另一方面，王权又面临着来自天主教会与

---

① ［英］霍布斯：《利维坦》，黎思复、黎廷弼译，商务印书馆1986年版，第154页。
② 同上书，第254页。
③ 同上书，第140页。

教皇权力的严重挑战。因而霍布斯既要对资产阶级革命大张挞伐，又要对罗马天主教会进行抨击。他之所以抨击和揭露天主教会，并非为了反封建，而是为了进一步捍卫斯图亚特王朝的专制王权。霍布斯认为国王才拥有管理宗教事务的权力，国王的宗教管辖权直接来自上帝。也只有国王可以指派《圣经》的审定者和解释者，他对于宗教和世俗两方面的一切案件都具有最高权力。如果人们宣读的教义和国教相反，国王可运用法律制止。他要建立的是一个政治与宗教合而为一，由国王对人民实行政治奴役和思想文化专制的极权主义国家。他明确告诉人们："基督教臣民的教会和基督教臣民的国家原是同一回事。"① 在他看来，上帝通过君主发号施令，君主代表上帝统治世俗国家和宗教信仰。这种政教合一的绝对专制主义国家，很难说它比中世纪的封建王国有什么进步。毫无疑问，这绝不是英国资产阶级和新贵族所期望建立的国家。

三 反对私人财产权与个人自由

对于新兴资产阶级视为命根子的私有财产神圣不可侵犯原则，霍布斯也是坚决反对的。他的自然状态理论就否认了财产权的存在。人们缔结契约建立国家后，君主作为臣民的主人，对臣民所有一切都可以随时索用。"也就是说，臣仆的财货，他的劳动，他本人的臣仆，他的子女等等都可以在主人认为需要时随时索用。"② 因此，每个人对财产的所有权都是相对的，它不能排斥主权者的权利。英国革命前夕查理一世未经臣民和议会的同意而征收赋税，这本是对资产阶级私有财产权的公然侵犯，但霍布斯竟为此提供了合理论证。他辩解说人民由于目光短浅，要他们为自己的防卫而纳税是很不情

---

① [英]霍布斯：《利维坦》，黎思复、黎廷弼译，商务印书馆1986年版，第442页。
② 同上书，第157页。

愿的，这样统治者就不得不在平时尽量从他们身上征敛，以便在任何紧急需要时御敌制胜。在他看来，财产权应完全随主权者的意志而转移。在自然状态下本不存在财产权，财产权是政府创制的，创制或取消它都是国王权力分内之事。

私有财产神圣不可侵犯，这是资产阶级最重要的自然法和天赋人权。不论是格劳秀斯、布丹还是洛克，都竭力为此辩护。布丹虽然强调国家主权至高无上，但他特别强调个人自由和私有财产不可侵犯的原则。为了捍卫私有财产权，他进一步提出主权者在征税时要征得人民的同意。洛克则将生命、自由和财产权作为天赋人权。相对而言，霍布斯对资产阶级的私有财产权却不屑一顾。他认为君主不仅随时有权取走其私有财产，甚至有权逮捕和杀死臣民。"如果主人由于他拒绝服从就杀死他，或以刑具锁禁起来，或以其他方式加以惩罚，这一切也都是由他自己授权的，不能控告主人侵害了他。"① 一个既不把资产阶级私有财产当一回事，又公然否认资本主义文明中基本人身安全和自由的人，完全不能代表资产阶级和新贵族的利益。

对于当时英国资产阶级和议会要从国王那里争取政治自由和言论出版自由，霍布斯也一概加以反对。在他看来，当时英国资产阶级对更多自由与权利的要求，不过是代表着思想上的混乱与荒谬，是对主权的侵犯与僭越。他理解的自由只是欧洲中世纪的自由，如买卖或其他契约行为的自由，选择自己的住所、饮食、生业，以及按自己认为适宜的方式教育子女的自由等。即使是这些可怜的自由，霍布斯也接着提醒人们，它们并不妨碍或限制君主对臣民的生杀予夺大权："在一个国家中，臣民可以，而且往往根据主权者的命令被

---

① ［英］霍布斯：《利维坦》，黎思复、黎廷弼译，商务印书馆1986年版，第157页。

处死，然而双方都没有做对不起对方的事"，甚至"当一个主权者处死一个无辜的臣民时，同样的道理也可以成立"①。霍布斯在《利维坦》一书中再三宣讲这种暴政逻辑。他认为法律也不是要保障人的自然权利和天赋自由，而应对之进行剥夺和限制。为了说明资产阶级和人民要求的政治和思想自由毫无道理，他竟不惜曲解古希腊罗马政治法律思想中自由的含义。他说古希腊罗马人推崇的自由不是个人自由，而是国家自由。"因此不论一个国家是君主国还是民主国，自由总是一样。"②霍布斯认为，正由于人们被自由的美名所欺骗，将国家的自由误解成个人自由，结果就产生骚乱和革命，祸患无穷，根子就在亚里士多德和西塞罗等人的自由民主学说。

第三节 弥尔顿与哈林顿

一 弥尔顿

约翰·弥尔顿（John Milton，1608—1674年）是英国著名的诗人和政论家，17世纪英国革命的英勇斗士。

弥尔顿出生于一个富裕的清教徒家庭，年轻时就学于剑桥大学。革命爆发后他以饱满的热情投入革命斗争中，在一年多时间里写了5本论述宗教自由的小册子，给王党和国教会以有力打击。1644年，他又写了《论出版自由》，向议会慷慨陈词，力争人民的言论、出版自由。共和国成立后，法国文人撒尔美夏斯抛出《为英王声辩》一书，为查理一世的专制统治辩护。弥尔顿针锋相对，于1651年和

---

① [英]霍布斯：《利维坦》，黎思复、黎廷弼译，商务印书馆1986年版，第165页。
② 同上书，第167页。

1654 年先后写出《为英国人民声辩》和《再为英国人民声辩》，论证人民完全有权处死查理一世这个暴君。这是两篇著名的政治论战性小册子，王朝复辟后他因此被逮捕。1674 年 11 月，这位革命斗士病逝。

弥尔顿的政治主张主要是针对当时的事件而发的，系统性不强，但不乏真知灼见。

1649 年 1 月，独立派把英王查理一世送上断头台，废除了君主制，成立了共和国。这一事件引起国内外保王派的惶恐与仇恨，他们污蔑革命群众犯有弑君大罪。弥尔顿著文雄辩地论证人民有权处死暴君查理一世。弥尔顿指出，根据自然法，人们订立契约、转让权利、组成政府是为了全体人民的福利，即国王是为人民服务的，人民的权利高于国王，法律永远是社会最高的权威，国王也必须服从法律。君主绝没有任何权利压迫和奴役人民。对于人民付托给他的权力，君主绝不能滥用。如果国王暴虐无道，奴役人民，违反了人们当初订立契约的目的，那么，"我们对这样的政权与君主并没有服从的必要，也没有服从的义务。只要经过审慎考虑，便没有人会禁止我们反抗他们。因为我们反抗的并不是这里列举的圣明君主，而是强盗、暴君和人民公敌"①。对于暴君，人民可以合理合法地予以废黜甚至杀掉。道理很清楚：废黜、杀掉一个暴君显然比拥立一个暴君更符合神意。

1644 年，长老会派企图通过法令控制人民的宗教信仰和思想言论，对此弥尔顿写了《论出版自由》，向议会慷慨陈词，力争人民的言论和出版自由。他认为杀人只是杀死一个理性的动物，而禁止好书则是扼杀了理性本身。一本好书等于把杰出人物的宝贵心血熏制

---

① ［英］弥尔顿：《为英国人民声辩》，何宁译，商务印书馆 1982 年版，第 74 页。

珍藏了起来，是为着未来的生命；即便是一篇坏作品，也不宜"扼杀"。因为如果不让人们懂得什么是恶德，便不可能懂得什么是美德，因此思想、意见、信仰完全不必强求统一，强求统一也是办不到的。上帝赋予人理智就是给他选择的自由，因为理智就是选择。他坚信"让我有自由来认识，发抒己见，并根据良心作自由的讨论，这才是一切自由中最重要的自由"[①]。除信仰和言论出版自由外，政府还要保障人民的财产自由与私人生活的自由。在他看来，人民只有享有充分的自由，社会生活才是完善的。

弥尔顿写作最后一本小册子《建设自由共和国的简易办法》目的在于提出改革议会的具体设想，抵制王朝复辟的逆流，保卫共和政权。他主张建立没有国王、上议院的议会主权的共和国。议员必须由自由的人民选举产生，但议员必须是有产者。为了防止全国议会的专权，他富有创见地提出了地方自治。由各郡居民选举产生郡议会与郡政府，制定和执行自己的法律，管理郡内的一切事务，以形成对全国议会的制约，防止出现集权专制。

二　哈林顿

詹姆士·哈林顿（James Halinton，1611—1677年），出生于英国一个土地贵族家庭，从小熟读古希腊罗马史，年轻时游历欧洲，对各国的风俗和政治制度有一定了解。早年他对荷兰和威尼斯的贵族政体颇有好感，但英国革命爆发后，他逐渐转变成了一个共和主义者。在感情上他与国王查理一世很友好，但理智使他反对君主制。他对克伦威尔违背共和精神实行军事独裁也予以了毫不留情的讥讽。《大洋国》是他的政治代表作。1660年王朝复辟后他被捕入狱，因

[①] [英]弥尔顿：《论出版自由》，吴之椿译，商务印书馆1996年版，第45页。

病获释,晚景凄凉。

在《大洋国》一书中,作者明确认定所有权(产权)是一切国家的基础。国家的性质是由产权的均势或地产的比例来决定的,君主制、贵族制或共和制主要就是由地产占有的比例决定的。如果一个国家的大部分土地被一个人占有,必然形成君主制;为少数人或一个贵族阶级所占有,必然形成贵族制;为全体人民所分有,就可以建立共和国。哈林顿认为,英国在都铎王朝时代,土地财产已从国王、贵族和教会手中转到绅士和富农手中,因此应该建立共和制,这是历史发展的必然趋势。共和制是符合全体利益的,也更能体现权威。英国革命的任务就在于建立符合英国"人民的财产均势"的共和国。

在财产分配问题上,哈林顿反对大地产,也反对平均财产和公有财产,而主张保护中等土地贵族。他提议保有每年收入不超过2000英镑的地产,使这样的地主维持在5000个左右。地产过大,其年收入超过2000英镑者,就要设法削减,使之与其他绅士取得平衡。对于一般农民,哈林顿主张耕者有其田,给每人一份土地,使其能维持温饱而不致陷入被奴役状况。这样做是为了巩固共和民主制的基础。

哈林顿认为,共和国的主要特征在于它是"法律的统治而不是人的统治","一个共和国的自由存在于法律的王国之中,缺乏法律便会使它遭受暴君的恶政"[①]。行政官员既然是执行法律的工具,那么行政官员就必须向人民负责。

共和国的基本法是土地法和选举法,平等是基本法的特征。土地法通过安排所有权的均势来保持平衡,而选举法则通过轮流执政

---

① [英]詹姆士·哈林顿:《大洋国》,何新译,商务印书馆1996年版,第20页。

的方式体现平等,从而保证了权威。选举法要保证层层选举,选举以秘密投票方式进行,最后形成一个宏伟的选举金字塔。金字塔顶端的是全国议会,议会实行两院制,权力分立并制衡。上院议员由每年收入 100—2000 英镑的人担任,下院由年收入在 100 英镑以内的人组成。上院提案但不能抉择,下院有权通过或否定但不能讨论修改,形成两院的制衡。议员和执行管理的人员不能实行终身制,必须每隔两年轮流去职,再进行补充选举。

第四节 洛克

18 世纪欧洲启蒙运动的领袖伏尔泰对洛克非常推崇,他认为只有洛克才可以算是 18 世纪胜于希腊最辉煌时代的伟大例证。伯特兰·罗素也评论说:"洛克在近代哲学家当中固然绝不算顶深刻的人,却是影响最大的人。"[①] 的确,洛克的自由主义政治思想和他的经验主义哲学对近代西方乃至世界的政治制度、思想文化产生了巨大而深远的影响。无疑,洛克是近代自由主义和经验主义的主要奠基者。洛克政治思想是对英国革命的辩护与总结,忠实地反映了英国革命的精神,后来又作为思想酵母引发了法国大革命和美国独立战争。

约翰·洛克(John Locke,1632—1704 年),英国革命后期的政治思想家和哲学家,古典自然法学派的杰出代表。他年轻时就读于牛津大学,研究哲学、政治学、物理学、化学与医学,1668 年当选为英国皇家学会会员。1681 年,洛克受詹姆士二世的迫害流亡荷兰,

---

① [英]罗素:《西方哲学史》下卷,马元德译,商务印书馆1982年版,第129页。

1688年光荣革命后回到英国受到新政府的重用。作为自由主义的主要理论家，洛克在繁忙的公务之余先后写作了《论宗教宽容》（1689年）、《政府论》上下篇（1689年）和《人类理解论》（1690年）等重要的政治和哲学著作。《政府论》是洛克政治思想的代表作，表达了英国革命的实质内容。

一 自然法和国家起源论

洛克在《政府论》中尖锐地批判了保王派理论家菲尔麦鼓吹的君权神授论。他认为政府权力的根源不是上帝赋予人类始祖亚当或君主的统治权，而是由人们之间订立社会契约所产生的。洛克和西方近代大多数政治思想家一样，也用"自然状态""自然法""自然权利"和"社会契约"来说明国家的起源问题。

洛克认为，自然状态是一种"完备无缺的自由状态"。在自然状态中，人人都是自由的，大家都可以用自己认为合适的方法决定自己的行动，处理他们的人身与财产，而无须得到别人的许可或听命于别人的意志。同时，人人也都是平等的，个人平等地享有生命、自由和财产等权利，没有一个人享有多于别人的权利。因此，在洛克看来，自然状态是人人自由平等的境界，而不是如霍布斯所言的一种敌对的和毁灭的战争状态。自然状态是自由平等的，没有政府和人定法律的约束，但又并非放任状态。因为在自然状态中有一种为人人所遵守的自然法，它是人类理性的法规，理性在其中起支配作用。他说："理性，也就是自然法，教导着有意遵从理性的全人类：人们既然都是平等和独立的，任何人就不得侵害他人的生命、健康、自由或财产。"① 自然法的具体内容就是保护人，人们都有保

---

① ［英］约翰·洛克：《政府论》下篇，叶启芳、瞿菊农译，商务印书馆1983年版，第6页。

护自己的生命、自由、平等和财产不受侵犯的权利。人人生而平等，不存在从属或受制关系。私有财产神圣不可侵犯，与生存权同样重要，每个人既自我保存，又维护全人类。为了约束所有的人不侵犯他人的权利，不相互伤害，使大家都遵守自然法，洛克将执行自然法的权利交与每个个人，使任何人都有权惩罚违反自然法的人，惩罚的程度以制止违反自然法为准。

不过洛克又认为这种自由、平等与和平的自然状态还有着许多缺陷，人们的自然权利往往有遭到侵犯的危险。第一，没有明文统一的众所周知的法律，单靠自然法调解纠纷是不够的。因为有些人由于利害关系而心存偏私，有些人由于对自然法缺乏认识而不受自然法的约束，往往用强力去剥夺别人的自由和财产。第二，没有裁判者，在自然状态中缺少根据法律准绳来裁决人们争执的公正裁判者，让人们用自然法来裁判自己的案件，难免会造成不公道的裁决。第三，没有依法办事的权力机构。在自然状态下，由于没有权力机构，这就使正确的判决得不到应有的执行。纠纷无法解决，造成混乱和冲突，人们的自然权利往往受到侵犯，安全无保障。

洛克认为，由于自然状态存在这些缺陷，人们不可能长期在这种自然状态中共同生活下去。为了更好地保护人们的生命和财产，于是人们便相互订立契约，自愿放弃部分自然权利，而把这些权利交给被指定的专门人员，按社会全体成员或其代表共同同意的规定来行使，这样就产生了政府，人们便从自然状态进入了社会状态。国家形成之后，人们放弃了不受任何上级权力和法律约束的自然状态下的自由，而获得国家状态下的自由，即享受国家法律保护下的自由——"法律许可范围内的自由。"制定法律的目的，是保障公民的生命、自由和财产等自然权利。因此，社会状态下的法律不是废除或限制自由，而是"保护和扩大自由"。自由离不开法律，法律也离不开自由。当人们一时高兴可以支配另一个人的时候，谁能自由呢？"自由意味着不受他人的束缚和强暴，而哪里没有法律，哪里就不能有这种自由。"①

在自然法与人定法的关系上，洛克和其他自然法学者一样，也认为人定法必须以自然法为基础，洛克甚至把自然法看作上帝意志的表现。他说："法律只有以自然法为根据时才是公正的，它们的规定和解释必须以自然法为根据。"②

洛克和霍布斯都认为，国家是通过社会契约而产生的，但洛克的社会契约论和霍布斯的社会契约论有重要的区别。首先，洛克认为，人们在订立契约成立政府时，并没有放弃一切自然权利，只是放弃了根据自然法判断和惩罚的权利，仍然保留着生命、自由和财产等不可转让的权利。人们服从法律和政府不是使自己受奴役，而是为了保障自己的权利，任何奴役与人的天赋自由都是相悖的。霍布斯则认为人们在订立契约时把所有的权利都交给了统治者，只给自己保留了无条件服从的义务。其次，洛克认为，被授予权力的人（或政府）也是契约的参加者，是订立契约的一方，要受契约的约束，按照社会全体成员的委托行使他们的权力；如果统治者违背了缔约的目的，侵犯了人们不可转让的自然权利，人们就有权反抗甚至推翻统治者。霍布斯则认为，统治者（政府）不是缔约的一方，只是被缔约者授予权力的人，他的行为不发生违约的问题。人们对统治者只应服从，不能反抗。

从洛克的社会契约论中引申出人民主权、自由民主、有限政府

---

① [英] 约翰·洛克：《政府论》下篇，叶启芳、瞿菊农译，商务印书馆1983年版，第36页。
② 同上书，第10页。

和人民革命的理论；从霍布斯的社会契约论中引申出君主主权、专制奴役、极权政府和人民服从的思想。

二 法治与分权

洛克是君主立宪制的拥护者，现代西方法治原则的倡导人。他总结君主专制和个人独裁的种种弊端，为了防止君主或政府的专制统治，他提出了法治原则和分权学说，成为三权分立理论的奠基人。

洛克强调，人们订立契约，建立政府，目的就是保护自己的自然权利。因此，君主或政府绝没有实行专断统治的权利，而只能依照法律来进行治理。他认为，使用绝对的专断权力，或以不确定的法律来进行统治，都是与社会契约及其目的不相容的，这将使民众处于比自然状态还不如的地步。所有的专制统治都是非法的，都是暴政。政府对国家的治理，只能实行法治原则。实行法治，一方面使人民知道其责任并在法律范围内得到安全和保障，另一方面也将统治者的行为限制在适当的范围内，不致为他们拥有的权力所诱惑去营利自肥。

为了实行法治，人们必须做到：首先，由人民选举产生的立法机关制定法律，政府依法治理国家。这些法律除了为人民谋福利之外没有别的目的，统治者只能根据这些正式公布的法律治理国家，而不能依靠心血来潮的命令去行使专断的权力。他说："无论国家采取什么形式，统治者应该以正式公布的和被接受的法律，而不是以临时的命令和未定的决议来进行统治。"① 政府要依照法律办事，否则政府便失去其合法性和存在的意义。他认为哪里没有法治，哪里就肯定不再有合法的政府。

---

① ［英］约翰·洛克：《政府论》下篇，叶启芳、瞿菊农译，商务印书馆1983年版，第86页。

其次，人人都必须遵守法律，在法律面前人人平等。不论贵贱贫富，法律对所有人一视同仁。他说："法律一经制定，任何人也不能凭他自己的权威逃避法律的制裁；也不能以地位优越为借口，放任自己或任何下属胡作非为，而要求免受法律的制裁。公民社会中的任何人都是不能免受它的法律的制裁的。"[1] 只有这样，人民的生命。自由和财产等自然权利才能得到可靠的保障。

最后，法治不排斥个别情况下执法的灵活性，不一概排斥国王临机处分的特权。洛克认为，社会事务太纷繁复杂，立法者不可能充分预见并用法律规范社会上的一切事情，因此，法律执行者，主要指国王对那些无法律规定的事情，应该根据自然法的精神，从人民的福利考虑自由裁处，直到有关的成文法加以规定为止。国王也有权在某些场合减缓法律的严峻性，赦免某些罪犯。洛克把这称为国王或政府的特权，这是为公共福利服务的，同非法专横是完全不同的两回事。

为了防止出现绝对的专断权力，洛克不仅主张法治，而且借助分权。洛克认为，绝对的专断权力不仅无助于改善人们的品性，反而会败坏人们的道德，这对于专制君主及其臣民都一样。人性中确有兽性的成分，这种兽性的成分在掌握了无限权力的暴君、独裁者身上表现最多、最恶劣。因此洛克主张把国家权力分为三部分：立法权、执行权和对外权。立法权是制定和公布法律的权力，执行权是负责执行已被立法机关制定的继续生效的那些法律的权力，对外权（联盟权）是进行外交的权力，包括决定战争与和平，联合与联盟以及同外国进行的一切事务。

---

[1] [英]约翰·洛克：《政府论》下篇，叶启芳、瞿菊农译，商务印书馆1983年版，第59页。

洛克主张这三种权力不是平行的,立法权是国家的最高权力,居于支配地位;执行权、外交权从属于立法权,并从立法权中获得权力。他说:"立法权,不论属于一个人或较多的人,不论经常或定期存在,是每一个国家中的最高权力。"① 当然,立法权也不是绝对的和专断的,它也受限制与约束。立法机关的召集与解散就由行政机关来执行。如果它试图损害人民的自由和福利,人民便有权收回对立法机关的委托,更换立法机关。立法机关更不能将人民委托的立法权转让。立法权和执行权必须分开,交由不同的机关与个人掌握,以便互相制约。如果同一机关或同一批人同时拥有制定法律和执行法律的权力,"这就会给人们的弱点以绝大诱惑,使他们动辄要攫取权力,借以使他们自己免于服从他们所制定的法律,并且在制定和执行法律时,使法律适合于他们自己的私人利益"②。

立法权由代表人民的国会行使,国会制定法律,但不能干预法律的执行。国会的权力也不是绝对专断的,他们都是人民的仆人,要根据人民的意志行事。洛克认为执行权和对外权都应属于国王,因为行使这两种权力都以国家的强力为后盾。国王指导法律的执行,任命大臣、法官和其他公职人员,处理外交事务等。国王应当执行国会通过的各种法律,国王必须服从国会,不得僭权。

洛克认为,这种分权最能保障人民的人身、自由和财产权利。

洛克的分权理论缺乏一个独立的司法权,这是其不足。他的三权分立实际上不过是国会的立法权与王权的分立。在英国,司法权既在一定程度上受国王控制又有相当大独立性已成惯例,这种情况一直也没有引发严重的问题与争执。当时议会与国王的激烈斗争不

---

① [英] 约翰·洛克:《政府论》下篇,叶启芳、瞿菊农译,商务印书馆1983年版,第83页。
② 同上书,第89页。

是围绕司法权,而是围绕立法与征税权展开的。司法权没有引发严重的争执,自然就容易被人们忽视,包括思想家在内。

三 公民的权利和自由

在洛克看来,在自然状态下,人们享有"自然的自由",就是不受上级权力的约束,不处在他人意志与立法权的支配之下。这种自由以自然法为准绳,受自然法的调节和保护。人们通过订立契约进入政治社会后,则享有社会的自由、法律范围内的自由。"就是除经人们同意在国家内所建立的立法权以外,不受其他任何立法权的支配;除了立法机关根据对它的委托所制定的法律以外,不受任何意志的统辖或任何法律的约束。"①

自由离不开法律,法律也离不开自由。当人们一时高兴可以支配另一个人的时候,谁能自由呢?洛克指出,人的社会自由是一种不受另一人的反复无常的、事前不知道的和武断的意志支配的自由,它不受绝对的、专横权力的约束,因为绝对的、专横权力与自由水火不容,而法律与自由看似相反实则相成。他说:"自由意味着不受他人的束缚和强暴,而哪里没有法律,哪里就不能有这种自由。"②自由对于一个人的自我保护是如此必要,以至于人们不能失去它。

没有离开法律的自由,同样没有离开理性的自由。洛克指出,自由的本意是自立和自主,而人作为理性的存在,其真正的自立和自主只能在理性成熟以后。儿童之所以需要父母管教,之所以不能自由独立,在于"他的悟性还不适于驾驭他的意志",因而需要父母替他做主。当他像父母一样智力成熟即有了正常理性之后,就能脱

---

① [英]约翰·洛克:《政府论》下篇,叶启芳、瞿菊农译,商务印书馆1983年版,第16页。
② 同上书,第36页。

第六章 英国革命时期的政治思想

离父母而独立生活,成为一个自由人。因为理性达到成熟之后才能够理解法律,"从而他可以把他的行为限制在那个法律的范围之内。当他达到这一境界时,他可以被认为知道遵循法律的程度和应用自由的程度,从而取得自由;而在这之前,被认为知道法律所容许的自由程度的人必须对他进行指导"①。所以,人的自由离不开理性,它随着理性的增长而增长,因理性的成熟而实现。

洛克认为,人们组成社会、建立政府就是为了保护和增进公民们的自由和权利,这些自由和权利主要包括以下内容。

第一,公民的财产权神圣不可侵犯。洛克认为财产权是人们各种权利的基础,是人类文明和正义的基石。"人们联合成为国家和置身于政府之下重大的和主要的目的,是保持他们的财产。"② 他还指出:"最高权力,未经本人同意,不能取去任何人的财产的任何部分。"③ 未经人民自己或其代表同意,绝不应该对人民的财产课税。

第二,信仰自由。针对当时欧洲的宗教迫害和不宽容,洛克坚定地主张实行宗教宽容,每个教派都要尊重其他教派的宗教信仰。在他看来,宗教的全部生命和动力,只在于人们心灵里的确信,没有这种确信,信仰不成为信仰。因此,信仰问题是政府和世俗官员无权过问的。教会有权过问信仰问题,但无权妨碍人们的信仰自由。不论个人还是教会,连国家在内,谁都没有正当的权利以宗教的名义侵犯他人的公民权和世俗利益。他说:"良心自由是每个人的自然权利,它同样属于持不同意见者和人们自己;在宗教问题上,任何人不应受到法律或暴力的强迫。"④ 信仰不是靠政府或法律教诲的,

---

① [英]约翰·洛克:《政府论》下篇,叶启芳、瞿菊农译,商务印书馆1983年版,第37页。
② 同上书,第77页。
③ 同上书,第86页。
④ [英]约翰·洛克:《论宗教宽容》,吴云贵译,商务印书馆1982年版,第42页。

更不能用强力将它灌输进人们的心灵,良心自由是每个人的自然权利。每个人都在法律范围之外的一切问题上,有权确立自己的价值标准。

第三,言论自由。任何人都有一种不可侵犯的自由权利,任意使用各种文字来表达自己心中的观念与想法。人们的意见虽然参差不齐,甚至相反,但是他们应当彼此维持和平,培植友谊。人们的理解不论怎样错误,除了自己的理性之外,绝不能盲目听从他人的意志和命令。人们有权自由地表达自己的意见,这是任何强权不能压制的。

四 政府解体和人民革命

为了防止政府专制,洛克还论述了政府解体和人民革命的问题。他认为造成政府解体的内部原因主要有三个:第一,立法机关的变更。洛克认为,立法机关是解决社会纠纷的公正裁判者,是国家的主要标志。"立法机关是给予国家以形态、生命和统一的灵魂。"[1]因此,立法机关遭到破坏就意味着政府的解体。君主以个人的专断意志代替立法机关所表达的社会意志,或阻止立法机关自由地行使权力,或未经人民同意擅自修改选举制度,都会导致立法机关的变更,使政府解体(合法的政府终结了,非法的政府取而代之)。第二,掌握行政权的人员玩忽职守,不负责任,以致业已制定的法律没有执行。有法不依,等于无法,等于无政府状态,因而实际上使政府解体。他说:"如果法律不能被执行,那就等于没有法律;而一个没有法律的政府,我认为是一种政治上的不可思议的事情。"[2] 没

---

[1] [英]约翰·洛克:《政府论》下篇,叶启芳、瞿菊农译,商务印书馆1983年版,第129页。

[2] 同上书,第132页。

第六章　英国革命时期的政治思想

有法律的政府只能是暴虐专横、残民以逞的政府。第三，由于立法机关或君主违背了人民对他们的委托，侵害了人民的人身自由和财产权利，人民理所当然地不服从他们的统治。政府失去了民心，实际上也就解体了。

洛克指出，当出现上述情况时，人民有权推翻政府和国王，建立新的立法机关，成立新的政府。他认为，任何一种国家形式，都可能发生腐化而蜕变为"暴政"，暴政便是行使越权的，任何人没有权利行使的权力——不是为了谋取处在这种权力之下的人们的福利，而是为了获取他自己私人的利益。洛克明确指出，人民有反抗任何暴政的权利，因为人们订立契约、建立政府的目的是维护人民的安全、自由、财产和福利，人民的福利是最高的法律。因此，如果政府的行为违背了上述目的，推行有害于人民福利的暴政，人民就拥有反抗政府的权利。洛克还提出了"用强力对付强力"的著名原则。他说："在一切情况和条件下，对于滥用职权的强力的真正纠正办法，就是用强力对付强力。"[①] 当人民要求摆脱暴政时，如果统治者放弃合理的和平道路，妄图用武力镇压人民，这样他就背离人民而沦为野兽，人民便可以像消灭其他任何野兽一样消灭他们。洛克进一步指出，人民反抗暴政不是叛乱，只有施行暴政的政府才是罪加一等的真正叛乱者。如果因害怕内战而反对人民的反抗权，那就等于老实人不可以反抗强盗和海盗，羊不加抵抗地让狼来咬断它的喉咙。洛克的这一人民革命思想，是对17世纪英国人民反对封建专制革命的热情而有力的辩护和论证。它对其后欧美各国的反专制的民主革命斗争有着巨大的鼓舞作用。

[①] [英] 约翰·洛克：《政府论》下篇，叶启芳、瞿菊农译，商务印书馆1983年版，第95页。

洛克的政治理论和哲学思想，在18世纪风靡一时，18世纪欧美任何一个进步的政治家、思想家都直接或间接地受过洛克学说的影响。洛克的理论，为美国革命和法国大革命奠定了思想基础。他对自由、财产权及人的天赋尊严所抱的坚定信念，同他温和而又通情达理的态度结合在一起，使他成为欧美现代民主革命和改革的理想代言人。

第七章　法国启蒙运动与大革命时期的政治思想

第一节　概论

18世纪的法国,资本主义工商业有了迅速发展。大革命前夕,冶炼和采矿业开始使用机器,北部地区建立了一些资本主义农场,封建农业国的面貌有了相当程度的改变。到18世纪下半叶,资产阶级已经成了经济上最有势力的阶级。

大革命前的法国,是欧洲大陆上一个典型的君主专制国家。中世纪王权有限的传统已被消灭,三级会议形同虚设,170多年未曾召开。法院的司法权也经常遭到国王的侵犯。尽管法国国王的权威尚不及东方专制国家帝王的权威,但大大超过以往和同时期其他西方国家的君主。没有约束的专制权力容易导致君主对人民的过度掠夺、搜刮和官僚机关的腐化堕落,波旁王朝的政治生活充分证明了这一点。路易十五为了维护其腐朽的统治,扩充军队,不断进行对外战争,宫廷生活挥霍浪费,国家财政几近破产。普通人民则饥寒交迫,民不聊生。另外，天主教会和僧侣保持着封建特权，成为思想文化专制主义和宗教迫害的元凶。他们以神权、宿命论和种种迷信思想来束缚和奴役人民，并不时掀起宗教迫害的恶浪。

封建的法律制度规定了人们的不平等。社会划分为三个等级，第一等级僧侣贵族和第二等级世俗贵族是特权等级，高居于整个社会之上，他们约占全国总人口的三十分之一，但占有全国一半以上的土地。从路易十四时代起，4000家高级贵族成为巴黎的一个寄生集团，国王还给他们设置了许多冗职肥缺，恩赐以高额俸禄。高级贵族即宫廷贵族享有不纳任何捐税的特权，并保留着原有领地上的司法权和其他特权。高级僧侣多半出身于贵族，拥有丰厚的教产。这两类人几乎占据了政府、军队、教会中的一切重要位置。

包括资产阶级、农民、城市贫民和工人在内的广大民众都属于第三等级。银行家和大包税商包收国家各种捐税，贷款给贵族和宫廷，在统治集团中具有巨大的影响，他们在政治上要求一些改革。绝大部分工商业资产者不享有政治权利，他们迫切要求参加政权。小资产阶级人数众多，包括行会师傅、小商人、小作坊主、工匠等，他们更不满现实，当时城市里就经常发生他们的抗议和罢工事件。

法国农民是构成第三等级的最大部分，他们负担名目繁多的捐税和劳务，忍受高利贷的盘剥，生活非常贫困。农民最迫切的要求，就是解决土地所有权问题，免除封建捐税。

随着法国资本主义的发展壮大，第三等级要求改变封建专制制度，取消贵族、僧侣的特权，实现法律上的平等，这是启蒙运动兴起的内部原因；当时先进的英国政治制度与思想文化在法国的影响对启蒙运动的兴起也不容忽视。伏尔泰、孟德斯鸠都在18世纪20年代到英国考察、游学，随后他们开始介绍、传播牛顿的自然科学与洛克的政治思想，促成了启蒙运动的兴起。洛克的政治思想和哲学成为法国两位启蒙大师以至启蒙运动的思想基础,成为他们进行政治和社会批判的思想武器。对英国政治制度的赞赏也成了法国自由主义和启蒙思想的基调。

启蒙思想家斗争的矛头,主要指向腐朽的封建专制制度以及为它辩护的天主教神学教义。启蒙运动用科学理性批判神学迷信,用人权自由反对专制奴役,用人人平等反对等级特权,用自然法抨击封建法。目的是建立一个自由、平等、博爱的新社会。

理性是法国启蒙运动中最流行的概念之一,也是审判一切的权威和标准。如康德所言,启蒙时代同时就是一个理性批评的时代,任何东西都无权逃避这种批评与审判,只有经得起理性所做的公开而自由审查的东西,才配享受人们理性的尊崇。启蒙领袖伏尔泰当时就警告那些推行宗教蒙昧主义的僧侣们:"你们曾经利用过无知、迷信、疯狂的时代,来剥夺我们的地产,把我们践踏在你们的脚下,用苦命人的脂膏把自己养得肥头大耳。现在你们发抖吧,理性的日子来到了!"[①] 恩格斯后来总结说:"他们不承认任何外界的权威,不管这种权威是什么样的。宗教、自然观、社会、国家制度,一切都受到了最无情的批判;一切都必须在理性的法庭面前为自己的存在作辩护或者放弃存在的权利。思维着的知性成了衡量一切的唯一尺度。"[②] 一切腐朽的制度或陈旧的观念,都被他们当作不合理的东西扔到垃圾堆里去了。他们相信,"从今以后,迷信、非正义、特权和压迫,必将为永恒的真理,为永恒的正义,为基于自然的平等和不可剥夺的人权所取代"[③]。这样彻底的思想解放,为后来的政治革命扫清了道路。

---

① 葛力:《十八世纪法国哲学》,商务印书馆1979年版,第88页。
② 《马克思恩格斯选集》第3卷,人民出版社2001年版,第719页。
③ 同上书,第720页。

法国启蒙思想家一般把天赋人权作为自己的战斗口号，不过由于法国特殊的社会政治条件，他们的天赋人权说更重视平等。自由主义的思想家和空想社会主义者们，都提出了自己的平等观点。从伏尔泰、孟德斯鸠到"百科全书派"，都承认人天生是平等和自由的，人的天赋能力是平等的，也承认政治社会中人们在法律面前享有平等的权利。卢梭在这个基础上又前进了一步，他分析、批判了造成人们不平等的社会和政治原因，进一步要求人民共同享有政治立法权和在财产占有上尽可能地平等。尽管对平等的理解有所不同，但启蒙思想家一般认可财产私有制，相信法律意义上的平等是真正的平等。

启蒙思想家充分发挥了天赋人权学说，主张人的政治平等和政治解放，但忽视了经济平等。而梅叶、摩莱里、马布里等空想社会主义者，提出了财产自来是公有的，未来社会只有消灭财产私有，才能达到人们之间的真正平等。他们还尝试着提出一些社会改革方案。这些思想与启蒙运动中的自由主义思潮自是两股潮流。

法国启蒙运动还有一个特点，就是它的反封建斗争脱去了宗教的外衣，直接向封建专制制度宣战。启蒙思想家在理论上继承了洛克的天赋人权思想，在哲学上汇合了大陆的理性主义和英国的经验主义，平等原则使他们的理论带有世俗化的特色。启蒙思想家们宣传自由、人权与平等，预言未来的理性王国。他们的著作文章轰动国内外，赢得了广大的读者，唤醒了民众的觉醒，为法国大革命的爆发做了思想上的准备。

第二节　伏尔泰

伏尔泰（Voltaire，1694—1778 年），18 世纪法国启蒙运动的领袖，著名的诗人、文学家、哲学家、政治思想家和历史学家，多才多艺的大师。

伏尔泰出身中产阶级家庭，长大后长期从事投机买卖而大发横财，这在文人、思想家之中非常少见。年轻时因讽刺政府、对贵族桀骜不驯而两次入狱，后半生成为 18 世纪欧洲知识界的泰斗和启蒙运动的思想领袖。他与欧洲王公上层多有来往，在当时的地位与影响非孟德斯鸠、卢梭所能比，虽然他在政治思想上的独创贡献不及后两人。伏尔泰是法国大革命前最伟大的社会活动家之一，通过反宗教、反专制的不懈努力，使他在生前就赢得了盛誉，成为妇孺皆知的人物，并被选为法兰西学士院院长。

他的政治思想散见于他的哲学、文学与历史著作中，集中在《哲学通信》（1733 年）和《哲学辞典》（1764 年）中。他终生反对宗教迷信，反对教权主义，对封建专制主义进行了无情的批判，提出了君主立宪和社会改良的政治主张，成为当时反封建专制、反对宗教迷信与宗教迫害的伟大旗手。

一　反对宗教迫害　力主宗教宽容

伏尔泰虽是 18 世纪法国思想学术界的领袖，却受英国思想文化影响很大。英国的经验论与怀疑论深深地影响了伏尔泰，他的哲学就是建立在人类知识是有限的和相对的这种观念基础上。对于人类知识的局限性，他并不感到可悲，而是认为它有助于人类保持智力的健全与清醒。在他看来，人类认识事物和征服外界的可能性都是有限的，人类应该有此自知之明，以便给他们的思想和行动划定适当的范围，避免走向迷信专断。从这种哲学观点出发，伏尔泰主张一种宽容的精神，反对任何极端的思想和拥有绝对权力的要求，这也构成了他反对宗教神学和当时形形色色的宗教迫害，主张宗教宽容和思想信仰言论自由的哲学基础。他竭力反对与宗教有关的各种偏见，尤其是各种宗教迷信和宗教狂热。

伏尔泰认为宗教迷信和宗教偏见引起的宗教狂热违背人的健全理性，它们传播广泛，深深毒害普通民众的心理，是最大的社会祸害——宗教迫害——的根源和理由。他认为，社会的祸根在于缺乏教育和愚昧无知，教会为了欺骗人民，又加深了这种愚昧无知状态。他认为天主教会是欧洲进步事业的死敌，一部教会史就是一部迫害、抢劫、谋杀和胡作非为的历史。教皇是"两足禽兽"，天主教士是"一些道貌岸然的宗教狂徒和骗子"；基督教新教也不例外，也是建立在卑鄙的谎言基础上。任何宗教产生的原因都是愚昧和欺骗。

伏尔泰站在理性高度批判基督教义。他指出，宗教与理性不能并存，所谓原罪说、挪亚方舟、神迹等都是一些滑稽可笑荒唐透顶的神话故事，经不起人类健全理性的推敲。他揭露宗教裁判所是实行思想文化专制主义和迫害知识分子的鹰犬。他指出教士和帝国一致的制度，是最可怕的制度。

不过伏尔泰并没有彻底否定宗教和宗教存在的合理性，他实际上主张的是一种自然神论，赞成信仰公正的上帝，即使没有上帝也要创造一个上帝，主张宗教信仰自由。在《哲学通信》中，他十分推崇革命后英国的宗教宽容。在他看来，英国人，作为一个自由人，可以沿着他所喜欢的道路进入天堂，按照自己的方式供奉上帝。也正因此，英国的宗教才不再成为引起社会杀戮的诱因。他明确地指出:"要是在英格兰只有一种宗教,怕的是可能要闹专制,要是在那里有两种宗教,它们自己相互之间可能要互相扼杀;但是那里有了三十多种宗教,而它们却都能和平地与幸福地生活着。"① 这种宗教自由与宗教宽容,正是他所向往的。

伏尔泰一生都英勇地与宗教迷信、宗教迫害做斗争。在晚年,他还为受到宗教迫害的人士申冤昭雪,发动领导了反对宗教迫害的斗争。这种斗争摧毁了封建制度的思想基础——天主教义,帮助人民群众从蒙昧和迷信中解放出来,具有重大的思想解放意义。

二 自由与平等思想

伏尔泰政治主张的核心价值是自由、私有财产与平等。他认为只有以自由和私有财产为基础的社会秩序才是最公正的社会秩序,有时他也把平等包括进来。伏尔泰认同天赋自由说,他认为自由是人的自然权利。他认为使自己成为自由的人,并把周围的人都视为平等的,这才是人的真正生活,自然的生活,任何其他的生活都是卑鄙的阴谋诡计和拙劣的滑稽戏。伏尔泰认为自由就是只服从法律,除了人们共同制定的代表其共同利益的法律之外,没有任何东西可侵犯人的权利。他主张人身自由、言论出版自由、信仰自由和劳动自由,他的劳动自由是指每个人都有权把自己的劳动出卖给出价最高的人,因为劳动是那些没有财产的人的财产。

伏尔泰重点论述了言论自由和出版自由。他指责日内瓦当局下令烧毁卢梭的著作《爱弥尔》和卢梭写出它一样令人憎恶。他强调指出发表自己思想的自由是公民的自然权利,每个人能够使用他的笔就像使用他的声音一样,禁止写作比禁止说话更不应该。"我坚决

---

① [法]伏尔泰:《哲学通信》,高达观、徐仲年等译,上海人民出版社1963年版,第24页。

反对你的观点，但我举双手赞成和捍卫你讲话的权利"，是伏尔泰的名言。他认为暴君统治思想是引起世界不幸的重要原因，英国人是幸福的，只是因为每人都享有自由地表达意见的权利。

伏尔泰认为，书籍不会误国。有人认为当时英国和荷兰的出版自由会带来可怕的堕落，造成它们的毁灭；神学家更是叫喊：如果出版某些自由思想的书，宗教就会毁灭，政府就会垮台。伏尔泰毫不留情地反驳说，那些宗教的毁灭和政府的垮台，并不是由于出版了某些书造成的，而是因为它们本身的堕落。罗马教会在许多国家被击败，绝不是某本书的力量，而是由于它贪得无厌，滥施"恩惠"，假仁假义，凌辱人群，引起整个欧洲的反抗。他断言，无论书籍是否造成危害，每个人天然地享有用笔写作的权利，就像人们有说话的权利一样。

他的平等主张在启蒙思想家中有代表性，矛头直接指向特权社会的不平等。他认为人人都应享有平等的权利，一切具有各种天然能力的人都是平等的，最好的政治就是各种不同身份的人在其中都能得到法律的平等对待和保护，因此他反对孟德斯鸠关于贵族应在政权中占有独特地位的主张。在主张法律上的平等和人的权利平等的同时，伏尔泰却不认为有必要去改变财产占有分配的不平等。相反，他公开承认财产的不平等状态和由此而产生的社会剥削关系。他认为在社会上存在着事实上的不平等，社会分为富人和穷人是出于事物的本性，是合乎自然的。因此，平等既是一件最自然不过的事，同时也是最荒诞不经的事。也就是说，法律上、人格上的平等是自然的、合理的，经济上的平等是荒唐的。伏尔泰试图以人的天赋平等权利和法律面前人人平等反对封建贵族的法外特权与建立在身份基础上的等级制度，为每个人赢得平等的人格尊严。但他不肯再往前走一步，像卢梭那样。卢梭关于私有制是社会不平等的根源与基础的观点遭到他的强烈否定和讽刺,他把卢梭谴责贫富不均的激进主张贬为想让穷人掠夺富人的穷光蛋哲学。根据卢梭的说法,伏尔泰从不放弃一个机会讽刺挖苦穷人。

三 开明君主制

伏尔泰反对封建专制制度,主张实行开明君主制,即君主立宪制。他相信深明哲理的君主将对社会实行必要的改革,仁慈的君主才是上天所能给予大地的最好礼物。当君主是一个哲学家时,人们就是幸福的。他十分推崇英国的立宪君主制,并以极大的热情向法国人民推荐。在《哲学通信》中,他对英国革命和革命后的政治制度给予了很高的评价。他说:"在罗马,内战的结果就是奴役;而在英国,内战的结果却成了自由。英国是世界上抵抗君主达到节制君主权力的唯一国家;他们由于不断的努力,终于建立了这样开明的政府;在这个政府里,君主有无限的权力去做好事,倘使想做坏事,那就双手被缚了。在这个政府里,人民心安理得地参与国事。"[①] 他赞赏英国议会的上院、下院与君主的权力在这种制度中实现了节制与平衡,保障了政治的宽和与自由。

上院和下院是国家的主宰,而下院则地地道道地代表了全民族和全体人民。因为下院每一个议员都是代表人民的议员,下院的地位和权力一天强似一天,一切的捐税都由下院来决定。论地位,下院是第二;论权力,却是第一。伏尔泰对英国君主立宪制的赞赏和歌颂,其目的是想唤起法国人民仿效英国的做法,反对当时法国的王权专制统治,建立君主立宪制度。

伏尔泰晚年又进一步提出了共和制的主张,他赞赏共和制是最

---

① [法]伏尔泰:《哲学通信》,高达观、徐仲年等译,上海人民出版社1963年版,第29页。

宽大、最自然、最合理的制度，使人们最接近于天然的平等，能充分保障人们的自由。在晚年的《政治遗嘱》中他赞扬了瑞士共和国，说"在那里是真正平等统治着"。这与百科全书派的影响有关。

伏尔泰的政治思想缺少原创性，往往又以文学的形式表达出来，因此也不太系统严谨。但他的文字幽默机智，妙趣横生，读之捧腹，在当时影响更广泛。

第三节　孟德斯鸠

夏尔·孟德斯鸠（Charles Montesquieu，1689—1755年），18世纪法国杰出的启蒙思想家，西方近代自然法学派的主要代表。主要理论贡献是完整地提出和论证了立法、行政、司法三权分立与制衡的学说，把政治自由确立为政治的核心价值。孟德斯鸠出生于法国波尔多城的贵族之家，1716年他承袭了其伯父波尔多高等法院庭长的职位。波尔多高等法院当时既是审判机构，又是贵族的议事参政机构。1728—1731年他游历了欧洲主要国家，在英国居留、考察时间最长，他的政治法律思想主要受洛克思想和英国政治制度的影响。当时的英国已建立了分权与制衡的近代君主立宪制，其政治自由和宗教宽容令孟德斯鸠欣羡不已，为他提供了一个设计政治自由的制度蓝本。孟德斯鸠的主要著作是《波斯人信札》（1721年）、《罗马盛衰原因论》（1734年）、《论法的精神》（1748年）。《论法的精神》是人类政治法律思想史上影响巨大的著作之一，它以法律为中心，所论涉及经济、政治、文化、教育、宗教、历史和地理，内容异常广博。伏尔泰称它为理性和自由的法典。此书出版后立即风靡一时，被译成多种文字，它对法国启蒙运动与美国的建国都产生了重要影响。

一 政体的分类

孟德斯鸠根据国家最高权力掌握者的人数及他们和法律的关系把人类历史上的不同国家区分为三种政体：共和政体、君主政体和专制政体。他指出："共和政体是全体人民或仅仅一部分人民握有最高权力的政体；君主政体是由单独一个人执政，不过遵照固定的和确立了的法律；专制政体是既无法律又无规章，由单独一个人按照一己的意志与反复无常的性情领导一切。"① 他把共和政体分为两类：当共和国全体人民拥有最高权力时，为民主政治；当一部分人拥有最高权力时，便是贵族政治。在民主政治下，人民既是君主又是臣民，投票和选举是至关重要的，投票选举法便是基本法律。人民的选举应当公开，而且只有人民可以制定法律。贵族政治应尽量平民化，增加参与国家管理的人数，它越接近民主政治便越完善，反之则越糟。在君主政体下，君主就是一切政治的与民事的权力的泉源，有基本法律和法律的保卫机构，君主与臣民一样必须守法。在君主和普通民众之间，存在一种中间的、附属的权力即贵族和地方自治体的权力来平衡君主的权力，维持国家的运转。专制国家则没有任何基本的法律，也缺少法律的保卫机构。专制君主的意旨就是法律，专制君主的欢乐就是国家的目的。君主的决定一旦做出，便立即生效，臣民除了绝对服从别无选择。在祸患无穷的压力下，专制政府也会制定一些法律，但任何东西和专制主义联系起来，便失掉了自己的力量。"专制主义自身就具备了一切；在它的周围全是

---

① ［法］孟德斯鸠：《论法的精神》上册，张雁深译，商务印书馆1982年版，第8页。

一片空虚。"① 作为君主的意志，专制政治下的法律不是约束了专制暴政，而是武装了专制主义，使其变得更凶恶、更残暴。

在区分了三种政体之后，孟德斯鸠又论述了三种政体的原则。政体的原则是从政体的性质衍生出来的推动政体运行的精神力量和感情。他认为共和政体的原则是品德，即爱祖国、爱法律、爱平等，平等是国家的灵魂，个人利益服从公共利益。共和政体的关键有赖于人民的公民道德和为公精神，如果这些品德消逝，野心和贪婪就会取而代之，共和国就成为巧取豪夺的对象，国家就会败亡。贵族政治和民主政治一样都需要品德，不过贵族政治的灵魂是以品行为基础的节制。君主政体的原则是荣誉，因为君主政体伴之以优越的地位、品级和高贵的出身，所以荣誉就成为君主政体的动力，而且荣誉对君主的权力有限制作用。在君主政体下，个人的欲望、野心是受荣誉支配的，当荣誉原则被破坏时，君主政体就会腐败而滑向专制政体。在孟德斯鸠看来，共和制与君主制才是品德、荣誉的真正归宿，只有在这两种宽和的政体下，人民才能发扬光大自己的品德。人民只有享有政治自由，才会重视荣誉。而在专制国家里，人民不知道什么是荣誉，基本的原则只是恐怖，依靠臣民的畏惧和卑躬屈膝。在专制政体下，所有的人在君主面前都是奴隶，它把生命视同儿戏，而暴君的权力正在于他能随意剥夺他人的生命。专制统治下到处都是苦难，一切都被掠夺。知识招致危险，竞争足以惹祸。至于品德，则无从谈起。专制帝王及其周围的臣僚多是很不道德的人，他们考虑的不是人民的福利，而是争权夺利和腐化享乐。统治集团的非道德主义必然影响一般民众，"人的命运和牲畜一样，就是

---

① [法]孟德斯鸠：《论法的精神》上册，张雁深译，商务印书馆1982年版，第74页。

第七章 法国启蒙运动与大革命时期的政治思想

本能、服从与惩罚"[①]。专制国家所提倡和致力的仅是降低人民心志的奴化教育。人们无须思想、怀疑和推理，只需绝对服从。恐怖和奴化教育把人类理性的一切观念都给推翻了，真理被愚昧和谎言所代替。历史学家出卖了真理，因为他们没有说真理的自由。亚洲是专制主义根深蒂固的地方，几千年来亚洲人民一直处在专制暴政的奴役之下。欧洲的部分国家也是君主专制，但亚洲的专制政体比欧洲更野蛮、更堕落，刑罚比欧洲更严酷，花样更多。在那里，治国的主要方法就是暴力、恐怖和愚昧，奴役和折磨比比皆是。专制的法官本身就是法律，就是压迫者。结果是，一切事情都可能骤然导致暴乱和起义，并总是走极端而无建设性。

既然专制政体如此恶劣不堪，何以世上竟有如此多的专制国家？除了地理环境因素外，孟德斯鸠认为，像西方的共和政府或温和的君主政体，都需要对政治权力进行明智的均衡和调节，必须实行谨慎而细致的管理和规划。相比之下，专制政体的权力结构是一元和简单的，不需要权力的均衡和调节，从体制上看建立这种政体要容易得多。再者，共和政体和君主政体的建立和有效运转都需要人民一定的品德基础，而专制政治本质上就是不道德的，它正适合在品德低下或堕落的国度运行下去。

专制政体是根本不可取的，那么良好的政体必是共和政体或君主政体。孟德斯鸠很推崇以品德为基础的古代共和政体，他赞美的共和国的范例是雅典和罗马，他称赞它们的政制是明智的，国家是快乐的，公民普遍地具有良好的品德。但他对当时意大利城市共和国的考察却使他非常失望，他看到那里公民的自由受到严重侵犯，比欧洲君主制国家人民享有的自由还要少，统治者常常腐化堕落。

[①] [法]孟德斯鸠：《论法的精神》上册，张雁深译，商务印书馆1982年版，第27页。

因此，他对意大利共和政体的评价多有贬抑责难，说它们是不能让人满意的、不合时宜的政体。他看到和理解的民主共和政体都是由人民或贵族直接管理的小国寡民的共和国，而非近代代议共和国。这种经验的局限性使他倾向于认为只有小国寡民的城邦才适宜实行民主共和，而欧洲基本上是中等国家，因此适宜的政体是英国式的君主立宪政体。它不仅适合欧洲诸国的气候、领土和人民的品质风俗，而且能有效地保障人民的政治自由。他赞扬英国人民性格坚强，英勇无畏，能赶走横暴的君主，将君主置于宪法和法律之下，真正争得了政治自由。而意大利式的共和政体并不能对人民的政治自由提供充分的保障。在他看来，共和政体，不论是民主政治还是贵族政治国家，容易侵犯公民的政治自由。据此，人们很自然地认为他是个君主立宪论者。但是，作为一个非常崇尚雅典和罗马民主共和政体的思想家，孟德斯鸠毕竟没有完全放弃在近代实行民主共和制的理想。他一方面对意大利城市共和国不满意，另一方面又对荷兰共和国不乏好感。而荷兰作为一个联省共和国，还为孟德斯鸠期望建立的联邦共和国提供了难得的参考。在他看来，一个共和国小的话则亡于外力，如果大的话，又会亡于内部的邪恶。而荷兰和瑞士幸运地创立了一种政制，既具有共和政体的内在优点，又具有君主政体的对外力量，这就是联邦共和国。它是一种协约，几个小邦据此联合起来，建立一个更大的国家。"联邦共和国能够抗拒外力，保持它的威势，而国内也不致腐化，这种社会的形式，能够防止一切弊害。"① 由此不难得出结论：孟德斯鸠也很推崇荷兰联省共和国和瑞士联邦共和国。难怪孟德斯鸠也承认：人们读了《论法的精神》

---

① ［法］孟德斯鸠：《论法的精神》上册，张雁深译，商务印书馆 1982 年版，第 131 页。

之后，无法看出他是站在共和政体还是君主政体一边。

二 自由、法治与分权制衡说

自由是孟德斯鸠用以评价政治制度的基本价值，他认为自由是符合理性的天赋的权利。他把自由分为两类，一是哲学上的自由，即意志自由；二是政治自由，即一定社会制度和政体下的自由。孟德斯鸠着重探讨的是政治自由，即每个公民都应享有的自由，包括人身自由、财产自由、信仰自由、思想自由和言论出版自由等。政治自由的关键在于人民有安全，或者人民认为自己有安全。政治自由不是要摆脱法律的支配，相反，只有实行法治才有真正的政治自由可言，我们自由是因为我们生活在法律之下。自由并不是愿意做什么就做什么，自由仅仅是一个人能够做他应该做的事情，而不被强迫去做他不应该做的事情。"自由是做法律所许可的一切事情的权利；如果一个公民能够做法律所禁止的事情，他就不再有自由了，因为其他的人也同样会有这个权利。"[1] 因此人们必须服从法律，而法律也必须以保障公民的自由为基本精神。自由和法治，两者相反相成，它们只能存在于宽和的政体中，存在于权力不被滥用的地方。而"一切有权力的人都容易滥用权力，这是万古不易的一条经验"[2]。要防止滥用权力，就必须对权力进行明确的划分和平衡，就必须以权力约束权力。

孟德斯鸠精心设计的保障自由的政治制度便是立法、行政、司法三权分立制衡的机制。在他看来，这三种权力实现分立和制衡，相互约束，就可以从根本上防止权力的滥用，防止产生独断的专横

---

[1] ［法］孟德斯鸠：《论法的精神》上册，张雁深译，商务印书馆1982年版，第154页。

[2] 同上。

的权力，否则政治自由便只能是空谈。他论证说："当立法权和行政权集中在同一个人或同一机关之手，自由便不复存在了，因为人们将要害怕这个国王或议会制定暴虐的法律，并暴虐地执行这些法律。""如果司法权同立法权合而为一，则将对公民的生命和自由实行专断的权力，因为法官就是立法者。如果司法权同行政权合而为一，法官便将握有压迫者的力量。""如果同一个人或是由重要人物、贵族或平民组成的同一个机关行使这三种权力，即制定法律权、执行公共决议权和裁判私人犯罪或争讼权，则一切便都完了。"① 因为这种权力的集中正是专制制度的核心。所以在一个国家里，这三种权力应该分开，由不同的人或不同的机关行使，以实现权力之间的相互制衡。

在孟德斯鸠看来，一个国家的人民是自由的还是受奴役的，关键并不在于是民主共和制还是君主制，而取决于是否实行了分权和制衡。在英国君主政体下，三种权力是分立的，所以保障了自由。而在土耳其君主政体下，三种权力都集中于苏丹手中，所以可怖的暴政统治着一切。在意大利共和国，三种权力也合并在一起，自由反比君主国还少。在这些城市共和国里，"同一个机关，既是法律执行者，又享有立法者的全部权力。它可以用它的'一般的意志'去蹂躏全国；因为它还有司法权，它又可以用它的'个别的意志'去毁灭每一个公民"。"在那里，一切权力合而为一，虽然没有专制君主的外观，但人民却时时感到君主专制的存在。"② 因此，孟德斯鸠的结论是：不论在君主国还是民主共和政体下，没有分权就没有自由，不分三权就是专制。

---

① ［法］孟德斯鸠：《论法的精神》上册，张雁深译，商务印书馆 1982 年版，第 156 页。
② 同上书，第 157 页。

第七章 法国启蒙运动与大革命时期的政治思想

立法权,是制定临时的或永久的法律,以及修正或废止已经制定的法律的权力。孟德斯鸠认为,在一个自由的国家里,每个人都被认为具有自由的精神,都应该由自己统治自己,所以立法权本应由人民集体享有。然而,这在现实中又是不可能的,所以,人民只能通过自己选出的代表行使立法权。各地区的公民在选举立法机关代表时都应享有投票权,地位过于卑微以致被认为没有自己意志的人除外。立法机关实行两院制,除民众选举的代表组成众议院外,贵族团体则组成贵族院。两者有各自的见解和利益,因此应有各自的立法机构。贵族团体是世袭的,但它在立法上只有反对权,不享有创制权。这样使贵族和平民在国家立法机关中保持平衡,防止一方侵害另一方的利益。

行政权,是执行立法机关的意志,维护公共安全,派遣和接受外交使节,决定宣战或媾和,防御外来侵略的权力。行政权应掌握在国王手中。因为行政部门通常需要迅速行动,所以由一个人管理比几个人管理更为优越。如果由一个团体行使行政权,就会议而不决,办事拖延,贻误时机。国王享有行政权,他可以否决立法,但无权自己立法;行政权受立法机关审查和监督,但不受其控制。立法机关应根据国王的要求召开会议。

司法权,是惩罚犯罪或裁决私人讼争的权力,具有独立性,由人民选举出的法官和陪审员独立行使,不能隶属于君主。作为一个世家贵族,孟德斯鸠在司法上也考虑到了贵族特权。他说,由来自平民的法官审判贵族,其判决肯定对贵族不利,因此,贵族们不应到普通法庭而应到由贵族组成的国会的贵族院中接受审讯。孟德斯鸠主张公开审判,允许被告辩护,严禁拷问;审判由几个法官共同审议,少数服从多数。对已做出的判决,人们有权上诉。

西方自古以来的政治体制都包含多少不等的分权内容,因此权力分立的思想在西方政治学说史上并不新鲜。亚里士多德第一个提出每个国家政体都包含三个机能：议事机能、行政机能和审判机能。这是最早的对国家机能或权力的三分法。波里比阿用人民大会、元老院和执政官权力的分立和制约来解释古罗马政体的成功和稳定。在中世纪，有节制的君主制或混合君主制不论在理论上还是在实际中都很常见。1688年英国光荣革命之后，国王和议会间的分权和制衡，司法权的独立，形成了现代分权与制衡体制。作为英国革命的代言人，洛克于1689年完成的《政府论》提出的三权分立（立法、行政和对外权）实际上只是两权分立，即立法与行政的分立，这与当时的英国司法权尚未独立有关系。孟德斯鸠总结和提炼了西方各种政体，尤其是英国1688年革命后君主立宪政体分权制衡的经验，继承了前人的学说又超越了前人，首创了立法、行政、司法三权分立与制衡的思想，从理论上解决了现代国家如何保障个人自由和防止专制的问题，实是人类思想史上的伟大贡献。他的这一思想对后来的法国大革命和美国宪法产生了重大影响。当今世界上大多数国家也采用了他构想的三权分立与制衡机制。与市场经济一样，分权制衡体制不带有社会制度的属性，不为资本主义所专有，对于今后各国的民主法治建设具有重要的参考价值。

孟德斯鸠的分权制衡论奠基于对人性的不信任，尤其是君主和官员的品质、道德不足恃基础上。因为人性易滥用权力和腐化，所以用分权制衡机制防止它。法家也讲人性恶，但他们不是设计分权制衡机制遏止人性恶，而是利用人性恶的方面服务于君主一己的私利。孟德斯鸠不仅诉诸法律和分权制衡，而且求助于人的美德。而法家既然要利用人性恶，当然就不需要道德。

分权制衡的政治体制和自由有着非常密切的关联，但仅此并不能保证自由的实现。孟德斯鸠设想，人们完全可以遇到这样的情况：

就是政制是自由的,而公民却毫无自由;或是公民是自由的,而政治却毫无自由可言。原因在于:在自由和政治的关系上,建立自由的不仅仅是法律,法律和基本法律并不意味着一切。在自由和公民的关系上,风俗、规矩和惯例,都能够产生自由,而且某些民事法规也可能有助于自由。因此,政治自由的实现,除了保障自由的政制和基本的法律之外,还需要某种与之协调的社会环境和社会氛围。制定实施各种法律时,应使其有严格的使用范围和界限,而且要依据法的精神,立法的精神应当宽和而不是峻刻,行政应该宽猛适宜,司法应当量刑适当,这才有利于公民的自由和财产保障。

孟德斯鸠崇尚和追求的政治自由首先是人身自由。从人人生而自由平等出发,他严厉谴责和反对奴隶制。他认为奴隶制是违反自然的和不道德的。它给整个社会造成损害,不仅摧残奴隶,而且也不利于奴隶主,使奴隶主养成种种坏习惯,丧失一切道德品质。对于东方专制主义下"普遍的奴隶制",孟德斯鸠更是深恶痛绝。除人身自由外,法律还应保障公民的财产权不受侵犯,使人们享受信仰自由、言论自由和出版自由。他主张宗教信仰自由,赞成各种宗教彼此宽容与和睦相处,严厉抨击宗教法庭镇压异端的残暴行为,斥责宗教法庭的活动使欧洲蒙受耻辱。对于言论自由,孟德斯鸠指出,在一个自由的国家里,人们议论的好坏往往是无关紧要的,只要他们议论就够了,自由就表现在这里。"言语并不构成'罪体',它们仅仅栖息在思想里……它们的意思是依据它们和其他事物的联系来确定的。有时候沉默不言比一切言语表示的意义还要多,没有比这一切更含混不清的了。"① 因此不能对言论自由进行干涉和惩罚。如

---

① [法]孟德斯鸠:《论法的精神》上册,张雁深译,商务印书馆1982年版,第198页。

果没有言论自由，根本就没有其他公民自由可言。"要享受自由的话，就应该使每一个人能够想什么就说什么；要保全自由的话，也应该使每一个人能够想什么就说什么。"①

三 自然法、民法和刑法理论

孟德斯鸠所理解的广义的法就是规律，即"法是由事物的性质产生出来的必然关系"②。作为广义的法律，主要包括自然法和人为法。他认为人类最初生活在自然状态，没有政府也没有人定的法律，自然法是那时支配人们行为的规则。自然法渊源于人的生命的本质，是人类理性的体现。他批驳了霍布斯关于自然状态中人对人是狼的战争状态，认为自然法的基本原则是和平，觅食，自然爱慕，过社会生活，信仰上帝及生来自由和平等。人类由于社会结合进入社会状态后，人类自身软弱的感觉和平等关系便消失了，战争状态开始了。正是这种战争状态需要制定人为法加以约束。人为法应以自然法为基础，是人类理性的具体运用。人为法包括国际法、政治法和民法。国际法是调整和规范国与国之间关系的法律，基本原则是：和平时尽量谋求增进彼此的福利，战时在不损害自身利益范围内尽量减少破坏。政治法是调整政府和民众之间关系的法律，目的在使人们获得自由。孟德斯鸠所说的民法，是广义的，包括民法和刑法，孟德斯鸠突出了民法应保护私有财产，他说："政治法使人类获得自由，民法使人类获得财产。""公共利益绝不是用政治性的法律或法规去剥夺个人的财产，或是削减哪怕是它最微小的一部分。在这种

---

① [法]孟德斯鸠：《论法的精神》上册，张雁深译，商务印书馆1982年版，第322页。

② 同上书，第1页。

场合，必须严格遵守民法，民法是财产的保障。"① 当国家需要某个人的财产时，应以私人资格和私人办交涉，赔偿人们受的物质损失。从自然法人人平等出发，孟德斯鸠认为男女在财产和婚姻关系上应平等。男女双方都可因对方不忠而要求离异，女方有权继承父母的财产。

孟德斯鸠认为，公民的自由主要依靠良好的刑法，而法官则应按照法律的明文规定断案。他提醒人们在追诉"邪术"和"异端"罪时要非常慎重，因为对这两种罪的起诉特容易危害自由，他还严厉抨击和揭露"大逆罪"的规定。他以中国大不敬罪为例说明在"大逆罪"的罪名下，任何事情都可拿来作为借口剥夺任何人的生命，去灭绝任何家族，惨无人道。他还反对以思想和言论定罪，因为两者都不构成"罪体"，是法律不能惩罚的。他非常赞赏当时英国禁止拷问罪犯的做法，在他看来，只有野蛮的专制国家才喜欢刑讯犯人。他反对严刑峻法，认为立法应遵循适中宽和的精神，严峻的刑法只适宜以恐怖为原则的专制政体。而在自由宽和的国家，立法者应"关心预防犯罪，多于惩罚犯罪，注意激励良好的风俗，多于施用刑罚"②。惩罚犯罪应以恢复秩序和教育罪犯为目的，不是简单地对人身的报复或对廉耻的破坏。惩罚应与犯罪相一致，按罪行大小，定惩罚轻重。他强调，法律的体裁要精约简要，法律的措辞要质朴平易，直截了当，不应含糊笼统，不宜精微玄奥。法律不能轻易更改，不过，对于一些无用的法律应予以废除。孟德斯鸠在政治法律方面的思想观点具有程度不同的进步意义，反映了启蒙时代理性、人道、法治精神和维护、巩

---

① [法]孟德斯鸠：《论法的精神》下册，张雁深译，商务印书馆1982年版，第190页。
② 同上书，第83页。

固私有财产及公民自由的主张。

四　自然地理环境与政治法律的关系

孟德斯鸠认识到了，并常常是过高估计了自然地理环境对各民族性格、道德、风俗及政治法律制度的重大影响和作用。他认为，气候的影响是强有力的。在严寒的北方，人民精力充沛，自信心强，像年轻人一样勇敢，富有朝气，刻苦耐劳。相反，在气候炎热的南方，人们心神萎靡，缺乏自信，像老头子一样怯懦，懒惰顺从，暮气沉沉，对一切都漠不关心，也没有什么宽大的胸怀。这种巨大的反差便相应产生了不同的政体和法律。气候酷热的南方，通常盛行暴君制和奴隶制，因为气候炎热会使人的身心丧失力量，使这些民族成为奴隶。而在寒冷的北方，则适宜建立宽和自由的民主共和制，因为他们的勇敢使他们能够维护自己的自由而免于奴役。

除气候之外，不同国度土地肥沃和贫瘠的影响也被他做了过于简单而夸张的解释。他认为，一个国家土地肥沃就会使人生活优裕，柔弱怠惰，好逸恶劳，贪生怕死，不关心自由，屈从于强权。而土壤贫瘠则使人勤奋俭朴，勇敢耐劳和适于战争，人们虽不能享受物质生活的宽裕，但享有自由，古代雅典是明显的例证。

国家疆域的大小，也同国家的政体和人民的自由密切相关。依他的理论，小国适于共和政体，因为在一个小共和国里，公共的福利较为明显，较容易为人民所了解，和每一个公民的关系都比较密切；弊端较少，也难以受到庇护。中等国家宜于君主政体，大帝国则只能实行君主专制。他解释亚洲诸国有辽阔的平原，广袤的国土，众多的人口，肥沃的土壤，因此就需要专制政体。"因为如果奴役的统治不是极端严酷的话，便要迅速形成一种割据的局面，这和地理的性质是不能相容的。"① 所以亚洲总是专制统治，奴隶的思想统治着人们的大脑。在亚洲的历史上，是连一段表现自由精神的记录都找不到的，那里只有极端的奴役。而在欧洲，"天然的区域划分形成了许多不大不小的国家。在这些国家里，法治和保国不是格格不入的；不，法治是很有利于保国的"②。所以欧洲人是自由的。

孟德斯鸠对这个问题的论述显得逻辑混乱和缺少说服力。他用自然地理环境的不同来解释亚洲的专制和欧洲的自由存在明显的自相矛盾。因为在亚洲和欧洲都有着肥沃的平原和贫瘠的山地，都有着酷寒的气候和不太冷也不太热的温带，何以欧洲有自由而亚洲自古以来都是严酷的专制？对于这一矛盾，孟德斯鸠也有察觉，但他为了避免自相矛盾而做的解释实在牵强，他竟说："亚细亚是没有温带的，和严寒的地区紧接着的就是炎热的地区，如土耳其、波斯、莫卧儿、中国、朝鲜和日本等是。"③ 这实在违地理常识。不过应肯定的是，孟德斯鸠对欧洲与亚洲政治法律制度、民族性格、道德风俗、气质心理等方面的反差所做的探讨和论述，今天读起来仍令人佩服其深邃和中肯。

第四节 卢梭

让·雅克·卢梭（Jean Jacques Rousseau，1712—1778 年），18 世纪法国杰出的政治思想家、哲学家和文学家，激进民主主义思想

---

① ［法］孟德斯鸠：《论法的精神》上册，张雁深译，商务印书馆 1982 年版，第 278 页。
② 同上。
③ 同上书，第 275 页。

的代表。卢梭出生于日内瓦一户钟表匠之家，16 岁时从日内瓦跑到法国，当过学徒、仆人、家庭教师和乐谱抄写者，一生颠沛流离，备尝艰辛。他是一个完全自学成才的思想家。1750 年以《论科学与艺术》一书而一举成名，后来与法国启蒙运动的思想家多有学术和思想交往，由于个性的独特和思想观点的分歧，卢梭与他们中的大多数人（伏尔泰、狄德罗、霍尔巴哈）关系恶化，分道扬镳。卢梭性格自卑、多疑、异常敏感，后来进而成了被迫害幻想狂。和尼采一样，他是一个心理和性格不健康的思想家。在思想理论上，他也有很多观点与欧洲启蒙运动的思想主流格格不入。主要著作有《论人类不平等的起源和基础》（1761 年）、《社会契约论》（1762 年）。他是一位很有创造性和个性鲜明的思想家，却不是一位受过系统训练的思想家。他的文章非常具有感染力，用语夸张，思路浪漫，激情磅礴，论证未必严谨，前后论点不时自相矛盾。他的政治思想有两个不同的走向，或走向大众民主，或趋向现代专制。

一　自然状态与社会平等说

卢梭也假设人类的初始状态是自然状态。在自然状态下，人人都是自由、独立和平等的，没有科学、技艺、道德和私有权观念。人们是善良和纯洁的，他们只有自我保存的自爱心和对他人的怜悯心，没有害人的欲望和邪恶。人类的这种天然的本性制约着人的行为，起着所谓法律、道德的作用。他认为自然状态体现了人的本性和自然法则，人们生活在这样的状态中是自由、平等和幸福的，这是人类社会的"黄金时代"。

卢梭认为，人类不可能永远生活在自然状态，人们必然要从"自然状态"过渡到政治社会。由于人类的繁衍，贫困的压迫，使人们不断发明了各种工具，尤其是冶金术和农业的发展，使土地的分配和私有制出现，产生了所有权，进入了文明时代。"谁第一个把一块土地圈起来并想到说：这是我的，而且找到一些头脑十分简单的人居然相信了他的话，谁就是文明社会的真正奠基者。"① 在卢梭看来，私有制的出现，使人类在自然状态中的自由与平等从此消失，产生了人类的不平等，这是文明社会出现的标志。文明（或者私有制）向前进一步，不平等也就向前进一步。私有制是导致人类不平等的根本原因，它造成了富人的豪华奢侈，穷人的贫困。自私纵欲泯灭了人的天然怜悯心和同情心，人们变得悭吝、贪婪和充满邪恶。对此，卢梭指出："由于人类能力的发展和人类智慧的进步，不平等才获得了它的力量并成长起来；由于私有制和法律的建立，不平等终于变得根深蒂固而成为合法的了。"② 卢梭把人类不平等的发展过程归纳为三个阶段：第一个阶段是私有制的产生。私有制的产生首先导致经济上的不平等，社会出现贫富对立，富人用各种手段掠夺穷人的财产，而穷人则不得不劫富济贫以维持生命。第二个阶段是国家的建立。私有制的产生不仅引起了经济上的不平等，而且导致了政治上的不平等。这种不平等"给弱者以新的桎梏，给富者以新的力量；它们永远消灭了天赋的自由，使自由再也不能恢复；它们把保障私有财产和承认不平等的法律永远确定下来，把巧取豪夺变成不可取消的权利；从此以后，便为少数野心家的利益，驱使整个人类忍受劳苦、奴役和贫困"③。从而形成富人对穷人的统治。第三个阶段是出现专制暴政。人类进入政治社会以后，政府权力不断腐化，结果沦为专制，专制暴政把主人和奴隶对立起来，社会的一切

---

① ［法］卢梭：《论人类不平等的起源和基础》，李常山译，商务印书馆1982年版，第111页。
② 同上书，第149页。
③ 同上书，第129页。

都成为君主的财产,所有人都成为君主的奴隶。暴君剥夺臣民,算是公正;暴君让臣民活着,算是恩赐。他愤怒地控诉:"人是生而自由的,但却无往不在枷锁之中。自以为是其他一切的主人的人,反而比其他一切更是奴隶。"① 这种状态是不平等的顶点,人民会起来把这个专制政府打碎,重新恢复合法的制度。

卢梭指出,腐化变质的专制政府必定覆灭,因为暴力支持它,暴力也推翻它,事物便是以这样的自然秩序演变发展。根据自然法则,人民可以推翻这种腐化的君主专制制度,以社会契约为基础,建立一种新的社会制度。

卢梭的社会历史观是复古主义的,他认为自然人是幸福的,而文明人是不幸的。他把自然状态、自然人理想化,把自然与文明对立起来,喊出"回到自然去"的口号,对文明加以谴责。他认为自然曾使人幸福而善良,但社会使人堕落而悲苦。野蛮状态才是人类的"真正青春",文明和科学每前进一步同时又是退步,意味着人类进一步的堕落败坏。"后来的一切进步只是个人完美化方向上的表面的进步,而实际上它们引向人类的没落。"② 在他看来理智是危险的,因为它毁掉虔诚;科学是破坏性的,因为它毁掉信仰。他十分推崇宗教、直觉与原始人的道德,他要依靠国家宗教强行建立一个道德理想国。卢梭实际上是18世纪直觉主义和非理性主义的先驱,而启蒙运动的光辉旗帜正是理性和启蒙,是把人类进步的希望主要寄托在理性和科学之上。因此,上述卢梭复古主义和非理性主义的思想,理所当然地遭到启蒙运动思想家的反对和批驳。

---

① [法]卢梭:《社会契约论》,何兆武译,商务印书馆1982年版,第8页。
② [法]卢梭:《论人类不平等的起源和基础》,李常山译,商务印书馆1982年版,第121页。

二 社会契约论和人民主权论

卢梭认为,要恢复和保障人民被专制暴君剥夺的自由和平等,必须变革或推翻专制政府,然后由人民再订立社会契约,建立人民主权的共和国,也就是"寻找出一种结合的形式,使它能以全部共同的力量来卫护和保障每个结合者的人身和财富,并且由于这一结合而使每一个与全体相结合的个人又只不过是在服从自己本人,并且仍然像以前一样地自由"[①]。

由人们共同订立的社会契约本身要求:第一,通过订立契约,建立民主的国家,以取代封建专制制度。国家是自由的人民自由联合的产物,个人和国家是一种社会契约的关系。第二,每个立约者把自己的全部权利(包括财产)转让给整个社会,权利的转让必须是毫无保留的,这种结合才是尽善尽美的。反过来,国家必须给予一切缔约者以同样的民主权利,国家应体现全体人民的共同意志。第三,既然权利转让给整个社会并没有奉献给任何人,人们可以从社会得到同样的权利,这只能增加社会的力量以保护自己的利益。

以这样的条件组成的集合体表现了人民最高的共同意志或公意。公意是永远代表公正的,对公意的服从实际上是"在服从他们自己的意志",这是每个公民的义务:任何人拒不服从公意,全体人民就要迫使他服从。

他还把"公意"和"众意"严格区别开来。他认为,"公意只考虑公共的利益,众意则考虑到个人的利益。众意只是个别意志的总和。但是,除掉这些个别意志间正负相抵消的部分而外,则剩下的总和仍然是公意"[②]。

[①] [法]卢梭:《社会契约论》,何兆武译,商务印书馆1982年版,第23页。
[②] 同上书,第39页。

卢梭相信共同体中的人民能达成一种共识，体现了全体一致的意志，即公意，但公意又并非简单多数。因此，立法机关中的多数决定并不一定代表公意，如它反映了共识，即代表公意，否则只是代表多数的众意。不过要区别这两者是相当困难的，如果不是不可能的话。由公意又产生出他的人民主权思想，他认为人民主权是公意的运用，公意是人民主权的体现。人民主权具有如下特征：第一，主权是不可转让的，不能代表的。因为主权是公意的运用，是国家的灵魂，集体的生命，要由人民直接行使主权权力。立法权要由人民掌握，只能由人民掌握和运用。人民不能通过自己的代表，而是直接制定和改变法律、选举政府。因此，他坚决反对洛克和孟德斯鸠等人主张的代议制，断言当时英国的代议制不能保障人民的自由，早晚会把人民变成奴隶。既然要由人民直接行使立法权，制定法律，就决定了他要建立的民主共和国只能是小国寡民式的城邦共和国，没有现实意义。第二，主权也是不可分割的。因为代表主权的公共意志是一个整体，国家是公意的体现，不能把代表公意的权力分成几个部分，所以他反对分权与制衡。他主张，立法权和行政权必须统一起来或至少行政权服从立法权。他说："制定法律的人要比任何人都更清楚，法律应该怎样执行和怎样解释。因此看来人们所能有的最好的体制，似乎莫过于能把行政权与立法权结合在一起的体制了。"[①] 1793年的国民公会实际上就是将立法权和行政权合一的权力实体。但在另外的地方，他又不得不将行政权与人民掌握的立法权分开。第三，主权是绝对的、至高无上的和不受限制的。也就是说，任何个人和团体都不能超越人民主权之上，都不能侵犯、动摇和推翻主权的绝对权威。主权者有绝对支配个人的权利，对主权者（人

[①]［法］卢梭：《社会契约论》，何兆武译，商务印书馆1982年版，第87页。

民)不需有什么限制。他说:"正如自然赋予了每个人以支配自己各部分肢体的绝对权力一样,社会公约也赋予了政治体以支配它的各个成员的绝对权力。"① 这实际上就为现代极权主义开了绿灯。

卢梭对政府与主权者做了严格的区分。他认为主权是契约行为,创制政府的行为不是一项契约,而是一项法律。政府介于主权者与个体公民之间,是派生的权力,是由主权者授权的一种机构,它的作用在于接受公意的指导并使用它的权威,根据主权者的意图,按照大家同意的法律来决断公民的行为,协调他们之间的关系。政府只不过是主权者的执行人,绝不是人民的主人。一旦出现政府僭越、凌驾、篡夺主权的行为,人民就有权推翻它,夺回主权,重建政府。

在人民主权的理论前提下,卢梭论述政体问题。他认为政体可以是多样的,不同民族根据公意可以做不同的选择,但无论是君主制、贵族制或民主制,它的统治权都来自人民,而且只能由人民同意才能行使合法的权力。凡是实行法治的国家,无论政体如何,他都称为共和国。一切合法的政府都是共和制的,因为只有在这里才是公共利益在统治着。凡是不符合这一标准的,他根本就不承认其为国家,因为那里没有公民,只有主人和奴隶。共和国按照执政人数的多少,又可分为民主制、贵族制和国君制。至于哪种政体是最好的政体不能一概而论。他认为,没有一种政府形式适宜于一切国家,"每一种形式在一定的情况下都可以是最好的,但在另一种情况下又可以是最坏的"②。他基本重复了孟德斯鸠的看法:大国适宜君主制,小国适宜民主制,中等国家最好实行贵族制。不过他对君主制的批评是最多的,他实际上将法治下的君主制与君主专制混为一

---

① [法]卢梭:《社会契约论》,何兆武译,商务印书馆1982年版,第41页。
② 同上书,第87页。

谈从而予以否定。虽然他认为民主政府更理想，但由于它只适用于小国，且对人民品德与平等的要求一般是难以满足的，因此这种本来最好的政体反不宜实行。相比之下，他倾向于以民主制为主的兼有贵族制优点的适中的混合政府。

不管实行什么政体，主权永远属于人民。人民有权根据具体情况，推翻任何非法的政府，特别是僭越主权的专制暴政，夺回主权，重建社会和政权。

三　法治理论

通过社会契约建立的国家，如何根据"公意"进行统治与管理？卢梭从民主宪政国家的性质出发，提出了较为全面的以法治国的原则和主张。

卢梭认为，国家建立以后，必须制定法律，用法律来赋予国家以意志。法律是政治社会的行动准则，国家只能依据法律而行动，以维持社会秩序，实现政治自由。

关于法律的概念，卢梭认为法律是人民公意的表现，是主权者的行为和意志。它反映社会全体成员的共同意志，维护社会全体成员的共同利益，而不应当只反映部分人的意志。法律的对象是普遍的，而不是特殊的。它由代表公意的国家制定，个人的意志不能成为法律。遵守法律就意味着服从公意，也就等于服从自己的意志，这也就是人们在放弃了自然状态中的自由后所获得的政治自由。

卢梭认为，自由与服从法律是一致的，人们遵守法律的同时才能获得真正的自由，违背法律意味着失去自由。在社会生活中，每个人都必须受法律的约束，不存在没有法律的自由，也不存在高于法律的个人或集团。卢梭强调，尊重法律是第一条重要的法律。不论社会地位和财产状况，在法律面前人人平等。政府行政官是执政

第七章　法国启蒙运动与大革命时期的政治思想

者而不是仲裁者,其职责是维护执行法律而绝对不能滥用和侵犯法律,君主是政治社会的一员,也不能凌驾于法律之上。

在自由与平等之间,他更看重平等,甚至可以牺牲自由力求平等。他认为平等是自由的前提,没有平等就没有自由。他的平等不仅是政治平等,还寻求一定程度上的经济均平。他说平等意味着"就权力而言,则它应该不能成为任何暴力并且只有凭职位与法律才能加以行使;就财富而言,则没有一个公民可以富得足以购买另一个人,也没有一个公民穷得不得不出卖自身"[①]。即法律上的平等与限制贫富悬殊。

在民主共和国里,国家的治理必须依据法律,法律是治国的根本依据。对于如何实现法治,卢梭提出几点原则:第一,法律必须能保障人们的自由和幸福,以谋求人民最大幸福为宗旨。第二,立法权应当由人民掌握。法律是公意的体现,如果人民不能完全有效地掌握国家的立法权,法律就不能体现公意,人民也不能遵守这样的法律,立法应遵循人民掌握立法权的原则。第三,由贤明公正的智者、专家制定法律。人民拥有立法权,但并不意味着由不懂法律的人民自己制定法律。贤明的立法者甚至需要到外国去请,因为外国人同本国立法没有利害关系,才会公正无私。贤明的立法者制定了法律,再由人民批准。第四,立法要考虑各种自然的和社会的条件。法律与政体、宗教、习俗等有密切的联系,立法应注意法律与这些现象的协调。第五,立法的稳定性和灵活性统一的原则。制定法律首先要保持其相当的稳定性,同时,又要根据社会条件的变化及时进行修改、补充和废止。

卢梭的政治思想,以自然法学说为基础,主张建立以社会契约

[①] [法]卢梭:《社会契约论》,何兆武译,商务印书馆1982年版,第69—70页。

为基础的民主共和国，推翻君主专制制度。它不仅成为法国大革命的锐利思想武器，而且对后来许多国家的革命斗争起着理论上的引导作用，具有重大的历史影响。然而卢梭设想的小国寡民的直接民主制实际上弊端不少，容易导向政治狂热与暴民专制，有利于极少数蛊惑人心的野心家操纵控制民众。实践证明，直接民主制反不如代议民主制。再者，他的"公共意志"说、绝对主权论及反对分权制衡，成了现代极权专制主义的遮羞布和思想来源。所以罗素称卢梭学说："虽然对民主政治献嘴皮殷勤，倒有为极权主义国家辩护的倾向。"① 从表面上看，卢梭的政治思想比欧洲启蒙运动的大多数思想家都要激进和倾向民主，但要实践起来，却比其他思想主张离自由民主更远，雅各宾派专政就是以卢梭思想为指导的。卢梭的民主思想作为一种批判与革命的理论武器，能发挥重大作用；但作为民主与立宪的设计，却没有多少实际意义。激进归激进，他设想的实施民主的办法和制度却与现代民主的理想背道而驰。

卢梭的思想主张，前后不一致、含糊其辞、自相矛盾之处不少。在社会契约论、主权论、分权论、政体论及立法权的归属问题上都是如此。一个逻辑严谨的人阅读卢梭著作是件很伤神的事情。他必须在卢梭的自相矛盾的论述中费力地推断到底哪些是卢梭的真意。在人类思想史上，极少有像他这样逻辑混乱的思想家，这或许跟他完全自学成才，没有受过严格的学术训练有关。这样的思想家、学者独创性有余而谨严不足，论述有时难免粗疏而杂乱，观点上难以自洽。

---

① [英]罗素：《西方哲学史》下卷，马元德译，商务印书馆1982年版，第236页。

第五节 法国大革命时期的政治思想

一 18世纪末的法国大革命

1789年爆发的法国大革命,是一场欧洲范围的革命。革命在法国消灭了封建专制制度,建立了近代民主共和国,对欧洲国家产生了深远的冲击和影响。法国革命在摧毁旧的社会秩序方面比英国革命来得彻底,却不如英国革命来得成功。正因为它革命的彻底,使得新旧势力毫无调和妥协的余地,革命的残酷与长期性难以避免,革命引起的动荡与损失过于巨大。从1789年爆发大革命直到19世纪70年代第三共和国成立,80多年政局动荡不已,革命、复辟与政变轮番交替,通过十几次的制宪努力才奠定了宪政的基础。以它取得的实效与代价相比,实不如稳健的英国革命理想。

革命的第一阶段颁布了《人权宣言》,建立了君主立宪制。《人权宣言》第一次用法律形式确认了近代人权原则以及其他新的制宪和立法原则,并借助革命的权威,扫荡旧时代公开的不平等,沉重打击了封建特权阶级和专制制度。另外制宪会议为保护资产阶级利益,通过了反对工人组织罢工的《列·霞白利法》,宪法对公民权的规定也表现出明显的不平等,引起人民大众的不满。王室暗中勾结外敌,全国群情激愤,要求结束君主制的呼声日见高涨。

革命的第二阶段是吉伦特派统治。为了保卫革命的成果,法国国内普遍展开了一个停止党争、拯救祖国的运动。很快国王被处死,共和国建立。但在革命阵营内,围绕私有财产和实行最高限价又展开了激烈的斗争。贫苦人民迫切要求财产上的平等,忿激派集中表达了人民取得土地所有权和实行最高限价的要求。吉伦特派把私有财产和自由贸易看成神圣不可侵犯的原则，用种种方式抵制和诬蔑忿激派的行动。吉伦特派像立宪派一样，也因同激进的革命派走到势不两立的地步而垮台。

继吉伦特派之后，以罗伯斯庇尔、圣茹斯特、丹东等人为首的激进的雅各宾派被革命推到了前台，革命进入它的第三阶段。雅各宾派联合了忿激派，陆续实行了几个最高限价法令，并无偿取消了封建义务，给予广大农民土地。雅各宾派在激烈的政治角逐中，时时诉诸愤激的群众情绪，过于崇尚暴力恐怖与政治谣言的作用，把革命引向了绝路。镇压忿激派和阿贝尔派，使他们脱离了广大城市贫民和无产者。镇压丹东派，更缩小了自身的社会基础。随之，热月政变结束了雅各宾派的血腥统治，开始了督政府的执政时期。革命到此基本完结。

二 《人权和公民权宣言》

法国大革命爆发后不久诞生的激动人心的《人权和公民权宣言》，将启蒙运动的政治原则写入宪法性文件，具有重大的历史意义。随着法国革命的影响跨出国界，《宣言》的精神也传播到世界其他地方，对以后的民主革命产生了不可估量的影响。

宣言的基本精神，是确认自然的、不可剥夺的神圣人权，并进而规定法治与人民主权的原则。《宣言》内容包括以下三个方面。

第一，人权与公民权利的原则。《宣言》指出：在权利方面，人们生来是而且始终是自由平等的。自由就是指有权从事一切无害于他人的行为，个人的自然权利的行使，只以保证社会上其他成员能享有同样权利为限制。

《宣言》明确提到的权利包括自由、财产、安全和反抗压迫，从中可以看到洛克思想的重大影响。宣言第 17 条强调财产是神圣不可侵犯的权利，任何人的财产不得无故受到剥夺。在承认权利平等的同时，又认可在公共生活方面的社会差别。

《宣言》宣示的其他权利内容，还有发表意见的自由，传达思想和意见（言论）的自由，著述和出版的自由。这些以后都成为各国宪法规定的基本权利。

《宣言》确认任何政治结合的目的是保障人权，指出凡权利无保障和分权未确立的社会，都没有宪法。保障权利从此成了政治制度的出发点。

第二，法治原则。《宣言》揭示了法律的目的就是保障人权。它确认权利行使上的限制仅得由法律规定之；法律仅有权禁止有害于社会的行为；凡未经法律禁止的行为都不得受到妨碍。

人民有最终立法权。《宣言》规定，法律是公共意志的表现，公民都有权亲身参与或由其代表参与法律的制定。

《宣言》还确定了近代意义上的法治原则，如执法应依照法律所指示的程序；未被宣告为犯罪以前的无罪推定；拘留人身时禁止各种残酷行为。

第三，主权原则。《宣言》肯定了人民主权原则，指出主权的本原寄托于国民；所有公民都能平等地按其能力担任一切官职和公共职职务；社会有权要求公务人员报告其工作。

《宣言》表达了革命初期温和派的人权原则和分权、法治主张，同时也容纳了革命民主派的某些原则。《宣言》对法国革命发挥了巨大的鼓舞号召作用，它的基本精神具有恒久的价值。它像一直不灭的火炬，照亮了人们争取人权漫长而艰难的进程。

三　罗伯斯庇尔

马克西米连·罗伯斯庇尔（Maximilien Robespierre，1758—1794

年），是雅各宾派领袖，著名的革命活动家，人称"不可腐蚀的人"。出身于法国阿腊斯城的一个律师家庭，大学毕业后做过检察工作。1789 年法国大革命时，被选为三级会议的代表，先后担任了制宪会议议员和国民公会议员。他多次发表演讲，抨击法国封建专制制度。1793 年 5 月 31 日至 6 月 2 日革命以后，雅各宾派掌握了政权，他采取了一系列激进措施（包括恐怖手段），巩固革命政权。1794 年 7 月 27 日，热月政变发生，次日罗伯斯庇尔即遭杀害。1793 年—1794 年，罗伯斯庇尔发表了大批文章和演说，其中 23 篇编辑成《革命法制和审判》一书。

（一）对封建专制制度的批判

罗伯斯庇尔的政治思想直接来源于卢梭，他自称是卢梭的学生。他对封建专制制度做了深刻的批判，揭露在这种制度下有高官显爵和明显的等级差别，多数人被剥夺了基本权利和自由。这种制度所追求的只是贵族的优遇和奖赏而非人民的福利，法律是专制君主意志的表现。他一针见血地指出："在专制国家里，法律不过是君主的意志，而惩罚和奖赏与其说是犯罪或善行的结果，不如说是君主愤怒或宠爱的表示；当他施行惩罚的时候，他的公正性本身总是与暴力和压迫没有区别。"[①] 这种法律只不过是保护贵族、僧侣特权阶级的工具，法律尽管形式上规定对贵族的犯罪行为也给予某些惩罚，但更多的是对贵族利益的保护和对人民的惩罚。罗伯斯庇尔认为，只有消灭这种专制制度和法律，人民才能享受自由和权利。

---

① ［法］罗伯斯比（庇）尔：《革命法制和审判》，赵涵舆译，商务印书馆 1997 年版，第 4—5 页。

(二) 共和政体论

罗伯斯庇尔反对君主政体而主张共和政体。他同意孟德斯鸠关于共和国的原则就是品德的说法，不过这不是一般的品德，而是爱法律爱祖国的政治品德。它要求一切私人利益都要服从或让位于公共福利，政府的目的在于维护人民的权利和谋求幸福。法律的任务是保护社会自由和个人自由，法律对一切人都应当平等。人们和平地享受自由和平等，每一个人都是国家的一员，都可以参加国家的管理。如果政府侵犯了人民的天赋权利，人民不但有权利也有义务举行起义，反抗政府。

罗伯斯庇尔很重视权力制约与监督问题。他相信社会灾难从来不是来自人民而是来自政府。掌握政权的人们都有自己的个人意志，而任何意志都是力图取得优越地位的。如果他们为了达到这个目的而使用付托给他们的社会力量，那时政府就会变成自由的灾难。对付的办法首先是削减公职人员的权力，主要包括：缩短公职人员的任期；要使权力分散，不要把过大的权力委托给某一个人；使立法权和行政权彼此分开；把不属于社会权力管辖的一切事情交给个人自由处理。

公职人员要定期向人民报告他们的施政情况，所有政府机关的行为应开诚布公，最大限度地公开透明。对民众公开是美德的支柱，真理的保证，是阻拦犯罪和阴谋的堤坝。公职人员的辩论和施政不仅应公开，而且连他们的私人财产也不应保密。罗伯斯庇尔主张，所有公职人员在任期届满后经过两年，必须提出关于自己财产状况的报告。人民要委托立法机关来监督行政机关，行政机关必须向立法议会报告自己的管理工作。但遇有渎职失责情事，议会不能处罚他们，因为这有议会侵夺行政权的危险。议会可以向专司其事的人民法庭控诉他们。

（三）言论和出版自由

在各种自由中，罗伯斯庇尔特别重视出版自由。因为人权的保障，人民对政府的监督，都离不开出版自由。出版自由不仅是鞭挞专制主义的最可怕的鞭子，还是监督共和政府的有力工具。罗伯斯庇尔明确主张出版自由必须是完全和无限制的，不然它就根本不存在。发表意见的自由，只能是发表一切对立意见的自由，这种自由必须百分之百地给予每一个人。真理只能是从真实的或虚伪的，荒谬的或理智的各种思想斗争中产生出来的，在真理与谬误的混合中，一般人的理智会学会辨别真假。借口取缔滥用出版自由而对作品进行的限制与惩罚，都会完全不利于真理和美德，而有利于恶习、谬误和专制统治。出版自由会使当权者的阴谋和野心有所收敛，而钳制出版自由不过是当权者"按照自己个人利益操纵社会舆论和把自己权力建立在愚昧与普遍腐化的基础之上的手段"。"自由的出版是自由的维护者；受限制的出版是自由的灾难。你们为防止这种滥用出版自由的行为所采取的那些预防措施本身，同时也就造成几乎一切滥用行为。"[①] 罗伯斯庇尔称赞出版自由可以抑制那些被人民委以权力的人的野心和专制作风，不断地提醒人民注意这些人可能对人民权利的侵害。如果准许政府以诽谤的借口迫害责备他们行为的人，那么对于政府人员的抑制就会变得十分无力和毫无意义，他们就会逃避来自人民的监督，从而使国家处于危险之中。他说："在任何一个自由的国家里，每一公民都是一个自由的哨兵，一有风吹草动，

---

① ［法］罗伯斯比（庇）尔：《革命法制和审判》，赵涵舆译，商务印书馆1997年版，第56页。

一有威胁自由的危险苗头出现,他就有义务高声喊叫。"① 总之,为了保障人民的自由和监督政府工作,每个人都有权以任何方法发表自己的意见,出版自由不受任何形式的拘束和限制。

(四) 法治观

罗伯斯庇尔的法律概念继承了卢梭,他说:"法律是人民意志的自由而庄严的表现。"② 法律只能禁止对社会有害的行为,规定对社会有利的行为。法律的目的是保障人民的自由、安全、生存与财产。法律对一切人都应当平等。

关于刑法,罗伯斯庇尔的主张很有价值。他认为刑罚的目的在于预防犯罪,刑罚要服从社会的利益,而不是为使罪犯痛苦,更不是为刑罚而刑罚。罗伯斯庇尔主张轻刑主义,赞成温和的刑法,更反对侮辱性刑罚。他还指出,刑罚不能株连犯罪者的亲属,不能没收被判死刑的人的财产,因为没收了他的财产,实际上是对他家庭的惩罚。罗伯斯庇尔还把"法律面前人人平等"的原则贯穿于刑罚之中,主张同样的罪行,不论犯罪者的社会出身和社会地位是不是一样,都应给予同样的刑罚,因为,法律对一切人应当是平等的。

罗伯斯庇尔还主张对审判制度进行改革,主要是建立陪审员制度与陪审法庭。陪审员由社会各阶层中选举出的公民担任,其职责是判断作为诉讼根据的事实;而法官的职责则是对这一事实应用法律。这种制度之所以必要,是因为它可以把事实的判定和法律的判决分开,这样的判决要可靠得多,公正得多,它对维护自由是必要的。罗伯斯庇尔列举英美实行陪审制的事实,证明它的

---

① [法] 罗伯斯比(庇)尔:《革命法制和审判》,赵涵舆译,商务印书馆1997年版,第62页。
② 同上书,第138页。

重要性和价值。

　　罗伯斯庇尔最有价值的主张是废除死刑。他认为死刑是不公正、不文明的，与其说它能防止犯罪，不如说它促使犯罪事件的增加，因此应当废除死刑。为了反对死刑，他甚至辞去了法官职务。后来随着革命的深入发展，国王外逃，罗伯斯庇尔改变了上述观点，坚决主张对国王路易十六处以死刑。当国内外反革命势力疯狂向革命反扑的时候，罗伯斯庇尔滥用了革命恐怖措施，大肆屠杀革命的敌人与无辜者。他提出依靠理智来管理人民，借助恐怖来惩治敌人。但问题在于，由谁来判断谁是人民，谁是敌人，又根据什么做出这样的判断。人民与敌人，从理论上看是一清二楚，实际上极难区分开来。这不是个法律问题而成了政治难题，只好离开法律轨道用政治感情解决。结果往往是，凡是批评、反对自己的，不管性质如何，一概诬为敌人而残酷镇压。到处都是敌人，到处都是屠杀。连革命内部的分歧也当作敌对行为，将大批革命同志冤杀。罗伯斯庇尔杀掉圣茹斯特、丹东、阿贝尔等人及其追随者，哪一次不是以镇压革命敌人的名义？连欧美民主革命的骄子——潘恩也差点被他杀害。一个本来很早提出废除死刑的人，却成了法国历史上杀人最多的政治家。玩火者常自焚，他滥用死刑对付别人，别人为了活命，只好杀死他。罗伯斯庇尔开创的革命恐怖，又被后来者多次仿效，连实行恐怖的借口也几乎一模一样。

　　四　柏克的保守主义

　　埃德蒙·柏克（Edmund Burke，1729—1797年），18世纪下半叶英国著名的政治活动家与政治思想家，反对法国启蒙运动与法国大革命的主要代表，西方保守主义的奠基人。柏克1729年生于都柏林一个中产阶级家庭，后成为"辉格党"的主要活动家。1789年爆

第七章 法国启蒙运动与大革命时期的政治思想

发的法国大革命，是世界历史上划时代的大事。次年，他就发表了著名的《法国革命论》一书，书中以充满激情而酣畅淋漓的文笔，猛烈地攻击了法国大革命的原则。他甚至把法国大革命看成人类罪恶的渊薮，是骄傲、野心、贪婪和阴谋诡计集大成的表现。正是这部书使他成为当时欧洲思想界反对法国革命的保守派代表人物。

柏克对法国革命以及启蒙思想的激烈抨击似乎出人意料，这不仅因为他的自由党领袖身份，而且因为在此之前他对英国革命的肯定，以及对美国革命的同情。柏克既不一概地反对革命，也不一般地赞成革命。具体说，他赞成不仅不否定传统而且可以从传统中找到合法根据的革命，如17世纪的英国革命；而反对一举将传统摧毁、将现有社会秩序连根拔起的革命，如法国革命。他认为在17世纪的英国，是国王而不是革命者动摇了传统；而在法国革命中，情况颠倒了过来，是革命者摧毁了传统。所以他对英法革命的不同态度，实际上反映了他维护传统的一致立场。

柏克之尊崇维护传统，是因为他把现成的国家体制、宗教、法律、道德以及人的自由与权利都看成经历漫长历史积累而逐渐生成的积极的东西，简直像自然界生成金矿一样。它们都不是可以由革命者按照某些理性法则重新创造的。传统代表着智慧，传统意味着稳妥与成熟。人们不能轻易抛弃传统，另立新基。他认为各国的政治制度都形成了一套庞大而复杂的约定俗成的权利体系和惯例，这些惯例应在维持连续性的条件下使自己适应于现在。政体以及社会一般的传统应成为类似宗教信仰那样被尊奉的对象，因为这些传统构成集体智慧与文明的宝库。他否认英国人所享有的权利与自由基于所谓天赋权利不可侵犯的原则，也不是革命的结果，其基础不过就是约定俗成，是传统的权威。他说："从《大宪章》到权利宣言，我国政治的一贯政策是提倡和维护我们的自由权，把它们看作我们祖先给我们传下来的并将由我们传给后代的遗产,把它们看作特别属于这个王国的人民的财产,而不必以任何其他更普遍或更优先的权利为依据。"① 他同意休谟的观点,认为政治社会乃是由习俗所安排,他以令他引以为傲的英国制度为例加以说明。他说:"我国的政体是约定俗成的体制;这种政体的唯一权威性在于它的存在源远流长……约定俗成是一切权柄中最坚实的,不仅对财产是如此,而且对保障该财产的权利,对政府,也是如此……它是支持任何既定方案以反对未经考验的计划的根据,一个国家正是以此为根据而长期存在并得到繁荣。"②

从这一观点出发,柏克对以理性的名义批判过去、以进步的名义否定传统的法国启蒙运动进行了批判。柏克和休谟一样,撕碎了启蒙运动的旗帜:理性与自然法。他认为用这些无中生有的东西否定充满智慧的传统简直是亵渎神明。民族生活的传统不仅是一切文明的宝库,而且它就是理性自身的主宰。不是理性审判传统,而是传统审判理性。启蒙运动滥用了理性的权威批判一切,否定传统,结果引发暴烈残酷的大革命。他要用宗教、传统和约定俗成的东西取代理性与天赋权利的信条,只有这样才能使人类免于更可怕的灾难。他认为只有为了阻止暴虐的政府破坏宪法、侵犯公民在数世纪中所获得的权利而发动革命才是正当的,否则作为与历史的一种决裂,任何革命都应当受到谴责。现实生活中的丑恶是必不可免的,唯一的补救之道就只能是求之于经历了漫长时间考验的传统智慧。传统作为人类悠久的智慧结晶,是不应该也不可能彻底砸烂的。相

---

① 转引自[英]休·塞西尔《保守主义》,杜汝楫译,商务印书馆1986年版,第36页。

② 转引自[美]乔治·萨拜因《政治学说史》下册,盛葵阳、崔妙因译,商务印书馆1986年版,第682页。

反，它是人类最宝贵的财富，是人类健全的进步和发展的唯一保证。法国大革命恰好反其道而行之，它把一切美好的传统都摧毁了；它以蛊惑人心的口号从根本上冲击了并且动摇了社会秩序和自由的基础，使得各种不同的利益再也无法互相调和并且各得其所。革命者们的自由是破坏而不是创造，因为这种自由缺乏任何历史根据；所谓的社会平等使热衷于冒险事业的狂徒与乌合之众掌握了权力，最终必然出现一个新的独裁暴政。唯有它才能维持社会免于全面的混乱和崩溃。雅各宾派专政和拿破仑独裁似乎证明了他的预见。然而问题在于，革命前的专制难道就像他说的那样令人满意吗？革命难道不是被旧的专制统治逼出来的吗？再者，传统毕竟也是由人创造的，而且是不断发展和变化的；为什么法国人就无权或不能创造出一种"自由、平等、博爱"的传统呢？

柏克认为国家或法律并不是理性设计出来的，而是缓慢成长出来的。成长本身自然意味着有变化，但这种变化或改进只能是一点一滴的，而且还要符合该国人民的习惯和历史精神。柏克强调社会和国家的成长性质，说明他的保守主义并不是反对一切变化，他认可的变化是一个缓慢的、逐渐的过程，而且是以既定的东西为基础因而也保持一种历史连续性的变化过程，绝不是和现存的一切彻底决裂。

政治上的保守主义必然导致对宗教的推崇，因为宗教是最看重传统权威的。柏克非常强调宗教的价值，把宗教看作培养人们道德情感的有效工具。他认为，人从本性上是笃信宗教的。没有宗教，人们就不能摆脱一切自私卑劣的欲念，就不能使公民对国家怀有健康的敬畏心情并按照国家的利益去行事。正是因为依靠现有的宗教制度，人们才能继续按照人类早先获得的信条、意识办事，这是保证人类不出大错、免于现代暴政的根本。

柏克在政治上活跃的年代，是英国民众要求改革议会制的呼声逐渐高涨的年代。柏克对这种趋向更多民主的改革要求持抵制态度，他否认多数民众的智慧对形成国家的明智决策有什么重要的价值，他也反对从民主的角度理解代议制。他认为，民主不可能成为一种政体，因为很多人甚至不能自己管理自己，又怎能希望他们有效管理国家？因此人民不能够进行统治。他竟然说："完美的民主是……世界上最无耻的事。"[1] 因为在这种制度下每个人分担的责任太小了，以至于他很难感受到它；在没有权力责任意识的情况下，那些应该限制政府的公众舆论只能是庸人们的自我称赞，而这是很难长期或很好地进行治理的。

柏克心目中的代议制政府是由组织严密、具有为公精神的少数精英人物管理的政府。他认为议员并不是向选民学习法律和政治的，也不是选民的简单的代言人。他们应该对整个国家的利益负责，应该按照自己的最佳见解自由行事，而不论这些见解是否与选民的意见一致。也就是说，人民代表不一定要代表人民的意愿。这些政治精英，不仅有绅士的风度，君子的美德，而且有非凡的见识和精明的判断。他们应该是国家天然的管理者，人民应该由这些"不仅是我们自然的统治者，也是我们的自然向导"的政治家们所领导。这些人通过政党进行议会政治活动。他认为政党不能从狭隘的党派利益出发，而应考虑如何增进国家利益。"政党是人们联合的团体，根据他们一致同意的某些特定原则，以其共同的努力增进国家的利益。"[2] 而民众往往目光短浅，自私自利，看不清国家的真正利益，

---

[1] 转引自［美］列奥·施特劳斯、约瑟夫·克罗波西《政治哲学史》下册，李天然等译，河北人民出版社1998年版，第827页。

[2] 转引自［美］乔治·萨拜因《政治学说史》下册，盛葵阳、崔妙因译，商务印书馆1986年版，第684页。

并由于鲁莽行事而损害国家利益。柏克试图通过把权力垄断在那些具有公共美德和理智见长的少数精英人物手中的办法来维护过时的贵族政治传统，对抗以法国革命为代表的现代民主潮流，这一点注定要失败。

柏克反对从某个理性原则出发推论出一套政治理论体系，认为这会把复杂的问题简单化，给政治实践带来严重的危害。他对法国革命的抨击从形式上看借助于经验与传统，而非从某个原则立论。但他看似就事论事的论述，都贯穿着一套保守主义的思路，他理所当然被当作保守主义的创始人。

柏克对法国启蒙运动与大革命的攻击，不少地方都有失公允。但他的某些看法，不论在当时或在今天，仍有一定价值。归根到底，指导政治、社会生活的理论既要以某种理想为鹄的，又应以现实生活为依据，而不能有所偏废。法国启蒙运动与大革命过激地否定了传统与现实，高扬理性与人权的旗帜，尤其是雅各宾派恐怖统治问题更大；但柏克为了反对大革命的偏差而走向另一个偏差。在他看来，理想和原则根本就没有价值，只有传统才是无价之宝。如果将启蒙运动同大革命的激进倾向与柏克的保守主义调和一下，也许会更明智，更稳妥。柏克提醒人们现实不可能是完美的，人们不应该沉溺于哲学家的理性的梦想，而应该努力避免或者纠正现实世界中的弊端。国家肌体虽然需要不断成长，但是过激的变革却是危险的，它有可能使人类长期智慧的结晶毁于一旦。这些论点，确实包含一定的真知灼见。

第八章　美国独立建国时期的政治思想

第一节　概论

1606 年，首批英国移民在弗吉尼亚建立了新大陆第一个殖民地，1619 年，他们组建了新世界第一个议会，议员由 17 岁以上的成年男子选举产生。次年，追求宗教信仰自由的英国清教徒移民新英格兰，他们协商通过了《五月花号公约》，自己管理自己，开创了北美人民自由与自治的传统。

殖民地社会实行市（乡）镇基层的自治。北美的市镇政府除在有关州的公益事业上必须服从州政府外，在地方事务上是独立自主的；即使是州里决定的公益事业，只要是由市镇执行的也由市镇管理。同时市镇政权又是民主的，市镇官员由民众直接选举产生，并受到人民的监督。19 世纪 20 年代托克维尔在考察美国时对市镇的民主自治印象非常深刻。他指出：美国的市镇自治是"自己生成的"，"是自由人民的力量所在。乡镇组织之于自由，犹如小学之于授课"。"乡镇组织将自由带给人民，教导人民安享自由和学会让自由为他们

第八章　美国独立建国时期的政治思想

服务。"① 主要由于上述民主自治制度,加上北美大陆广袤辽阔的土地和移民社会的特点,使得封建制度在北美无法建立起来。因此,美国缺乏欧洲的封建传统和等级观念。

美国的文化来源于欧洲,但在移民社会的特殊环境下,逐步形成了美国独特的文化特征。18世纪的美国文化是多样性与统一性的结合。来自欧洲不同国家的人民仍保留着自己民族的文化特征和宗教信仰,语言文字是它们唯一统一的东西。这就决定了它对不同文化有很大的包容性和开放性。在文化上,美国是一个真正海纳百川、并不排外的国家。美国是一个宗教派别众多的国家,同时也是宗教信仰最宽容的国家,在美国政教分离是不变的传统。美国文化包含强烈地追求平等、自由与独立的精神。直到20世纪60年代,建立在英国清教道德基础上、严格自律的个人主义仍是美国人道德观念的主流。他们积极进取,勇于冒险和开拓,对任何新奇的事情都非常好奇,总是乐意尝试。他们崇尚个人奋斗,不愿依赖家庭或政府。他们很少因循保守,自满自足。他们自然率真,不习惯虚伪与俗套。他们慷慨助人,爱打抱不平,充满理想主义与乐观主义,对人、对事总爱从好处想。这是一个充满生机与活力、自立自强、天真年轻的民族,又是一个粗枝大叶、疏于对外防范的民族。他们在美洲开拓的经历使他们相信,人与人之间在智力、能力上没有大的区别,每个人都可以通过自己的努力实现自己的目标。他们很少关心哲学或抽象的东西。他们讨厌教条主义,喜欢实用主义;反对唯理主义,崇尚经验主义。美国文化具有强烈的务实精神。

英国的殖民统治阻碍殖民地经济的发展,损害了广大人民的利

---

① [法]托克维尔:《论美国的民主》上卷,董果良译,商务印书馆1997年版,第67页。

益，引起北美人民对英国殖民统治的长期反抗斗争。1776年7月4日，大陆会议通过了《独立宣言》，宣告美国脱离英国而独立。在法国、荷兰的支持下，北美人民经过几年浴血奋战，终于在1781年赢得胜利。1783年，英国正式承认美国独立。

美国独立后先是延续了独立战争期间的邦联体制，即13州的松散联合。美国人最怕军事独裁，因此独立战争刚胜利，为独立战争立下大功的大陆军就被解散，华盛顿也解甲归田。说来难以置信，国家连征税权都没有，国库空空如也。邦联每花一分钱都要像乞丐一样向13个州讨要。政府机构也残缺不全，没有专门的行政机关，没有总统或总理，也没有常备军和军队总司令。邦联政府软弱得像纸扎的房子，一有风吹草动就可能垮台。如果说在面临强敌的独立战争期间，13州的联合还勉强可以维持，那么等到独立之后，一旦没有了英国的威胁，13州立马各行其是起来，邦联权威处于风雨飘摇中。美国人的政治智慧使他们避免了国家的分崩离析。政府既然如此无力，土地问题、国家债务问题自然也无法解决。民众在经济上陷于困苦，尤其是退伍老兵领不到退伍费更是怨气冲天，一些州爆发了武装起义。

政府调集民团未经激战就镇压了起义，但起义也警醒了美国统治集团，他们深感独立战争期间建立的邦联太松散、太软弱，不足以对付人民的反抗，更难与欧洲大国相抗衡。为此他们要求强化国家机器，用联邦代替邦联。1787年5月至9月，以修改《邦联条例》为名，在费城召开秘密会议，制定了《联邦宪法》。根据《宪法》规定，美国按立法、行政、司法三权分立制衡原则，于1789年建立起了一个像样的联邦政府，后来证明它运转得相当成功。

独立战争期间，美国就有保王派与独立派的争执，不少人依然忠于英国，反对独立战争。美国独立后，随着国内形势的变化，围绕着土地、制宪与外交政策,各方又产生了激烈的分歧,形成了民主主义者与联邦党人的斗争。

联邦党人与民主派的斗争集中在制宪问题上。出于共同的利益考虑,他们都主张用强大的联邦政府代替松散的邦联。但在联邦的具体架构上,他们提出了不同的方案。联邦党人的主张实际上否定了地方自治,实行中央集权;民主派则要在州权的基础上建立联邦。对于人民的权利与自由,双方也争论激烈。联邦党人虽同意建立共和制,但主张扩大行政权、司法权和参议院的权力;民主派要求在宪法中明确保障人民的民主权利,实现民主。以民主派与联邦派的斗争为基础,围绕宪法的制定,美国逐渐形成两个政党——以杰斐逊为首的民主共和党和以汉密尔顿为首的联邦党,开创了美国两党政治的先河。

作为移民国家,美国的政治法律制度与思想主要来源于英国与欧洲大陆。但受美国国情的影响也有自己的特征。

第一,务实性。美国人在政治上很少进行抽象的理论论证,主要是运用欧洲现成的学说为美国的政治斗争服务,围绕着美国独立和建立联邦共和国的论争成为18世纪政治思想的主题。在独立战争和制宪时期,美国出版了大量政治小册子与政论文,这些论述紧密结合现实阐发了各自的政治观点,一般缺乏系统严谨的体系。如潘恩的《常识》,杰斐逊起草的《独立宣言》,汉密尔顿、杰伊、麦迪逊的《联邦党人文集》等脍炙人口的佳作都具有这一特征。

第二,人人追求幸福的权利成为自然权利的重要内容。18世纪美国的政治思想家也普遍相信天赋人权理论,但他们以"追求幸福"的权利取代了财产权利作为自然权利的重要内容。潘恩在《常识》一书中,已经把追求幸福看作社会形成的原因。杰斐逊发挥了这一思想,明确地将"追求幸福"作为天赋人权写进《独立宣言》中。

美国人相信，追求幸福是人的主要行为动机，大家追求幸福的权利和机会是平等的。

第三，保持联邦政府的权力平衡是共同的政治诉求。在制宪期间，几乎所有参与宪法讨论的政治家、思想家都将权力平衡作为构建联邦政府的基本原则，并认为按照这一原则建立的联邦政府才是完美的政府。麦迪逊提出在组建政府时，必须"使各组成部分形成一种相互关系，以此互为牵制，各司其职"[①]。汉密尔顿则把这一原则概括为"分权与制衡"并详加阐述。杰斐逊也充分肯定这一原则。他们都努力设想了实施这一原则的理想方案。尽管具体方案有所不同，但都是为了实现权力制衡的目标。

第四，美国人独立自由的精神、民主自治的传统抑制了民族主义或国家主义的滋生。独立战争与建国时期，既要反抗英国的殖民统治，又要将一盘散沙的13个州组建成一个强大的现代国家，这两个任务都非常容易催生贬斥个人权利的民族主义或国家主义。但从独立到今天，民族主义或国家主义在美国一直影响甚微，这与别的国家大不相同。如果说美国是一个移民国家，所以不可能产生狭隘的民族主义，那么它应该更需要国家主义作为一种强大的凝聚力。它的国民差不多来自世界上每一个国家，其宗教文化传统更是千差万别。这样的情况会让那些喜欢统一和一元化的人很伤脑筋。除了实行政治、思想的强行统一，用国家主义加专制以外，他们无法想象怎样治理这样的国家。但美国人就喜欢多元化，就反对用国家、集体的大棒打压个人。他们从来都是最个人主义的人民。美国的强大与成功，除了别的原因以外，确实也依赖美国人个人自由与积极

---

① [美]霍夫施塔特：《美国政治传统及其缔造者》，崔永禄、王忠和译，商务印书馆2010年版，第12页。

性的充分发挥。他们之所以对民族主义或国家主义有免疫力，就是因为他们的独立自由精神、他们的个人主义长盛不衰，他们的民主自治传统如根深叶茂的大树，经得起民族主义或国家主义的冲击与摇撼。

第二节 潘恩

托马斯·潘恩（Thomas Paine，1737—1809年），是美国独立战争和建国时期著名的政治思想家和政治活动家，激进民主主义的杰出代表。他的一生都充满着争取民主、自由和独立，反对专制统治的革命精神。他出生于英国诺福克郡一个平民家庭，年轻时做过店员、税吏，品尝了贫困与失业的痛苦。1774年，他到北美投入了北美人民的抗英斗争。他热情歌颂、宣传美国人民争取独立，反抗英国殖民统治的自由解放事业，他1776年写的小册子《常识》，成为美国独立战争期间影响最大的政治作品。他指出当时北美人民争取民族独立的条件已经成熟，号召人民拿起武器用革命战争实现美国的独立。

美国独立战争胜利后，潘恩回到欧洲，又参加了法国大革命，并参与《人权宣言》的起草工作。由于潘恩在政治思想上属于吉伦特派，反对处死国王，因此在雅各宾派专政时期被逮捕。热月政变后，潘恩重获自由。1802年，他应美国总统杰斐逊之邀返回美国，但他在自己曾做出杰出贡献的美国遭到冷遇，纽约州政府不承认他的公民权，联邦党人对他进行诽谤攻击。1809年他于贫病交加中逝世。主要著作有《常识》（1776年）、《人权论》（1791—1792年）、《理性时代》（1793年）。

一 人权论

潘恩政治思想的理论基础是天赋人权论。1789年法国大革命爆发后,英国政论家爱德蒙·柏克迫不及待地于次年写了《法国革命论》,不仅攻击法国大革命,而且批判代表革命精神的《人权宣言》。为了驳斥柏克对法国大革命的攻击,潘恩写了《人权论》一书,热情赞颂法国革命,系统地阐述了他的人权理论。

潘恩认为,人人生而平等,自然权利平等。自然权利的平等适用于一切人,适用于一切时代。"所有的人都处于同一地位,因此,所有的人生来就是平等的,并具有平等的天赋权利。"[①] 天赋人权是不可分割和转让的,更是不能消灭的,而只能代代相传以至无穷。如果现存的一代或任何一代沦为奴隶,这并不能取消下一代获得自由的权利,专制奴役从来不具有合法性。

潘恩进一步论述了天赋权利和公民权利的关系。他认为天赋权利与公民权利既有一致性,又有所不同:天赋权利是人在生存方面所具有的权利,其中包括所有智能上(思想)的权利,以及所有那些不妨害别人而为自己谋求安乐的权利;公民权利是指人作为一社会分子所具有的权利,是由人的各种天赋权利集合而成,它以个人原有的天赋权利为基础。公民权利都是同安全和保护有关的权利,个人不可能单独行使这种权利,必须同社会携手合作。无论从公民权利的来源而言,或者从行使公民权利的能力而言,公民权利都是以天赋权利为基础。

不仅公民权利以天赋权利为基础,而且政府权力也来自人的天赋权利。在社会早期阶段,人们相互真诚对待,不需要建立政府和

---

① [美]托马斯·潘恩:《潘恩选集》,马清槐等译,商务印书馆1997年版,第141页。

第八章 美国独立建国时期的政治思想

制定法律。但好景不长，由于人们为邪恶所侵染，彼此间忽视了应尽之责和应有的情谊，结果你争我夺，弱肉强食，为了保证自由、平等和安全，人们便订立社会契约，产生了政府和法律。政府权力由人们转让的自然权利转化而成，所以人民是政府权力的源泉。人民创设立法权，这是他们自然的、不可转让的权利。政府不过是人们的一种政治工具，最好的政府就是能保障人民的安全、权利和自由的政府，又是能以最小的代价为人民谋取最大利益的政府。取消不利于人民的任何形式的政府，也是人民不可剥夺的权利。

潘恩认为人的权利虽然必须借助社会来实现，但社会或政府权力却不能侵犯个人的天赋权利。潘恩深信思想言论自由不仅是天赋权利的重要内容，而且思想意见的分歧是有益而又具有创造性的。国家有权对某些行为加以惩罚，但任何情况下都绝对无权迫害或处罚不同意见。一个人喜欢有什么见解，这是他的天赋权利，而公民权或国家管理权绝不能废除这些天赋权利。

潘恩从天赋人权的理论出发，批驳了柏克对法国大革命的抨击。他认为在任何国家，不会有更不应该有一个议会，或任何一代人有权永远约束和控制子孙后代，永远规定国家应如何统治，或由谁来统治。人不能以他人为私产，任何一代人也不能以后代为私产。潘恩在这里回击的是柏克关于政治制度和宪法永久性的说法。潘恩认为1688年英国议会或任何时期的议会都无权处置今天的人民，或以任何形式约束、控制他们；正如今天的议会无权处置约束百年或千年后的人民一样。每一代人都有权为自己的自由与幸福而行动，或改革，或革命，政治制度和宪法要为生者服务，而不能为死者所拘束。这体现出潘恩赞成改革或革命的进步倾向。

潘恩还是较早将社会和国家加以区别的思想家之一。他说，社会起源于追求幸福的需要，政府却产生于邪恶，社会在各种情况下都是受人欢迎的，而政府"在最好的情况下，也不过是件免不了的祸害，在其最坏的情况下，就成为不可容忍的祸害"①。它不是使社会团结，而是使社会分裂，它剥夺了社会的自然凝聚力，引起了本来不该有的不满和混乱。政府绝不是维持社会秩序的原因和手段，而往往是破坏社会秩序的罪魁祸首。

二 代议政体论

潘恩把政体分为君主政体、贵族政体、民主政体与代议制政体，君主政体又分世袭君主制和选举君主制。潘恩辛辣地揭露和抨击了君主制，主张共和制。他认为，共和政体才是最合理的政府制度。

他指出君主制是以愚昧为基础，以罪恶和耻辱为开端，以恶棍虐待恶棍为原始特征的。在早期蛮荒时代，"一群歹徒就可以轻而易举地侵犯一个国家并强令它进贡。这样建立起他们的权力之后，匪帮头子就偷偷地把强盗这个名称换成了君主；而这就是君主制和国王的起源"②。潘恩特别地抨击了君主世袭制。他指出，君主制已经是一种祸害，再加上世袭制就给人类带来更加深重的灾难。他说："君主政体意味着我们自己的堕落和失势，同样地，被人当作权利来争夺的世袭，则是对我们子孙的侮辱和欺骗。"③世袭制把君主弄成任何一个儿童或白痴都可以担任的职位。王位常常不是一个昧于世事、年老体衰的人占有，便是一个年幼无知的儿童占有，这就为愚人、恶人、下流人大开了方便大门。他认为，世袭君主政府没有定性，今天是一个样子，明天又是一个样子，它随着各个继承人的性情而改变；它是凭感情冲动和偶发情绪统治的，它往往带着幼稚、

---

① ［美］托马斯·潘恩：《潘恩选集》，马清槐等译，商务印书馆1997年版，第3页。
② 同上书，第234页。
③ 同上书，第13页。

第八章 美国独立建国时期的政治思想

老朽和昏庸等特征出现在人们面前。他说，君主继承的与其说是王位，还不如说是把国家和人民当作国王的私产来争夺和继承。"一切世袭政府按其本质来说都是暴政。一顶世袭的王冠，一个世袭的王位，意思不过是说人是可以世袭的财产。继承一个政府，就是把人民当作成群的牛羊来继承。"[①] 王室成员往往为了争夺王位继承权和财产权而争斗，结果引起战争，破坏和平，给人类带来极大的灾难。君主制总是给人类带来战争、混乱和灾难，使社会成为形形色色的恶棍争夺的牺牲品。

潘恩认为在世袭的君主政体中"有一些极端可笑的东西；这个体制首先使一个人无从获得广博的见闻，然而又授权他去解决那些需要十分明智地加以判断的问题。国王的身份使他昧于世事，然而国王的职务却要求他洞悉一切；因此这两种不同的方面，由于它们出乎常理地相互敌对和破坏，证明那整个的人物是荒唐的和无用的"[②]。

总之，潘恩认为，君主制度有百害而无一利，必须坚决废除。连英国光荣革命后确立的君主立宪制也是腐败不堪，罪恶丛生，好不到哪里去。

至于贵族制，潘恩认为它差不多同君主制具有同样的罪恶和短处，只是在起用人才方面，从人数比例看，机会要多一些，但是在人才的合理使用方面还是没有保障。

他理解的民主政体就是古代民主制，即大多数人集合在一起制定法律，议决国家大事。这种简单的民主制只不过是古代人的公共会堂，它体现了政府的公有原则和形式。但当这些民主国家的人口和领土扩大之后，这种简单的民主形式就行不通了。由于当

[①] ［美］托马斯·潘恩：《潘恩选集》，马清槐等译，商务印书馆1997年版，第237页。
[②] 同上书，第7页。

时人们不知有代议制，结果这些古代民主制度便退化为君主制。

潘恩认为，把民主制作为基础保留下来，同时摒弃君主制和贵族制，代议共和制就应运而生。它能弥补简单民主制的各种缺陷，消除君主政体和贵族政体的腐败无能。代议共和制可以实行于大小不等的国家，形成一种能够容纳和联合不同利益、管理不同数量的人口的政府体制。潘恩坚决主张代议共和政体，他认为代议共和政体是以社会文明为基础，以理性和经验为指导，政府是以"增进公众的幸福"为根本宗旨。基本原则是：第一，"公利"原则，"公利"即公共利益。潘恩指出，共和制与君主制的根本区别就在于共和制是为公众谋福利的政体，君主制是为个人谋私利的政体。他主张，只有为社会的共同利益和人类的共同权利服务的政府才是最好的政府，这只能是民主共和政府。第二，公正原则，公正即权利平等。他说，共和政体唯一真正的基础是平等的权利，而君主制却是不平等的产物。在君主专制下，国王便是法律；共和政体相反，宪法高于政府，法律即国王。在君主制度下，国王不称职，要通过武力解决；共和政体下，领袖不称职可以通过投票来撤换。潘恩特别强调要有平等的选举权，选举权是其他一切权利的基础和保障，是一种神圣的权利。他主张实行普选制，坚持在选举代表时人人都有权投上一票。穷人无权剥夺富人的选举权，富人也无权剥夺穷人的选举权。第三，代议原则，代议，即人民选出代表去商议和处理国家事务，是共和政体的组织形式。代议制最大的优越性之一就是能集中社会的智慧来指导国家。他说："代议制像国民本身那样，在身心两方面都具有无穷的力量，并以正直和威严的姿态出现在世界舞台上。"[1] 它消除了愚昧，杜绝了欺骗，发现了人才，使人民真正成

---

[1] ［美］托马斯·潘恩：《潘恩选集》，马清槐等译，商务印书馆1997年版，第248页。

为国家的主人。代议民主制国家能集中全社会、全民族的智慧指导国家。任何一个人,任何一个集团和党派都可以贡献其智慧、政见于国家,而不论这种政见和主张是什么内容,这就能使政府在立法施政时考虑得更全面些。而专制独裁国家则只能集中某些集团,某些个人,甚至一个人的智慧来指导治理国家。即使是可以贡献其智慧、政见的某些集团和个人,由于害怕打击报复,他们往往不敢讲出不合独裁者口味的主张和意见来。他们往往曲意迎合,只讲独裁者爱听的主张和观点。这就使最高决策层在决断问题时难于做出全面、科学的决策来。做出的决策往往出现极大的失误,祸国殃民。

三 法治与分权思想

潘恩认为宪法是先于政府而产生的东西,政府是宪法的产物。他说:"宪法并不是政府的法令,而是人民组成政府的法令;政府如果没有宪法就成了一种无权的权力了。"[1] 这就是说,一个国家的宪法不是政府的决议,而是建立政府的人民的决议。宪法在法律体系中占有重要地位,它是法规的主要部分,可以参照或逐条引用。宪法的基本内容包括政府建立的原则,政府组成的方式,政府的权力和职责范围,选举的方法,议会的任期以及行政部门的职权,等等。潘恩的结论是:"宪法对政府的关系犹如政府后来所制定的各项法律对法院的关系。法院并不制定法律,也不能更改法律,它只能按已制定的法律办事;政府也以同样方式受宪法的约束。"[2] 总之,在潘恩看来,政府据以建立的基础应该是宪法,通过制定宪法来限制政府的权力,政府的权力由宪法来规定,并且政府不能改变。他

---

[1] [美]托马斯·潘恩:《潘恩选集》,马清槐等译,商务印书馆1997年版,第250页。
[2] 同上书,第146页。

还强调指出，一国的宪法是由本国人民制定的，而不是由他国所规定的。这显然是反对英国议会对北美人民的统治和对未来制宪活动的干涉。

潘恩还认为，英国根本就不存在宪法，英国人民还需要制定一部宪法。因为英国政府是由征服而产生的政府，而不是从社会中产生的政府，它是凌驾于人民之上的政府，而不是出自于人民自愿结合的政府。他比较了英法两国的宪法，认为英国的选民资格是最受限制的和不合理的，各地代表名额与纳税居民或选民人数没有一定的比例。法国宪法规定，国民议会由国民代表组成，它拥有立法权，由人民选举产生，而选举则为人民的天赋权利。英国却不同，它的国会两院是征服者后代特许建立的；下院的产生不是由于人民有委派代表或选举的权利，而是出于一种君王恩赐。法国宪法总是把国民置于国王之前，而英国则把国王说成一切荣誉的源泉。法国宪法把立法置于行政之前，法律置于国王之前；而在英国，人民或国家的一切权利都集中在国王手中。

潘恩通过对英法宪法原则的分析比较，热情地肯定了法国革命后的宪法，赞美了法国的民主权利和思想自由；同时抨击了英国的宪法惯例，指责当时的英国政府根本没有宪法根据，因而是骑在人民头上的政府。他认为由于缺乏一部宪法来限制与调节权力的疯狂冲动，英国的许多法律是蛮不讲理的，而且这些法律的实施也是含混不清而又成问题的。但他仅仅是从表面上看问题，就宪政的成效而论，就真正保障人权来看，法国远不如英国成功。当他后来在法国身陷囹圄，差点被杀头时，他大概会反思自己的偏颇看法。

潘恩十分重视法律的权威，主张政府和人民都必须严格遵守法律。他说："在专制政府中国王便是法律，同样地，在自由国家中法律便应该成为国王,而且不应该有其他的情况。"① 潘恩认为即使是一部不完善的坏的法律,在没有修改之前也必须遵照执行。他说:"对于一项坏的法律,我一贯主张(也是我身体力行的)遵守,同时使用一切论据证明其错误,力求把它废除,这样做要比强行违犯这条法律来得好;因为违反坏的法律此风一开,也许会削弱法律的力量,并导致对那些好的法律肆意违犯。"②

潘恩的分权思想与洛克、孟德斯鸠的分权论有所不同。他认为政府权力由两部分组成:立法权和执法权,司法权归属于执法权(行政权)。他说:"文官政府只由两部分权力组成,即立法或制定法律的权力和执行或实施法律的权力。""至于执行法律即司法权,严格和确切地讲,乃是每个国家的行政权。任何人都必须诉诸这种权,也就是这种权使法律得以执行;此外我们对法律的正式执行再没有其他明确的概念。"③

潘恩的思想师承了18世纪欧洲启蒙思想家的学说。在政治上他和卢梭一样激进,却比卢梭要清醒现实。他的文字酣畅淋漓,通俗易懂,在当时家喻户晓,产生了广泛的影响。他的文章激励北美人民为争取自己的自由和独立,反抗英国殖民统治而英勇斗争,促成了美国这一新生的民主共和国的诞生。

第三节 杰斐逊

托马斯·杰斐逊(Thomas Jefferson,1743—1826年),是美国独

---

① [美]托马斯·潘恩:《潘恩选集》,马清槐等译,商务印书馆1997年版,第35—36页。
② 同上书,第222页。
③ 同上书,第264页。

立战争和建国时期著名的政治家与思想家,《独立宣言》的起草人,美国民主传统的伟大奠基者,为美国民主共和制度的建设做出了卓越的贡献。同华盛顿、林肯一样,杰斐逊也是个把真正的伟大与真正的高尚完美地集于一身的人。他也是一位淡泊名利、生性谦逊之人。他曾说:"我宁愿隐居在一所非常简陋的农舍里,粗茶淡饭,与我的书、我的家人及少数老友为伍,让世人随他们高兴地去生活,而不愿担任任何人类力量所能提供的最显赫的职务。"[①] 但是,美国独立和建国事业的需要,将他推到美国政治斗争的最前台。

杰斐逊出身于弗吉尼亚州一个种植园主家庭,年轻时钻研法律、数学、哲学、文学,受到民主自由思想的熏陶。1776年杰斐逊参加了北美第二次大陆会议,负责起草《独立宣言》,后来他又主持制定了《弗吉尼亚州宗教自由法案》。他曾担任过弗吉尼亚州长,美国驻法公使,华盛顿政府的国务卿,第四、五届美国总统。八年(1801—1809年)总统任职,他一心为公,两袖清风,自己掏钱接济穷人,招待友人和国会议员,结果负债累累,到死为债务所困。除了从事政治活动外,杰斐逊还对科学、教育事业保持了浓厚的兴趣;他曾表白科学是他的爱好,政治是他的责任。他为自己设计、建造的蒙提赛洛庄园建筑是美国古典建筑的杰作,晚年他又创办了弗吉尼亚大学。除《独立宣言》外,主要政治著作还有《英属美洲权利概况》(1774年)、《弗吉尼亚笔记》(1781年),阐述了他的民主主义政治思想。

一 天赋人权与人民主权说

《独立宣言》是1776年7月4日在北美第二次大陆会议上通过

[①] [美]托马斯·杰斐逊:《杰斐逊选集》,朱曾汶译,商务印书馆1999年版,第420页。

第八章 美国独立建国时期的政治思想

的,它正式宣布美国脱离英国而独立。这部被马克思称为"第一部人权宣言"的政治文献,开宗明义地阐述了天赋人权原则:"我们认为这些真理是不言而喻的:人人生而平等,他们为造物主赋有某些不可让渡的权利,其中包括生命、自由和追求幸福的权利。为了保障这些权利,人民才组织成立政府,政府的正当权力来自人民的同意。"杰斐逊主张平等权是人类首要的天赋权利,自由权也是重要的天赋权利。他认为根据自然法则,人人生而自由,人人都有人身的权利,包括随自己的意志而迁移和利用自身的权利,这就是人身自由。生命安全、追求幸福以及自己管理自己的权利也同等重要。他肯定地球上的每一个人,每一群人,都有自治的权利,这是他们从自然那里连同生命一起得到的。

杰斐逊天赋人权的思想渊源于洛克的自然法和自由学说。洛克指出,每个人都享有生存权、自由权和财产权,这些权利是不可剥夺和不可转让的。杰斐逊认为,财产应以保护公民权利为前提,它本身不属于天赋权利;他用追求幸福的权利代替了财产权,突破了洛克自然法学说的局限性。此外,杰斐逊在任驻法公使期间,积极支持法国大革命。他曾建议法国国民议会删除《人权宣言》中的财产权,将人权表述为生命权,享有自己劳动果实权,发挥个人才能权,追求幸福权和抵抗压迫权,等等。以后,他在自然权利中又加上了选择自己认为最能给自己以舒适生活的那种权利。这使"天赋人权"学说具有了更丰富和更民主的性质与内涵。

从天赋人权和人人平等理念出发,杰斐逊反对在北美殖民地南方实行的黑人奴隶制。他在《独立宣言》初稿中要求废除种植园奴隶制度,解放黑人奴隶,但因另外几个起草人反对而删去。

从天赋人权原则出发,杰斐逊进一步得出了人民主权学说。他认为,人民正是为了保障自己的天赋权利才通过契约组成政府;因此，人们在订立契约组成政府时，并没有放弃自己的权利，而只是为了使这些权利由于得到政府的保护而更加安全。他说，人民的意志是任何政府的唯一合法基础，政府的正当权力必须建立在人民完全同意的基础上。他还认为，人民是国家中一切权力的源泉，人民本身是储藏社会权力的宝库。国王或总统是人民的仆人，而不是人民的主宰，人民才是最高主权者。

既然政府的权力得自被统治者的同意，政府的目的是保护人民的天赋人权；那么，如果政府损害了这些目的，人民就有权利来改变它或废除它以建立新的政府。他认为，推翻那种恶贯满盈、倒行逆施的政府，这既是人民的权利，也是人民的义务。因此，当1786年谢司领导的人民起义遭到政府镇压时，杰斐逊等人站在起义人民一边，为捍卫人民的革命权利而辩护，而斗争。他认为人民不仅有权推翻使他们陷入专制统治的暴政，而且即便在共和政体下，人民偶尔发生一次小小的反抗也是好事。因为人民的反抗会有利于对政府的监督和净化，坏事因此变成好事。他说："它能防止政府蜕化堕落，促进人民对国家大事的关心。我认为时不时发生一次小规模的叛乱是件好事，它在政治界就像暴风雨在自然界一样地必不可少。""造反是对于政府的健康必不可少的良药。"[①] 在他看来，毁灭共和国的不是叛乱，而是侵袭和麻痹公众精神的呆滞的、毫无生气的政治状态。人民的反抗精神最为可贵，而人民在政治上萎靡不振和奴性十足最为要不得。因为前者会使统治者有所畏忌，有所戒惧，使他们不敢为非作歹，不敢欺压人民，不敢以权谋私；后者使统治者感到人民软弱可欺，从而助长他们做坏事的倾向。杰斐逊为起义的

---

① ［美］托马斯·杰斐逊：《杰斐逊选集》，朱曾汶译，商务印书馆1999年版，第391页。

民众辩护，结果法院经审理后，宣布谢司无罪而予以释放。

二 民主共和制

杰斐逊反对君主制，主张在美国建立民主共和国。

杰斐逊坚决揭露和批判了君主专制政体。他指出，君主专制政体是最坏的一种政体，实质上是一种狼统治羊的政体。他明确提出，共和政体要比君主政体好得多，一个民主共和国在四十年里所做的坏事也比不上一个专制暴君在一年所做的坏事的一半多，所产生的暴动、叛乱、犯罪也不到任何一个君主国家的一半多。确实，历史上的专制统治，贤明而成功的实属罕见；这可能是由于专制统治对专制者的品德智慧要求太高，不是绝大多数人所能达到的。

杰斐逊针对部分联邦党人提出的大国不能搞民主制，只能实行君主制的谬论，给予了有力的驳斥。他断言，"国家的幅员越大，它的共和结构就越巩固，只要它不是建立在征服的基础上，而是建立在契约和平等的原则上"[①]。他认为，在大国固然不能实行直接的民主制，但却可以实行代议民主制，即掌握国家权力的人民委派自己的代表去处理公共事务；这样，无论国家幅员多么辽阔，代议制政府仍能履行其职责。杰斐逊关于大国可以实行民主共和制的理论，为美国及其他大国实行民主共和制提供了理论根据。杰斐逊认为，民主共和政体是最合理的政体，是世界上最强的政府。杰斐逊设计、制定了在美国实行民主共和的方案。

（一）实行普选制度

杰斐逊认为，健全人民选举，实行普选制，是人民参政并控制和监督政府的有效途径和根本措施，是保证政府能体现人民意志的

---

① ［美］托马斯·杰斐逊：《杰斐逊选集》，朱曾汶译，商务印书馆1999年版，第649页。

"唯一方法"。他认为，实行普选可以温和地、安全地矫正社会与政府的弊病，而在缺乏这种和平补救方法的地方，这些弊病是要用革命的刀剑来斩除的。他主张扩大选举权到每个成年的正常男人；他反对以财产上的多少来限制人民的选举资格，同时也反对以人民缺少文化来剥夺他们的选举权。他提出，人本来是可以自治的，只是由于暴君们处心积虑地以卑鄙的勾当使他们精神智慧退化，才沦为被奴役、被愚昧的对象；补救的方法不是继续剥夺他们的权利，而是通过教育来启发他们的判断、辨别力以重新获得这种权利。因此，杰斐逊把发展文化教育、启迪和提高人民的政治智慧和见识当作防止专制暴政、民主共和存在繁荣下去的坚实基础。杰斐逊还提倡"公正的代表制"和"议员短期改选制"：前者指代表人数和选民人数成正比，后者指人民代表两年一选，任期不能过长。

（二）实行分权制衡制

杰斐逊继承和发展了洛克、孟德斯鸠的三权分立学说，主张立法、行政和司法三权既要相互分立又要相互制衡，防止任何一种权力过大导致专制暴政。1776年他在起草弗吉尼亚州宪法时就强调立法、行政和司法三个机构将永远分离，人民选举的立法机关也不能权力集中。他说："政府的全部立法权、行政权和司法权都归结到立法机关。把这些权力集中在同一些人手里正是专制统治的真谛。这些权力由多数人行使而不是由单独一个人行使并不能使情况有所好转。173个暴君肯定和一个暴君一样地富于压迫性。"[①] 三个权力必须严格分立，任何人都不得同时在一个以上权力机构中任职。后来他又担心总统的权力过大会危及三权的制衡，因为总统权力太大容

---

① ［美］托马斯·杰斐逊：《杰斐逊选集》，朱曾汶译，商务印书馆1999年版，第229页。

易导向个人专制，最终会使民主共和制名存实亡。因此，他一再表态反对总统连选连任，主张总统只能任期四年，期满后不得再任；后来他虽同意可连选连任，但只能连任一次。1808年，他自动放弃竞选连任，继华盛顿之后又为人们树立了一个任总统不超过两届的范例。在他就任总统期间，他深感对联邦最高法院的权力也必须同样加以限制；因为最高法院享有违宪审查权，经常以"违宪"为由判决国会通过的法律和政府的政令无效，这就使最高法院的司法权有凌驾于国会立法权和总统行政权这之上的危险。

除立法、行政、司法三权分立与制衡外，杰斐逊还主张立法机构设立两院，对议案进行双重审议，并要定期重新划分两院成员以防范结党营私。两院制一可使立法机构互相约束，而且重大法案的双重审议有利于集思广益，避免疏错。

和洛克、孟德斯鸠相比，杰斐逊权力分立与制约思想的又一新颖之处在于明确主张联邦政府与地方政府的层层纵向分权。当时，联邦党人主张建立强大的联邦政府，杰斐逊则反对联邦政府权力过大。他主张除外交与国防外，将国家权力分散到地方各级政府，以形成权力纵向制约机制，即联邦政府与州政府、州政府与下级政府之间权力上的相互制约，防止联邦政府走向集权专制。他认为，当国内外一切政务都集中到一切权力中心的华盛顿时，它将使一个权力部门对另一个权力部门的牵制非常无力，而且还会增加贪污、盗窃、冗员及钻营官职的机会。他主张让联邦政府处理国防、外交和州际关系，州政府则处理公民权利、法律、治安以及与州有关的事务，县政府处理县的地方性事务，乡镇政府处理乡镇的事务。这样一切事情都能管理得很好。

三　新闻出版与结社自由

杰斐逊非常注重人民的思想言论自由、新闻出版自由、宗教信仰自由与结社集会自由。他一开始对1787年的宪法表示反对主要就是因为它缺乏对人民权利自由的认可与保障，在杰斐逊推动下通过的美国宪法前十条修正案，首先就是为了确保人民的思想言论自由、新闻出版自由和结社集会的自由。他认为这些自由对管制政府特别可靠，绝不能让立法机关随意改变。杰斐逊非常重视报纸和新闻自由，理由显而易见：民主政府的基础是人民的舆论，要使舆论保持正确，就必须依靠新闻自由。他说："我们的第一个目标应该是使所有通往真理的道路为人类开放。迄今为止所找到的最有效的道路就是新闻自由。因此，那些怕自己的行为被调查的人第一件事就是把这条路封起来。"① 他认为报刊是一种崇高的事业，它既是科学的朋友，也是自由的保障。尽管报纸是真理和谎言、正义和欺骗的大杂烩，但只有言论出版自由，才能提高人民的识别能力，防止政府的愚民政策。他坚决反对政府压制新闻，认为压制新闻对国家毫无好处，和肆无忌惮地出卖灵魂弄虚作假一模一样。强制人民的思想信仰统一，绝不会有好的结果：它会使世人一半成为愚人，一半成为伪君子，这等于在全世界维护欺骗与谬误。他相信真理足以自立，只有谬误才需要权力的扶持，靠强制手段推行的多半不是真理，是真理也会变得僵化。在真正思想信仰自由、学术自由的环境中，真理自会以其科学和理性的力量击败谬误，赢得人们的信服。只要有真正的思想言论自由，谬论的存在并不可怕。

在美国建国的那一代政治领袖中，多数人以厌恶的眼光看待政党与结社，认为它们是派系斗争的温床，只能造成政治纠纷，破坏团结和国家的统一。但是杰斐逊后来却明智地认识到不同的政党是

---

① ［美］托马斯·杰斐逊：《杰斐逊选集》，朱曾汶译，商务印书馆1999年版，第544页。

第八章 美国独立建国时期的政治思想

现代民主政治不可缺少的东西，反对党的存在实有其价值。反对党不仅是表达人们不同政治见解的工具，而且也是抑制当权的党派为非作歹的一个重要力量。没有反对党就没有民主政治。他说："在每一个深思熟虑的社会里，基于人性，必须有反对党，也必须有激烈的分歧和不同意见，大抵其中的一个政党在或短或长的一个时期内上台。大概这个党派划分是必要的，因为它会推动一个党去监督另一个党，并且把另一个党的所作所为控诉给人民。"① 杰斐逊不仅主张人民有权监督控制政府，而且赞成借助不同的党派，借助反对党对政府和执政党进行监督。出于这种考虑，他明确反对把许多党合并为一个，认为这既不合乎理想，对公众也没有好处，"党派是相互行为的监督员，公众的有用的警卫员"②。人民不应该失掉这个有用的警卫员，因为它们能保卫人民抵御来自政府对他们权利的侵犯。

杰斐逊为在美国建立民主政治倾注了毕生的心血。他的民主主义，他的权力制约和监督思想，比以前任何思想家的理论都更为全面而完善。杰斐逊一生的理论与实践，使他成为美国民主传统的伟大奠基者。不过杰斐逊的理想主义有时失去了现实感，他对农民的过分相信染有一定的民粹色彩。他以农民的纯洁和短视，绅士的闲适优雅讨厌、排斥大工业生产说明他起码没看出社会进步的趋势。他过多强调州权反对集权也是对美国政治演变的漠视。在这方面，他又没有他的反对派来得高明。

---

① 刘祚昌：《杰斐逊》，中国社会科学出版社1996年版，第442页。
② [美] 托马斯·杰斐逊：《杰斐逊选集》，朱曾汶译，商务印书馆1999年版，第681页。

第四节 汉密尔顿

亚历山大·汉密尔顿（Alexander Hamilton，1757—1804年），1757年1月生于西印度群岛，参加了美国独立战争，曾任华盛顿的军事副官和秘书。1787年参加制宪会议，是美国宪法的主要起草人。1789—1796年担任华盛顿政府的财政部长，任内与杰斐逊多有矛盾冲突。他是美国建国时期保守派的主要政治活动家，联邦党的创建人之一。汉密尔顿的政治思想集中表述在《联邦党人文集》一书中。该书是汉密尔顿与杰伊、麦迪逊等人为阐释美国宪法而撰写的85篇论文的合集。当时围绕新宪法的批准与否，发生了美国历史上一次激烈的政治论战。汉密尔顿等人从1787年10月起在纽约报刊上发表了一系列文章，阐释了制定新宪法的必要性、新宪法的原则与优点，坚决要求以新宪法取代原来的《邦联条例》。这些文章在促成批准联邦宪法方面影响甚大，后结集出版，此书代表了汉密尔顿的主要政治观点。

一 联邦主义理论

在松散的邦联时期，汉密尔顿较早地认识到邦联制的缺陷及脱离英国统治的北美人民强化联合、走向真正统一的必要性与趋势；因此坚决主张北美13个州应该联结为一个坚强的整体，实行集权，结束松散的邦联，建立联邦共和国。为使得联邦宪法在各州通过，汉密尔顿大力宣扬联邦制的优长：第一，实行联邦制可以有力地抵抗外来的侵略，保证美国的和平与安全。在他看来，缺乏强有力的联合容易招致外国武力的干涉，而且各州有可能和不同的外国结成互相对立的联盟，这会对美国的和平、安全造成威胁；而一个和谐的联邦能提供对付外来战争和干涉的最好保证。第二，实行联邦制可以有效防止美国国内的纷争与内乱。在各自为政的情况下，13个州会产生各种纷争与摩擦，相邻各州之间彼此为敌，它们会进而勾结欧洲列强，引狼入室；要想避免这种情况，就必须组成一个联邦共和国，统一的权威可以防止友邻各州之间发生冲突，合理解决分歧。第三，实行联邦制有助于制止国内的党争与叛乱，即使出现叛乱也容易集中力量予以镇压。第四，实行联邦制能够提高政府的工作效率，造成一个健康、强有力的政治局面。汉密尔顿认为一个集中统一的联邦政府肯定在履行国际条约和对内管理方面比13个州或松散的邦联要好得多，因为"一个政府能够集中和利用在联邦任何地方发现的最优秀人物的才能和经验，它能按照全国一致的政策原则行事"[1]。第五，实行联邦制有利于美国经济的发展。实行联邦制能够减少各州之间商业的纠纷，共同的经济政策能够促进美国的工业、贸易、航海、渔业等各方面的发展。

当然，汉密尔顿过分强调集权统一的优点而有所忽视分权自治的长处，这跟杰斐逊正相反。幸运的是，1787年的美国联邦宪法体现了这两种观点的折中调和，充分表明了美国人的政治智慧与远见。

二　分权与制衡理论

汉密尔顿继承发展了孟德斯鸠的分权制衡理论，根据美国的政治情况，提出了更细致可行的立法、行政和司法三权分立、相互牵制平衡的方案。他主张将立法、行政和司法这三种权力分开，分别由不同的人和机构来行使。他说："把权力均匀地分配到不同的部门；采用立法上的平衡和约束，设立由法官组成的法院，法官在忠

---

[1] ［美］汉密尔顿、杰伊、麦迪逊：《联邦党人文集》，程逢如、在汉、舒逊译，商务印书馆1997年版，第17页。

实履行职责的条件下才能任职，人民自己选举代表参加议会——凡此种种，完全是崭新的发现，或者是在现代趋向完善方面取得的主要进步。这些都是手段，而且是有力的手段，通过这些手段，共和政体的优点得以保留，缺点可以减少或避免。"[1] 汉密尔顿认为只采取权力分立还不够，还必须有牵制。"防止把某些权力逐渐集中于同一部门的最可靠办法，就是给予各部门的主管人抵制其他部门侵犯的必要法定手段和个人的主动。"[2] 这样汉密尔顿所主张的权力分立也就不是绝对的分开。他认为，"只要各个权力部门在主要方面保持分离，就并不排除为了特定目的予以局部的混合，此种局部混合，在某些情况下，不但并非不当，而且对于各权力部门之间的互相制约甚至还是必要的"[3]。

根据汉密尔顿的主张，立法权、行政权、司法权采取如下分工与制约的方案：第一，立法权。汉密尔顿主张立法权由参、众两院组成的国会共同行使，反对国会一院制；因为立法机关实行一院制显然比两院制有更大越权的危险。他认为，实行两院制既使立法机关内部互相制约（出于保守的政治立场，汉密尔顿看重的是参议院对众议院的制约），同时又对行政权有更大的牵制作用。因为"由于僭越权力或背离职守的阴谋，需经两个不同的机构的同意才能实现，而单一的机构则容易为野心所左右或为贿赂所腐蚀，这样就加倍地保障了人民的利益"[4]。参、众两院除行使立法权外，还对行政机关和司法机关的工作进行监督，对违法的成员进行弹劾。第二，行政权。汉密尔顿主张建立一个强有力的行政机关，实行中央集权，赋

---

[1] ［美］汉密尔顿、杰伊、麦迪逊：《联邦党人文集》，程峰如、在汉、舒逊译，商务印书馆1997年版，第40—41页。
[2] 同上书，第264页。
[3] 同上书，第337页。
[4] 同上书，第315页。

予总统广泛的权力，以实现完善的行政管理。他认为行政部门必须强而有力，为此需要：（1）统一；（2）稳定；（3）充分的法律支持；（4）足够的权力。汉密尔顿主张行政权应集中在一个人（总统）手里，统一才有力量，行政权集中有利于处事果断、灵活、保密与及时。总统的权力越大，人民就越有保障。另外，总统对立法机关通过的法案应有否决权或搁置权；当然对总统的权力也要做一定的限制，如任命政府高级官吏、缔结条约时需经参院三分之二议员同意。第三，司法权。汉密尔顿主张司法独立，法院独立判案，不受其他权力的干预和影响；同时扩大司法权，由法院解释法律，行使司法审查权，以抵御立法权、行政权对它的可能的侵犯。因为司法权相对于立法权、行政权是最弱的权力，所以应该加强。行政部门具有荣誉、地位的分配权，又执掌社会的武力；立法机关掌握财权，且制定公民权利义务的准则；而司法机构无权支配社会的力量与财富，不能采取任何主动行动，无强制权，只有裁决权，而且为实施其裁决亦需借助行政部门的力量。汉密尔顿认为司法独立是限制立法、行政机关越权及施加压力的最好保证，也为保证司法公正所必需。他说："法官的独立是保卫社会不受偶发的不良倾向影响的重要因素，并不仅是从其可能对宪法的侵犯方面考虑。有时此种不良倾向的危害仅涉及某一不公正或带偏见的法案对个别阶层人民权利的伤害。在此种情况下，法官的刚正不阿在消除与限制不良法案的危害方面也有极为重要的作用。"[1] 为了保证司法独立，汉密尔顿主张只要法官行为正当即可终身任职，同时法律应明确规定立法机关无权改变法官的个人收入。

---

[1] ［美］汉密尔顿、杰伊、麦迪逊：《联邦党人文集》，程逢如、在汉、舒逊译，商务印书馆1997年版，第394—395页。

汉密尔顿分权制衡主张的出发点一是实现政府权力的平衡，二是弱化美国政治制度中的民主因素与影响。不论是主张国会两院制，还是强化行政权、司法权，都出于他对民主的担心。他从来都对民众的品德、智慧疑虑重重，不抱信心。他反对在联邦宪法中载明人民的权利与自由，他甚至相信英国式的立宪君主制要比共和民主制更理想。正是在这些问题上，汉密尔顿与杰斐逊针锋相对，势同水火。杰斐逊怀疑他是君主主义者不是没有道理的。

　　汉密尔顿的政治思想对美国宪政制度的确立有着重大的影响，1787年的美国宪法主要体现了他的主张。如果说杰斐逊代表了美国的理想主义与民主主义，那么汉密尔顿则代表了美国的现实主义与保守主义。正是因为两者的斗争与妥协，才使美国的联邦宪法集两者之长弃两者之短，成为人类宪政史上少见的成功典范。美国立国200多年来政治上的稳定有序与避免了形形色色的专制暴政有赖于此。汉密尔顿自然功不可没。

第九章 法国大革命前后德国的政治思想

第一节 概论

18世纪末的法国大革命对欧洲产生了深远的影响，革命沉重打击了国王和封建贵族势力，多数国家的政治体制发生了变革，近代民主共和或君主立宪制度相继建立。不过德国依然是一个政治上分裂、经济上落后的令人沮丧的国家。当时的德意志邦联由34个君主国和4个自由市组成，各邦在内政、外交、军事上仍然各自为政，保持独立，德国远未实现真正的国家统一。普鲁士与奥地利称雄于德国境内，但谁也无力在短期内实现统一。普鲁士雄心勃勃，军国主义十足，作为一个新兴的强国正处于上升阶段。奥地利王室世袭德意志皇帝职位，反动保守，竭力捍卫王朝正统主义，对任何改革都不赞成，也正因此，它不可避免地走向衰落。结果是由普鲁士实现了德国的统一与强大。

德国各地的发展也不平衡。西部、西南部有些邦受法国大革命冲击、影响较大，一般进行了自由主义改革，较早确立了近代法制。

在西部地区的工业中心，普遍采用机器生产，工商业得到较快的发展；然而从全国来看，资本主义的发展仍是缓慢的。随着拿破仑帝国的覆灭而来的普遍反动，使旧的专制统治又得以强化。德国的资产阶级就是在这种历史环境中产生和发展起来的。

德国的资产阶级及知识分子充满了庸人气息，软弱无力，目光短浅，缺乏革命的勇气，始终未能成为一支反抗封建统治的强大力量。他们甘愿拜倒在君主专制政权下谋求自己的利益。18世纪末爆发的法国大革命震撼了德国，他们也曾一度感到振奋和鼓舞，表达了对法国革命的同情和向往；但是，随着革命斗争的激烈和雅各宾派专政的到来，他们又惊恐万分，由对革命的同情转变为对革命的厌恶。当然，他们毕竟对封建专制制度有所不满，要求制定宪法，废除封建关系和贵族特权，在君主制的范围内实现某种改良，以和平方式实现国家的统一。即便要求改革而非鼓吹革命，他们也是谨小慎微，不敢公开进行政治斗争。他们耽于幻想，怯于实干。正如马克思所指出的，德国资产阶级"只是用抽象的思维活动伴随现代各国的发展，而没有积极参加这种发展的实际斗争"①。

19世纪的德国政治思想主要是当时德国社会政治、经济状况的反映。与文艺复兴时期的意大利一样，德国人在实现统一和政治改革的斗争中作为甚少，但在思想文化领域却创造了辉煌的成果，文艺与哲学领域的成就尤为突出。文艺上出现了"狂飙突进"运动，诞生了歌德、席勒等伟大的诗人。以康德、黑格尔为代表的德国古典哲学的成就，更是人类哲学史上的高峰，在西方思想史上有着深远的影响。

德国古典哲学的代表人物有康德、费希特、洪堡、黑格尔、费

---

① 《马克思恩格斯选集》第1卷，人民出版社2001年版，第11页。

尔巴哈等人。在政治思想上，他们深受 18 世纪法国启蒙思想的影响，天赋人权、社会契约、自由平等观念以及宪政法治思想是他们政治思想的基本底色。然而，由于被法国大革命的血腥恐怖所吓倒，德国资产阶级宁愿跪着祈求改革也不敢站着反抗。与此相应，德国古典哲学家自然不会从上述思想中引出革命的结论。他们把社会的进步主要理解为理性和道德的发展，要求在君主制范围内进行一些改良。

在德国，与古典哲学同时代的还有历史法学派，代表人物有胡果和萨维尼。历史法学派主张，法律是民族精神的体现，是历史传统的产物，是不受主观意志或理性法则支配的。法律是民族共同意志的体现，具有历史的连续性，他们以此反对自然法学说，抗拒改革。他们以所谓"民族精神"来抵制法国启蒙思想和大革命对德国的影响，成为德国保守势力在法学界的代言人。

这些德国的政治思想家具有更多的学究气，远离现实的政治斗争，只是躲在象牙塔里设计美好的理想。他们比法国启蒙思想家多了些深奥的哲学思辨，少了投身于社会变革的勇气。具有鲜明政治内容的自由、平等、人权等要求，在他们那里都变成了软弱空洞的道德说教，而且是用一种纯粹思辨哲学的形式和抽象晦涩的语言表达的。即使是美好的理想，他们也或将其推到彼岸世界，或者希望通过改善国民教育在将来实现，而不敢在现实中着手国家制度的改造。

在德国古典哲学家的政治思想中，关于国家本质以及国家与个人关系的国家主义和个人主义两种倾向都有所论述。不过就其影响而言，国家主义压过了个人主义，除了少数人，一般德国人认同国家主义或民族主义，拒斥自由主义与个人主义。黑格尔就准确地表达了一般德国人的这种观念，黑格尔极力推崇国家，宣扬国家崇拜，认为国家本身就是目的，对个人具有绝对的权力。虽然他对个人与国家关系的看法，矫正了英美个人主义价值观的偏颇，但他的适应德国统一需要的国家有机体观点，也带来了更严重的问题，适为德国的强权专制提供了理论根据，并影响到后来的法西斯主义。他们把人类历史和国家理解为一个不断发展的过程，在一定程度上摆脱了17—18世纪思想家那种孤立的、形而上学的国家观念。他们用相互联系的总体观点来考察国家以及国家与社会、民族、个人、宗教等的关系，国家不再被看作只是单个个人通过社会契约形成的机械的联合体，而是在历史上不断发展的一个有机整体。这种国家观尽管带有一定的保守倾向和某种神秘的色彩，但在对国家的认识上毕竟增加了一些新的东西，开辟了另一个思路。

实现国家的统一和民族复兴在德国古典哲学家眼里是最重要的任务，他们把争取政治自由与民族统一联系在一起。他们认为德意志民族统一和复兴的关键在于发扬光大"民族精神"，主张一个民族之所以作为一个民族而存在，根本在于它的文化、宗教、道德、风尚等精神力量。在这种思想引导下，他们夸大了德意志思想文化的成就，甚至提出日耳曼民族是最优秀民族，应当承担领导世界的责任，表现出浓厚的民族优越感和种族主义倾向。在西方政治思想家中，像他们这样大言不惭地吹嘘、美化自己民族的，确实非常少见。以当时德国在科学文化上的成就而论，不能说就超过了英国、法国或意大利。他们之所以热衷于自吹自擂，主要是因为德国政治、经济上的落后造成的。德国在政治、经济上不如邻国先进，加上要完成民族统一与复兴的艰巨任务，这些都需要给充满挫折感的德国人鼓劲打气，唤起他们的民族自信和骄傲，于是这种民族主义和沙文主义的鼓噪就越来越多，越来越响，直到纳粹德国时代达到顶峰。

第二节 康德

伊曼努尔·康德（Immanuel Kant，1724—1804年），是德国古典哲学的奠基人，启蒙思想在德国的代表。他出生于东普鲁士的哥尼斯堡（今俄罗斯加里宁格勒）一个小手工业者的家庭，1740年入哥尼斯堡大学学习，1755年因发表著名的宇宙起源星云学说而获盛名，随即到哥尼斯堡大学任教。1770年以后，他完成了几部重要的哲学著作，建立起自己的批判哲学体系。18世纪法国启蒙思想（尤其是卢梭）给康德以重大影响，他不满德国的专制统治，对法国大革命也曾表示同情和支持；但法国大革命的巨大震荡与恐怖最终使他对革命产生一种矛盾的立场。他称赞革命可以摆脱专制和压迫，但又认为革命容易产生混乱而难以实现理智的改革；因此，他又把革命同灾难与罪恶联系在一起。他向往革命的基本原则——自由和平等，但自由和平等在他这里不过是一种道德说教。他的政治思想带有浓厚的伦理色彩，矛盾、调和、妥协是其基本特征。

他的政治思想集中在他晚年所写的几部政治论著里：《政治权利原则》（1793年）、《论永久和平》（1795年）、《道德形而上学》（1796—1797年）的第一部分《法的形而上学原理》。

一　伦理政治观

康德的政治思想建立在他的伦理学说基础上。他的伦理学说基本反映了近代个人主义与自由主义精神，他以纯粹理性的道德词句阐释了18世纪的启蒙思想。

康德伦理思想的中心是"道德法则"。在他看来，道德不能建立在经验上，即人们通常所说的幸福或快乐之上，因为这些东西本身就是不确定的。真正的"善行"或"道德"乃是"善良意志"本身，就是说人只要有善良意志，就是有道德的。他认为人的一切行为不能只根据个人意愿与爱好，而要与普遍道德法则一致，这是人们行为的最高准则。它是绝对的、无条件的，所以也叫"绝对命令"。据此，人们要永远把人当作目的而不能当作手段，因为人之所以存在乃是由于其自身是目的而不是工具。康德认为，凡人都有意志自由，都知道什么是人的行为的最高法则，并按照它去行动。这样，道德法则与意志自由便成为密不可分的东西了。人越自由便越能遵循道德法则去行动，一个人越按道德法则去行动，他也就愈加自由。在康德这里，自由简直就等于伦理上的完善或成为圣贤。这自然不是一般人能做到的，可见康德的自由观与英美式的自由主义差别不小。

在康德看来，法律和政治都应受"道德法则"（绝对命令）的支配，要符合它的要求。法律作为社会生活中的"普遍必然"，使个人行为与普遍道德法则协调一致；它还借助国家强制力量使个人自由与他人自由协调一致。所以，法律是个人自由与他人自由共存的条件和制度。法律与道德的不同在于，道德是内在的、自觉的，它推动人们应该这样行动；法律是外在的、强制的，它限制人们去做某事。法律是道德的外壳，法律的完善是社会进步的标志。康德希望建立一个实行法治的人人同样自由的理想政治制度，然而这个理想制度不能通过直接的政治革命，而是通过道德的不断完善来实现。

当政治、法律出现了对道德的背离，那么人民有没有反抗或拒绝服从的权利呢？康德的答复是否定的。康德继承了卢梭的天赋人权说，按理说应该导出肯定的结论，但他却把自相矛盾的观点熔于一炉。他说："公民状态纯然看作是权利状态时，乃是以下列的先天原则为基础的：（1）作为人的每一个社会成员的自由。（2）作为臣民的每一个成员与其他成员的平等。（3）作为公民的每一个共同体成员的独立。"① 也就是说，公民的自由、平等与独立才是合理的和道德的，专制奴役是不道德的。所以他反对封建特权，反对君主专制。但面对不道德的专制奴役，人民却没有反抗的权利。这时康德突出强调人们对现存的法律、秩序和君主服从的义务，他明言："对最高立法权力的一切对抗，使臣民们的不满变成暴力的一切煽动、爆发成为叛乱的一切举事，都是共同体中最应加以惩罚的极大罪行，因为它摧毁了共同体的根本。而且这一禁令是无条件的。"② 康德的看法表明，即使政府或君主破坏了契约，滥行专制，臣民仍无反抗的权利，更不用说革命的权利了。也就是说，统治者可以实行非道德的统治，人民却不能用非道德的手段予以对抗。一个接受了法国启蒙思想中激进观点的人，因为被法国大革命的恐怖所吓倒，在理论建设上竟如此畏首畏尾。

二 国家学说

康德对应然的国家起源与实际的国家起源做出了明确的区分。康德相信契约论作为国家起源说从道义上看是有说服力的，尽管事实上它并不是真实的。不过人们最好做这样的假设：自然状态是一种没有法律和国家的状态，每个人不受习惯约束却要彼此防范。由于契约的缔结，人们放弃自己外在的自由，从而获得了法律主宰下的自由。各个人的意志联合成一个"公共意志"，国家也就产生了。国家建立在自由、平等、独立的原则之上，即每个社会成员作为人都是自由的，作为臣民都是平等的，作为公民都是独立的。这种自

---

① ［德］康德：《历史理性批判文集》，何兆武译，商务印书馆1997年版，第182页。
② 同上书，第193页。

由、平等、独立是每个公民在国家中承担政治义务的根本依据。

康德认为，国家是许多人在法律统治下的联合，国家权力源于公民的自由意志。国家的使命和目的并不是为了公民的幸福，而是维护法律秩序，维持国家本身的存在。国家的福祉不是指公民的幸福，而是指国家制度和法律原则处于和谐一致的状态。这样，他在注重个人权利的同时，又强调了作为整体的国家的重要意义。在他看来，国家是社会生活的必要形式，人类没有国家是不行的。因此，人民对国家只有服从的义务，没有反抗的权利。

康德认为，有两种划分国家形式的方法：第一种是按掌握最高权力的人数把政体划分为君主制、贵族制、民主制三种形式；第二种是按统治者运用最高权力治理国家的方式把政体划分为专制和共和两种形式。康德更赞成第二种划分方法。

康德认为，体现公共意志的国家权力可以分为三部分：立法权、行政权和司法权。立法权是国家的最高权力，一切权力都从此派生。三种权力要互相协作，相互牵制。一种权力不能超越自己的活动范围去篡夺另一种权力的职能。具体而言，立法权只能属于人民的联合意志，执行权属于国家的统治者或摄政者。立法权力不应该同时又是执行权力，因为作为一个行政官员，应该处于法律的控制之下，必须受立法者最高的控制。立法机关可以剥夺管理者的权力，罢免他或者改组他的行政机关。不论是立法权还是执行权都不应该行使司法职能，只能任命法官行使司法权。他的分权思想目的也是预防专制独裁和保障国家的稳定和繁荣。他认为共和政体以分权为基础由法律统治，专制政体是一种集权基础上的独裁制度。康德反对专制政体，主张共和政体，但他对共和制的解释与别人有所不同。在他看来，共和制并不等于民主制也不是没有君主，而是意味着分权、法治和政治公开。他把共和制同民主制加以区分，甚至认为按民主制这个词的固有含义来说，它必然是专制的；君主制只要实行分权和法治原则，也可以采取共和制的管理形式来治理国家。在国家制度上要消除专制独裁，重要的不是由谁来掌权，而是如何来划分行使权力，不是由人而是由法律来治理国家。因此，只要开明君主实行分权和法治，真正体现"公民意志"就是良好的国家形式。

三 永久和平思想

康德认为国家作为一个独立的政治实体，如果按照自然的自由来行动，那么结果就是一种持续的国际战争状态。人们必须结束或超越这种国际战争状态，以便进入法律的状态，即和平状态。"当这些国家联合成一个普遍的联合体的时候，这种联合与一个民族变成一个国家相似。只有在这种情况下，才可以建立一种真正的和平状态。"[①] 这样的国家联合体成为一个庞大的组织，每一个人都可以称作世界的公民。于是，永久和平，这个民族的全部权利的最终目的才可能实现。

康德认为，一个普遍的和平的人类联合体成功的条件是人们彼此交往的可能性。他主张每个人对其他所有人都处于一种最广泛的关系，他们可以要求与任何国家的任何人交往，而一个国外的民族无权因此把他们当作敌人来看待。

康德在他的《论永久和平》中提出了一个消除战争、实现永久和平的方案，这一方案包括三项实现和平的必备条件：（1）每个国家都是共和政体；（2）各自由国家的联盟是和平的国际基础；（3）外国人来到其他国家都应受到尊重，这是世界公民权利所保证的。

康德深刻地认识到国际和平取决于各国国内制度。他指出，迄

---

① ［德］康德：《法的形而上学原理——权利的科学》，沈叔平译，商务印书馆1997年版，第187页。

今为止国际战争频发的根源在于各国国内制度的缺陷，尤其在于专制君主制。他认为只有共和制才能成为国际永久和平的先决条件。因为共和制按照人民的公意行事，而人民要为战争付出巨大的牺牲，他们当然是反对战争的。在共和体制下，国家需要公民或其代表的同意来决定是否发动战争，这就必然使它们在发动战争之前会非常犹豫。相反，在专制政体下，"战争便是全世界上最不假思索的事情了，因为领袖并不是国家的同胞而是国家的所有者，他的筵席、狩猎、离宫别馆、宫廷饮宴与诸如此类是一点也不会由于战争而受到损失的。因此他就可以像是一项游宴那样由于微不足道的原因而做出战争的决定"①。共和国是爱好和平的，专制政权是好战的。康德也承认，自由国家并非不打仗，但它们只是为了公众的目的和自由而打仗。在康德看来，一旦世界各国都推翻专制政体，建立共和政体，则必然有助于世界和平。

在共和国普遍建立的基础上，自由国家再自愿结成联盟，使联盟各成员国的权利都得到保障。康德说明建立"自由国家的联盟"并不是实行国家的合并和建立"世界国家"，而是作为一种扼杀战争的消极替代品，以保证国家间的一种和平的、协调的状态。这种联盟是"和平联盟"，它与和平条约的区别在于，后者仅仅企图结束一场战争，而前者却要结束一切战争。在"自由国家的联盟"内，不仅各国的独立得到保障，而且可以在普遍友好的条件下实施每个人的"世界公民权利"。每一个人都应当有可能访问地球上的任何地方，而不遭到侵犯和歧视；每一民族都享有对他所拥有的领土的权力，不应受到任何外来的国家和人的威胁。

他认为，自由的"和平联盟"会不断扩大，最后，当所有国家

---

① [德]康德：《历史理性批判文集》，何兆武译，商务印书馆1997年版，第107页。

都签署了永久和平条约，永久和平就能在全世界建立起来。

康德认为，按照道德法则的要求，永久和平是人类的目的，在各国间确立永久和平乃是历史发展的必然趋势。因此，他竭力反对侵略性的掠夺战争，认为战争是对文明民族的最大灾难。永久和平的实现不能是弱肉强食，而只能是各国平等携手建立起国家联盟。

不过康德也承认，实现这个目标可能只是一种善良的意愿，但如果我们采取这种行为的准则，将会引导我们不断地接近永久和平。"从理性范围之内来看，建立普遍的和持久的和平，是构成权利科学的整个的最终的意图和目的。"① 康德的这一伟大预见，在人类走向自由与和平的今天越发显示其非凡的洞察力。他的这一思想，成为20 世纪西方影响很大的民主和平论与国际关系中理想主义的源头之一。不应忘记的是，康德对战争的痛恶和对永久和平的追求，在好战的德国思想家中也是非常难得的。

第三节　黑格尔

乔治·黑格尔（George Hegel，1770—1831 年），是德国著名哲学家和政治思想家，德国古典哲学的集大成者。他不仅构思、提出了解释自然界、人类社会和思维存在发展基本规律的庞大深奥的思辨哲学体系，而且建立了系统完整的国家哲学和法哲学理论。

黑格尔生于斯图加特市的一个税吏家庭，1788 年进入图宾根神学院学习哲学和神学。期间恰逢法国大革命爆发，他热烈拥护这场

---

① ［德］康德：《法的形而上学原理——权利的科学》，沈叔平译，商务印书馆 1997 年版，第 192 页。

革命，赞美卢梭，歌颂自由。1801 年，黑格尔到耶拿大学任教，1806 年发表《精神现象学》，为他的客观唯心主义哲学体系奠定了基础。1818 年，黑格尔出任柏林大学教授，后又担任校长。1821 年，他的《法哲学原理》一书出版，这是一部最集中、最系统地表述其政治思想的著作。

青年时期的黑格尔在法国启蒙思想和法国大革命的影响下，推崇理性，主张人权，揭露和批判专制制度的黑暗，渴望德意志民族的统一与兴盛。晚年思想渐趋保守，在继续主张改革的同时，极力论证普鲁士君主制度的合理性，赞美普鲁士王国。反映黑格尔政治思想的著作除《法哲学原理》外，还有《历史哲学》《论英国改革法案》（1831 年）等。

一　市民社会、国家和自由

黑格尔的哲学体系博大精深，无所不包，国家哲学和法哲学只是他的庞大哲学体系的一个组成部分。他的政治思想不是从事实或经验中总结出来，而是从他先验的哲学观念推导出来的。

黑格尔哲学的主体——他杜撰出的绝对精神（或绝对理念）是一种先于自然和人类社会的精神，它既是主体，又是客体，是两者的辩证统一；它还是宇宙万物的本原和基础，构成万物的内在本质和灵魂。作为主体，它由于其内在矛盾的推动和能动性而不断地自我认识，自我发展，自我实现出来。自然、社会及人类思维的一切现象都是"绝对精神"不同发展阶段的体现。

绝对精神的发展经历了三个阶段：逻辑阶段、自然阶段和精神阶段。精神阶段的演进也经历了三种形态：主观精神、客观精神和绝对精神。客观精神的外化就是人类历史的发展过程，包括家庭、市民社会和国家的产生与发展。在绝对精神和客观精神的演化、发展过程中，黑格尔又构想出三大基本规律以支配这一演化、发展过程：对立统一、质量互变、否定之否定。万古不变的三个阶段，放之四海而皆准的三大基本规律，成为黑格尔解释一切的理论法宝。马克思称黑格尔的思辨哲学为"爱好虚构的思辨体系"，胡适认为它是生物进化论产生以前凭思辨玄想产生的缺少科学根据的假说，硬把大自然、社会及思维无限复杂而生动具体的形象纳入他的死板的先验体系中。

黑格尔把市民社会看成多个个人和若干家庭的聚集，是家庭扩大与分裂的结果，是一种特殊的社会结合形式。在市民社会，每个人都追逐着各自的利益和目的，充满着自我与他人、个人与社会、特殊利益与普遍利益等各种矛盾。市民社会无力解决这些矛盾，因为它本身没有一种能够使各种矛盾得到调和与统一起来的力量。为使矛盾得到解决，使社会生活能够维系下去，就必然需要一种高于市民社会之上的力量，这个力量就是国家。

黑格尔认为国家是客观精神、伦理观念演化的现实，具有至上性和极大的权威性：对内号令一切，对外进行战争。国家是一个有机体，是普遍意志与特殊意志的具体统一。个人必须服从国家，投身国家，个人只有成为国家成员才能实现其人格、自由和权利。当然，国家也要保障个人正当的自由和权利——服从国家法律的自由和权利，于是，权利和义务在这里实现了结合——真正的个人自由也就只可能存在于个人对国家意志的服从，存在于个人利益与国家利益的融合。黑格尔指责自由主义理论导致人们对于自己的意志与能力的盲目乐观，以为人们可以根据自己的愿望创造他们所喜欢的制度，其结果是社会的不稳定、对历史的不尊重甚至革命。

黑格尔理解的自由意味着对必然规律的认识和遵循。他认为，自由只能是相对的，没有绝对的自由。自由是一种自主的理性行为，是以对客观必然的认识为基础的，任何个人在追寻自由时自然都受到来自社会和国家的限制，即法律和道德的限制。人们应当把它们看作获得解放的必要条件，是实现自由的基础。真正的法律与道德，必然包含了客观精神的合理原则，必然体现了一种自由。

有了自由，主体也就在世界中得到满足。个人在获得自由时，便实现着个性的发展，促进社会的进步。人们行为中的道德，思想中的真理，都是"以理性为内容的"自由的具体体现。人类社会的进步就在于普遍实现自由——从东方专制统治下帝王一人的自由到古希腊罗马部分人的自由，最后到日耳曼阶段全体人的自由。他认为整个世界历史、世界精神发展的历程，就是使自由变为现实，就是使自由原则到达现实生活的一切关系中。东方世界只有一人是自由的，这种自由表现为专制帝王的放纵恣肆，为所欲为，并非真正意义上的自由；希腊罗马世界一部分人是自由的，即希腊、罗马的公民，奴隶是没有自由的；只有到了日耳曼世界，自由才获得了完美而充分的实现，所有的人都是自由的。日耳曼精神是新的世界精神，它的目的是使绝对理念体现为真正的自由，使自由变为现实，这是整个世界的最后目的。自古到今人类努力的目标，就是使自由不断实现和完成自己。

黑格尔对自由的认识虽不无偏差，容易导向对个人自由的压制，但他对自由与必然的认识毕竟深化了对自由的探讨。

二 君主立宪制主张

黑格尔认为国家形式一般经历了三个发展阶段：首先从王政开始，这种王政或是家长制的，或是军事专制的；后来这种王制政体演变成为贵族政体和民主政体；最后，贵族政体和民主政体又发展为君主政体。这是一个"正""反""合"的三段式发展过程，即否定之否定的过程。不过一定要把第一阶段的王制与最后的君主政体区别开来：前者是野蛮的专制王国，后者则是王制国家的高级形式，或文明形式。黑格尔对君主专制提出尖锐抨击，并认为这种专制政体是严格地适合于东方世界的政治形式。他指出，中国、印度、波斯、土耳其乃至亚洲的全部，都是这种专制政体，"是恶劣的暴君政治的舞台"。

黑格尔称赞民主政治，特别是雅典的民主政治。他认为民主政治是以平等为前提，以道德为基础的良善政治。在民主政体下，取得权势地位必须依靠个人才能，依靠公众的支持而不是依靠世袭特权，因而人们都有展现个人才能的最大机会。"一般来说，民主政体的宪法，给了伟大政治人物最大的发展机会；因为它不但容许个人方面表现他们的才能，而且督促他们运用那些才能来为公众谋利益。"[1] 但他也批评民主政体有很大缺陷，只能在小国实行，国家一大，人口一多，民主政体就缺乏生命力，所以古代民主政体的消亡是必然的事。法国大革命时，人们也想建立一种合乎理性的民主政体，但革命以后，在自由、平等的"假面具"之下，暴虐和专制却横行无阻。

黑格尔认为存在于普鲁士的君主立宪制是最合乎理性、合乎时代精神的政治制度。"国家成长为君主立宪制乃是现代的成就。"[2]

在黑格尔看来，现代的君主立宪制是扬弃了上述三种政体而又高于它们的合乎理性的国家制度，君主、贵族、人民成为君主立宪制自身的三个要素，而普遍意志便在这种君主立宪制国家得到实现。各种不同的权力只是作为君主立宪制国家这一整体的各个环节而被

---

[1] ［德］黑格尔：《历史哲学》，王造时译，生活·读书·新知三联书店 1956 年版，第 305 页。

[2] ［德］黑格尔：《法哲学原理》，范扬、张企泰译，商务印书馆 1995 年版，第 287 页。

区分着，它们各自的职能和活动旨在实现普遍意志。这样，君主立宪制国家便成了普遍利益的代表。在这种国家制度下，通过国家权力的划分和运用，能够实现普遍意志或利益。

黑格尔虽然也承认国家权力必然是要划分的，但他又反对孟德斯鸠把国家权力分为立法权、行政权与司法权，认为这种划分没有体现出一种独立的、占主导地位的权力要素来。他认为政治制度是国家的机体，机体的本性是趋于统一的；如果各种权力，如行政权和司法权各自独立，那么就会使国家毁灭，故而他十分强调国家的整体性和统一性。又鉴于东方专制国家权力集中与统一造成的专横、野蛮、腐败与堕落，他又不赞成东方式的集权专制，因而他设计了一种既体现权力分立思想，又有集中与统一的国家政体来。他把国家权力划分为王权、行政权（包括司法权）和立法权，其中立法权有一定独立性，行政权不具有独立性，王权则是立法权与行政权的统一，是独立的占主导地位的权力。他说："王权，即作为意志最后决断的主观性的权力，它把被区分出来的各种权力集中于统一的个人，因而它就是整体即君主立宪制的顶峰和起点。"① 这意味着君主的权力是至高无上的，他的决断即是最后的决断。这种君主是世袭的，世袭可以预防王位出缺时可能发生的争权夺利与派系倾轧。不过君主立宪制下的君主并不是专制君主，而是立宪君主。君主的"我要这样"，并"不等于说君主可以为所欲为，毋宁说它是受咨议的具体内容的束缚的。当国家制度巩固的时候，他除了签署之外，更没有别的事可做"②。

黑格尔认为立法权是国家制度的一部分，国家制度是立法权的

---

① ［德］黑格尔：《法哲学原理》，范扬、张企泰译，商务印书馆1995年版，第287页。
② 同上书，第300页。

前提，它本身不是由立法权直接规定的，这样，他就把国家制度当成不受立法权支配的独立先验的东西，从而否定了立法权是确立国家制度的最高环节。

黑格尔认为，行政权就是执行和实施国王的决定，贯彻和维护现行法律、制度和公益设施等，行政权应包括审判权和警察权。他反对官职世袭，主张以才智任用官吏。他强调必须对官吏进行伦理教育和思想教育，使他们在处理行政业务时大公无私，奉公守法，温和敦厚。

三　民族主义与好战思想

黑格尔在论述国家和民族主权问题时强调民族的独立和自由，他期望德意志民族提高民族自觉心，实现德国的统一和复兴。黑格尔还通过他的历史哲学，宣扬日耳曼民族优越论。他认为，世界历史的进步总是通过某个民族来实现的，民族精神是世界精神在其发展的一定阶段上的体现。他说，世界历史经历了三种世界民族精神状态：东方世界、希腊罗马世界和日耳曼世界。日耳曼精神是世界精神发展的顶峰，是其最高、最充分的实现。在日耳曼世界中，国家最后展示为"理念的形象和现实"，在那里，普遍意志与个人意志达到了完美的统一，标志着现代国家的完成。世界历史将在其范围内，沿着其方向继续向前发展。他美化德意志国家和民族，有明显的沙文主义和德意志民族优越论。

黑格尔认为，在国际关系中，如果国家之间不能达成协议以解决其矛盾和冲突，那只有通过战争来解决。他反对康德的永久和平论，认为这种要求是一种空洞、不现实的理想。在他看来，为了防止内部腐化，巩固国家内部的权力，战争不应被看作罪恶。相反，战争还具有更崇高的意义，通过战争可以防止一个民族由于长久的和平生活和闭关自守而堕落腐化，从而保存"各国民族的伦理健康"。在历史中，战争和革命是世界精神的工具，体现着绝对精神的民族的崛起，体现着世界精神的那种原则的传播，都是通过战争而实现的。因此，战争不仅是必然的，而且是应该的。不过作为一个辩证法大师，黑格尔在肯定战争的同时又提出应该寻求和平，遵守国际法，限制战争的破坏性。

　　黑格尔对战争的颂扬（不管出于什么意图），黑格尔的德意志民族优越论和对强权政治的崇尚，都在20世纪被德国的法西斯主义所利用。这自然给黑格尔带来了不太好的名声。

第十章 19世纪的自由主义

第一节 概论

英国著名的自由主义者霍布豪斯认为,自由主义是这样一种信念:社会能够安全地建立在个性的自我指导基础上。自由是社会的必需,是社会生活的基本价值。自由与平等紧密结合,自由离不开平等。国家应是仲裁人,其任务是主持公道,保障公民的安全,为个性发展创造条件,使公民能依靠自身努力获得所需的一切。20世纪中国自由主义的代表胡适指出:"自由主义就是人类历史上那个提倡自由,崇拜自由,争取自由,充实并推广自由的大运动。"[①] "总结起来,自由主义的第一个意义是自由,第二个意义是民主,第三个意义是容忍——容忍反对党,第四个意义是和平的渐进的改革。"[②]

笔者认为,自由主义就是以个人自由为核心价值,以法治、分

[①] 《胡适文集》第12集,北京大学出版社1998年版,第805页。
[②] 同上书,第810页。

权、有限政府为保障的近现代政治思潮。它以保障个人权利为基本宗旨，强调个人独立与个性自主，与个人主义息息相关。

近代自由主义诞生于17世纪英国革命中，洛克是代表。18世纪下半叶自由主义经过法国启蒙运动与美国独立建国的激荡而蔚为壮观，成为最具影响的政治思潮。伏尔泰、孟德斯鸠、百科全书派、杰斐逊、潘恩、麦迪逊、富兰克林、康德、洪堡、密尔……都属于自由主义思想阵营。他们的自由主义，主要追求政治、思想自由，反抗君主专制统治对自由、人权的摧残，另涉及经济自由。英国不愧是近代自由主义的故乡，不仅政治自由主义起源于英国，而且经济自由主义也由英国人创立。当18世纪70年代法国启蒙运动如日中天之际，亚当·斯密创立了系统而精密的自由主义经济理论，从而使自由主义思想体系更为完善和丰富。亚当·斯密（1723—1790年）开创的古典自由主义经济理论主旨是强调市场的自发作用，反对国家干预经济生活，主张实行经营自由、贸易自由、契约自由和竞争自由等自由放任政策。亚当·斯密认为，人是有理性的经济动物，在自由交换的经济制度中，市场机制会自动驱使人们在为自己谋利时必须先为别人服务，这样谋求个人利益同时也促进了整体利益。因此，尽管由于人的自私自利的本性使人与人之间、阶级与阶级之间不可避免地存在利益冲突，但市场这只"看不见的手"，会自动地实现不同集团的利益协调与共享。所以，在市场经济中，个人的自私自利本性是促进公共福利的推动力量，不需要政府为了整体利益或公共福利进行干预；相反，政府干预只会破坏市场的自然秩序，减少公共福利。古典经济学的这些思想，对19世纪自由主义理论和实践有着重大影响。

18世纪60年代英国开始了工业革命，到19世纪40年代基本完成。它是传统农业社会转变到现代工业社会的一个历史性进步，它

第十章　19世纪的自由主义

在经济、社会、政治等方面深刻地影响了19世纪英国的历史进程。

工业革命改变了英国的经济和社会生活，激发了19世纪英国的政治改革。18世纪上半叶，英国近代政治制度已稳固地确立下来。国王和上议院的权力不断收缩，实权基本上转到了下院手中，到19世纪中后期的维多利亚时代，国王成了统而不治的虚君。另外，两党制和内阁制逐渐形成，主要代表中产阶级利益的辉格党（自由党的前身）和更多代表乡绅地主利益的托利党（保守党的前身），成为政治舞台上占支配地位的力量。19世纪上半叶，英国的政治斗争围绕着选举、自由贸易及工会的合法地位问题而展开，结果是自由民主节节胜利。1824年议会承认了工会的合法地位。1832年在自由党主持下进行了第一次国会改革，取消了许多由土地贵族把持的"衰败城镇"的议员席位，增加了新兴工业城市的席位，降低了选民的财产资格，扩大了资产阶级的政治权力。1846年，议会又废除了《谷物法》，取消了对粮食进口的限制，标志着自由贸易思想的胜利。在1867年的国会改革中，选举权扩大到普通工人，从而为工人政党的产生及进入议会议政参政准备了条件。保守党在19世纪初还是自由主义的敌人，现在也逐步认可了自由主义的基本价值，变成一种右的、保守的自由主义政党；而自由党则属于自由主义左翼。所以尽管两党轮流执政，自由主义却成了19世纪英国居支配地位的普遍信仰，约翰·密尔与格莱斯顿是自由主义的主要代表。在英国，19世纪是自由主义最辉煌的时代，也是大英帝国最辉煌的时代。

19世纪的法国正在进行工业革命，资本主义经济发展较快，但政局动荡反复，各种政治势力之间的斗争空前激烈，革命与复辟不断交替，直到1875年第三共和国宪法颁布，法国才真正走上了宪政共和的坦途。

法国社会长期的政治动荡与走马灯似的宪法更替催生出众多的

政治思想流派,在 19 世纪法国社会政治舞台上斗争表演,此消彼长。正统主义是极端保守的复辟思想,代表贵族地主利益;自由主义位于中间,代表中产阶级;各种社会主义继承了大革命的激进传统,为产业工人所欢迎。法国人在政治上不似英美人那么稳健成熟,易走极端,因此趋向中间的自由主义很难占上风。直到建立第三共和国,法国人才享有英美人早已享有的自由,民主宪政体制才巩固下来,自由主义的价值才得到公认;但此时社会主义政党已在后面嚷嚷着为自由主义挖好了坟墓。在法国,自由主义始终没有在英语国家的影响那么大,那么成功。德国更不必论矣,自由主义一直处在受打压、被排挤的边缘,国家主义、专制强权在德国长盛不衰。

法国大革命后的自由主义以贡斯当、托克维尔为主要代表,反映了这一时期法国中产阶级的经济利益和政治诉求。表现在政治上是反对革命,主张阶级妥协和社会改良,在经济上主张自由竞争。贡斯当区分了积极自由和消极自由,提出包括言论、出版、信仰、财产、经营、贸易等自由在内的个人自由才是人们真正的追求。托克维尔不仅为自由大唱赞歌,而且预言民主乃大势所趋,无法阻挡。不过他认定民主与自由存在着内在的紧张。

19 世纪的自由主义者在论证个人自由时已不再求助于天赋人权的理论,而是从个人幸福或社会功利出发论证个人自由的价值。边沁直截了当地说:"权利是法律的孩子,从真实的法律中产生真实的权利,从想象的法律或'自然法'中产生想象的权利……自然权利只不过是一句蠢话,自然权利和绝对权利乃是修辞学上的胡闹。"[①] 当然批判或诘问自然权利说,并非始自他们,而是始自反对革命与改革的保守主义理论家休谟、柏克和梅斯特。在 18 世纪天赋人权论

---

① 《不列颠百科全书》第 20 卷,中国大百科全书出版社 1999 年版,第 714 页。

第十章 19世纪的自由主义

最流行的时代，他们出于保守的政治立场就批判、反对自然权利论并进而否定个人自由不可侵犯的主张。虽然19世纪的自由主义者也批评天赋人权论，却并非因此就否认个人权利与自由的正当性，他们不过是要用另一种更贴近经验与人性的说法作为个人自由的基础，用功利主义取代天赋人权为个人自由做辩护。也就是说，保守主义者是要摧毁个人权利的理论基石，而19世纪的自由主义者要在新的基础上（功利主义）建造自由的理论大厦。功利主义把趋乐避苦视为人的行为的唯一动机，把"最大多数人的最大幸福"作为评价是非善恶的价值标准。功利主义的基本思想早在18世纪的英法思想家那里就有论述，到19世纪经过边沁、詹姆斯·密尔等得到进一步系统化，并且被运用于社会政治现象和现实生活问题的解释上，从而构成了这一时期政治思想的一个重要理论基础。

17—18世纪的自由主义者多数在思想上承认人民反抗专制或革命的权利，19世纪的自由主义者与其前辈相比，因为生活在一个个人自由基本得到保障的社会环境中，再加上法国大革命的负面影响太大，因此自然而然地就磨灭了其前辈革命与反抗的理论特色。他们多数对于当时妨害个人自由与平等的政治社会制度和社会氛围有些不满，但只是寄希望于和平、渐进的改良，反对诉诸革命。边沁、密尔、格莱斯顿的自由主义都主张改革英国某些陈旧的政治、法律制度，消除严重的社会弊端和不公正；贡斯当、托克维尔也是既不满意于法国革命后的现实，又害怕革命；德国的自由主义者更是畏首畏尾，他们既不能像英、法两国人那样享有自由，又没有反抗专制的勇气。这就是为什么胡适将改良主义而非暴力革命作为自由主义一个重要内容的原因。

19世纪的自由主义将政治自由与经济自由结合起来，是全面、彻底的自由主义。对于任何妨碍个人自由的东西，他们都予以反对。

一切与社会公众无关的事情,都是个人自由的天地,绝不允许政府、社会、他人进行干预;密尔甚至认可个人吸毒的自由。一句话,19世纪自由主义的出发点与核心都是充分实现个人自由。他们一方面对限制自由贸易和自由经营的政府政策进行批评,对威胁个人自由的传统习俗、公众舆论及所谓"多数的暴政"表示忧虑;另一方面他们对自由的价值进行充分论证,把自由看作个人幸福和社会进步的首要因素。强调个人自由与最大限度地发挥个人的能力,主张限制政府权力,反对政府干预经济活动,实行市场调节与自由放任主义,是19世纪自由主义的共同理念,正好表达了新兴工业资产阶级的政治主张,人们自然地把自由主义看作工业资产阶级的意识形态。其实个人自由并非为资产阶级所独自向往或专有,它实际上代表着一种人性的共同诉求。马克思不就将共产主义社会称为自由人的联合体吗?个人的权利或自由不仅有利于资产阶级,而且也为一般民众的文明、幸福生活所必需,是社会健康发展的动力。

第二节 贡斯当

本雅曼·贡斯当(Benjaman Constant,1767—1830年),是法国自由主义思想家与自由派的领导人。他出身于瑞士洛桑一个法裔贵族家庭,先后就学于德国、英国。1799年雾月政变后,他被任命为法案评议委员会委员,后来由于反对拿破仑的独裁而被驱逐出境。复辟时期回到法国,1819年当选国会议员。1830年七月革命后,任立法委员会主席,同年12月去世。他的政治思想集中反映在《立宪政治教程》(1816—1820年)和《古代人的自由与现代人的自由》(1819年)两书中。

第十章 19世纪的自由主义

贡斯当生活的时代是法国历史上发生巨大变革的时代，他经历了法国大革命、拿破仑独裁与复辟王朝三个时期。只是在大革命的早期，个人自由得到了尊重，雅各宾派专政、拿破仑独裁与复辟王朝都尽力摧残、打压个人自由，尤其是在雅各宾派专政与拿破仑独裁时期。罗伯斯庇尔和拿破仑以法国大革命的代表或继承人自居，以人民主权为幌子，以卢梭的学生自命，推行法国历史上少见的恐怖独裁统治，滥杀无辜，迫害异己，个人的政治、思想自由荡然无存，私人财产权在雅各宾派专政下也受到侵犯。这一切都引起了贡斯当对貌似激进的卢梭人民主权思想的反思与批评。正是在对卢梭人民主权思想的反思与批评中，在对雅各宾派专政与拿破仑独裁的批判与否定中，形成了他独具特色的自由主义思想。

一 个人权利和自由

论证个人的权利和自由是贡斯当政治思想的出发点和首要内容。在《文学与政治杂论集》序言中，他直言不讳地说："在四十年中，我为维护同一原则而战，那就是各个领域的自由，即宗教的、哲学的、文学的、实业的、政治的自由。我所谓的自由意味着个性相对于权威与大众的胜利：这里的权威指的是以专制主义方式统治的权威，而大众指的是要求少数服从多数权利的大众。专制主义没有任何权利，而多数只有强迫少数以维持秩序的权利。但是，所有不扰乱秩序的行为领域，所有只属于一个人内在世界的领域（诸如意见），所有表达不会引发暴力而伤害他人的意见的领域，所有允许竞争者自由竞争的实业领域，都属于个人，社会力量无权合法地干预。"[①] 那么自由到底有什么价值呢？他说："没有自由，你会遭受

---

① [法]贡斯当：《古代人的自由与现代人的自由》，阎克文、刘满贵译，商务印书馆1999年版，第7页。

享有特权的少数人的压迫；许多人会为一小撮人的野心做出牺牲；不公平的法律支持强者，欺凌弱者；你享受的只是不稳定的快乐，虎视眈眈的专横权力随时都可以把它夺走。你既不能对法律的制定、也不能对地方长官的选举发挥一份作用。有了自由，所有这些弊病都将消失，你的一切权利都将恢复。"① 他进一步把自由分为积极自由和消极自由：前者是指公民参与政权的行为（包括制定法律、选举公职人员、参加审判等），后者主要是指个人的思想、言论、财产、经营、贸易等自由。他认为，古代共和国的公民虽然在政治上享有自由，但他们在私人生活方面却没有自由，国家既规定了每个公民必须遵守的道德规范和信奉的宗教，同时又可以干预公民的财产。所以古代国家的公民虽有积极的政治自由，却没有消极的个人自由。现在人们追求的主要不是行使参政议政权，而是个人对国家具有一定的独立性，即消极的自由。消极自由就是个人独立性的胜利，包括人们的思想信仰自由，集会结社自由，占有处分财产的自由，个人的经营自由与贸易自由。只有人们充分享有这些自由，才能尽量发挥人们的主动创造精神，推动社会的健全进步。

既然自由意味着保持个人的独立性，那么自由与否的关键就不是政权由谁掌握的问题，而是政府行使权力的范围问题。权力不管由君主一人执掌，还是由社会全体掌控，主权都不是无限制的。如果主权是无限的，那么个人自由就将毫无保障。"任何现世的权力都不应该是无限的，不论这种权力属于人民、属于人民代表、属于任何名义的人，还是属于法律。人民的同意不能使不合法的事情变得合法；人民不能授予任何代表他们自身没有的权利。"② 正是从这点

---

① [法]贡斯当：《古代人的自由与现代人的自由》，阎克文、刘满贵译，商务印书馆 1999 年版，第 318 页。
② 同上书，第 11 页。

出发，他批评了卢梭的人民主权无限论。认为这种观点肯定会成为现代暴政（在他看来雅各宾派专政就是这种暴政）的理论根据。

由于贡斯当视政府权力为对自由的最大威胁，因此他主张对公共权力加以严格限制。对政府权力的限制应是多方面的：首先，宪法的限制，他认为宪法本身即是一种对权力不信任的行为，它为权力的行使设定了限制；其次，政府内部的分权与制衡也有限制政府权力的作用；最后，却是最重要的，政府的权力必须有外部限制，即明确划定政府权限的范围以及个人在社会中不可侵犯的权利，对权力最根本的限制就是人民的独立的权利——自由。他认为不管在任何地方，如果个人自由与尊严毫无价值，全体人民也就毫无价值；尊重个人权利是任何政府的义务与责任。他说："公民拥有个人权利，这种权利不依赖于任何社会与政治权威。任何权威若侵犯这些权利都是不合法的。公民的权利包括个人自由、宗教自由、意见自由（包括公开表达的自由）、享受财产的自由，以及不受任何专断权力控制的保障。"[①]

二　对新式独裁暴政的批判

贡斯当认为对个人自由的摧残，不仅来自旧王朝的专制，而且更可怕的是来自新式独裁——贡斯当称其为现代僭主政治，雅各宾派专政与拿破仑独裁都属于现代僭主政治。身历了新式独裁的暴虐，贡斯当宁要旧王朝专制也不要现代僭主政治。因为现代僭主政治更伪善，更无所顾忌，它打着人民与革命的幌子犯下最卑劣无耻的罪行，以自由的名义践踏自由。他说："专制制度排除所有形式的自由；僭主政治需要这些自由的形式，以便证明它的颠覆活动是正当

[①] ［法］贡斯当：《古代人的自由与现代人的自由》，阎克文、刘满贵译，商务印书馆1999年版，第11页。

的；但是它在盗用它们的时候又亵渎了它们。"① 现代僭主政治对人性的败坏也前所未有，它狂妄地企图实现对人们思想的全面奴役，它逼使人们对良心良知撒谎。旧式王朝专制依靠沉默的手段实行统治，它毕竟留给了人们沉默的权利；而现代"僭主政治则强迫人们讲话，它一直追查到他的思想最隐秘的栖身之处，迫使他对自己的良心撒谎，从而剥夺了被压迫者最后这一点安慰"②。现代僭主政治在压迫一个民族的同时还要使它堕落，它逼使人们践踏自己过去尊敬的东西，奉承自己过去鄙视的东西。一句话，它逼使人们自己作贱自己。在现代僭主政治下，个人的自由与良心都一文不值。在一个思想被禁锢的民族中，一切都无声无息，一切都在沉沦，一切都在退化和堕落。专横权力对道德的影响，就像瘟疫对人的影响一样。每个人都会抛弃同病相怜的受难伙伴，每个人都愿与世隔绝以求自保，把弱者与朋友的祈求仅仅视为自身安全的障碍。人们对别人的不幸麻木不仁，对自己的不幸漫不经心。在独裁政权看来，人们态度消极就是罪行，注重亲情就是漠视祖国，追求幸福就是庸俗可鄙。迫于威胁、同时又受到利益诱惑而堕落的大众，战战兢兢地重复着官方规定的套话，甚至听到自己的声音就会受惊。每个人都是群众的一分子，而由每个人的参与构成的群众，却把每个人吓得惊恐万状。现代僭主们声称反对暴虐的统治，却建立了历史上最为暴虐的统治。

现代僭主政治声称要用铁血专政的手段实现自由的目的，可是手段与目的如冰炭水火不能相容，他们的所作所为无一不是与高悬的理想自相矛盾，最后只能变成一出自欺欺人的滑稽剧。他们的唯

---

① ［法］贡斯当：《古代人的自由与现代人的自由》，阎克文、刘满贵译，商务印书馆1999年版，第292页。

② 同上书，第294页。

一成功就是夺取并牢固地控制了权力,同时是对理想越来越远的背离。在这种新式独裁统治下,"人民会选举他们的官员,但如果他们不按照预先规定的要求进行选举,他们的选择将被宣布无效。言论是自由的,但是任何反对言论——不仅是针对整个体制的,甚至还包括微不足道的就事论事的——都将会以叛逆罪受到惩罚"①。现代僭主们声称使用铁血专政的手段是为了实现自由这一高尚的目的,因此是不得已的,也是暂时的,人民要有耐心等待自由理想的实现。但贡斯当揭穿了它的欺骗性,指出人们永远不可能达到这一目的。"因为所选择的手段和想要达到的目的背道而驰。越演越烈的暴力使更多的暴力成为必然。愤怒哺育着愤怒。法律锻造得像是兵器,法规成了战争宣言,而那些盲目的自由信徒,认为能够通过专制政治把自由强加于人——将会激起所有人的反对,支持他们的将只剩下那些向权力献媚的卑鄙之徒。"② 到了这一步,现代僭主政治已丧失任何合法性与群众基础,不久就会寿终正寝。

三 分权理论

为了避免政府权力侵犯个人自由,贡斯当也求助于分权制,不过他对孟德斯鸠的三权分立思想有所保留。他认为三权分立思想在实际运用中会出现一些偏差:不是由于三权相互牵制过多导致政府难以发挥效力,就是由于一权过大而压制其他两权,最终走向专制。为了克服这些弊端,贡斯当将国家权力分为五种:君权、行政权、经常代表权(上院)、公共意见权(下院)和司法权。

贡斯当认为,君权是君主立宪制国家的一种中立权力,它与一

---

① [法]贡斯当:《古代人的自由与现代人的自由》,闫克文、刘满贵译,商务印书馆1999年版,第318页。
② 同上书,第319页。

般行政权不同。行政权由大臣行使，对议会负责，君权是在其他四种权力之上的一种特殊权力。君权协调和节制其他权力，防止其他权力之间发生冲突，以维持国家的权力平衡。君主要超越各种不同意见之上，维护人民的自由与国家的整体利益。这样，虽然君主不掌握行政权，但却有参与一切权力机关的权利。

立法权由代表公共意见的下院（立法院）掌握，立法院由选举产生。贡斯当主张选举权的资格限制，特别强调立法院议员的资格限制，坚持只有拥有高额财产和具有高度文化修养的人才能充当立法院议员。因为只有他们才关心正义和秩序，关心人民的自由和民族的昌盛。穷困潦倒的人和愚昧无知之徒没有资格参与国家立法。

贡斯当的分权学说最具特色的是他关于君权的论述。他把君权与行政权分开，看似把君权抽空了，实际上却是抬高君权，把它置于四权之上的重要地位，君主成为国家的代表。不过君主并不是主权者，因为君权仍然是五权中的一权，它参与一切权力机关，但它并不直接掌握立法权或行政权。贡斯当毕竟是资产阶级自由派的思想家，他主张建立近代君主立宪制而非恢复大革命前的君主政体。所以，贡斯当尽管抬高君权，但同君主主权论以及君主专制论是根本不同的。

贡斯当的政治主张是对雅各宾专政与拿破仑独裁批判性总结的产物。在共和民主一再蜕变为可怕的新式独裁以后，他只好求助于君主立宪制。1848 年革命成功，法国又建立了民主共和国，不幸很快又被帝制独裁所取代。贡斯当对新式独裁的批判与揭露，对后人具有难得的警示意义。

第三节 托克维尔

夏尔·托克维尔（Charles Tocqueville，1805—1859年），19世纪法国著名的自由主义政治思想家，政治社会学的奠基人。托克维尔是法国诺曼贵族的后裔，1831年4月赴美考察，回国后与博蒙共同完成《关于美国的监狱制度及其在法国的运用》的报告。1835年他的《论美国的民主》上卷出版，这是他对美国考察的最主要成果。该书的出版大获成功，托克维尔自此驰名西方学术界。1840年《论美国的民主》下卷出版，次年他当选为法兰西学院院士。1842—1848年他当选为芒什省议员。1848年二月革命后任制宪议会议员，参与新宪法的起草，后当选为国家议会议员，任过五个月的外交部部长。1851年12月因反对路易·波拿巴称帝而被捕，获释后退出政界，主要从事学术研究与著书立说。1856年出版了《旧制度与大革命》，这是他论述法国大革命的一部名著。

《论美国的民主》是托克维尔的代表作，上卷论述了美国的政治制度，分析美国的民主现状，下卷阐述了作者的政治理论和政治社会学思想。

一 民主是历史发展的必然

对民主的探讨是托克维尔政治思想的核心内容。他对民主问题的研讨主要是从社会实际出发，通过对法国的历史和社会现状同美国政治制度、社会现状的比较进行的。

托克维尔通过对欧洲、北美近代以来社会情况的深刻剖析，预见到贵族制度与特权必然衰落，平等与民主已是大势所趋，民主已经成为不可抗拒的潮流。"人民生活中发生的各种事件,到处都在促进民主。所有的人不管他们是自愿帮助民主获胜,还是无意之中为民主效劳;不管他们是自身为民主而奋斗,还是自称是民主的敌人,都为民主尽到了自己的力量。"① 民主自然意味着趋向身份平等,这是事所必致,天意使然。法国过去几百年的历史表明,任何一个重要的事件都是在有利于社会平等的情况下得到解决的。法国如此,其他国家也不例外。欧洲的贵族制度已不可挽回地衰落了,即使在法国这样专制的国家,民主也以它特有的生命力顽强地成长起来。对民主的潮流只能引导和施加影响,而不能阻挡。法国的统治集团却看不到这一点,没有促进而是阻挡民主的进步,结果是民主革命虽然在法国发生了,但在法律、思想、民情和道德方面却没有发生相应的变化。为了使民主革命变得更为有益,后者的相应变化是不可缺少的。

托克维尔认为,当时最能全面反映民主发展趋向的国家是美国。美国是民主革命后发展得最完满和最和平的国家。他在美国的考察使他深深感受到,民主原则已经在北美大陆上牢固地扎下了根。"十七世纪初在美洲定居下来的移民,从他们在欧洲旧社会所反对的一切原则中析出民主原则,独自把它移植到新大陆的海岸上。在这里,民主原则得到自由成长,并在同民情的一并前进中和平地发展成为法律。"② 他认为有助于美国民主制度成功的原因有自然环境、法制和民情。就其影响力而言,自然环境不如法制,法制又不如民情。托克维尔认为,美国民主的民情扎根于历史上形成的新英格兰乡镇自治制度。它促进了美国独立运动的发展,提高了人民积极参加公

---

① [法]托克维尔:《论美国的民主》上卷,董果良译,商务印书馆1997年版,第7页。
② 同上书,第15页。

第十章 19世纪的自由主义

共事务的觉悟,并为后来联邦和地方分权的制度奠定了基础。托克维尔把乡镇自治的传统看成人民主权和公民自由原则的根源。

他认为美国的民主制度呈现出旺盛的生命力。美国的民主为全世界树立了典范,尤其为欧洲树立了民主的样板,它对推进全世界民主进程的榜样作用是巨大的。

未来的社会是一个民主的社会、法治的社会。在这个社会里,人人都把法律视为自己的创造,他们爱护法律,毫无怨言地服从法律,因为法律趋向于照顾大多数人的利益。人人享有权利,人与人之间建立起坚定的信赖和尊重关系。人们了解自己的真正利益,为了享受社会的公益也自觉地尽自己的义务。托克维尔相信,平等公民的自由联合将会取代特权贵族的传统权威,这将会使社会更公正、更稳健,使福利普及于一般大众。他说:"即使民主社会将不如贵族社会那样富丽堂皇,但苦难不会太多。在民主社会,享乐将不会过分,而福利将大为普及;科学将不会特别突出,而无知将大为减少;情感将不会过于执拗,而行为将更加稳健;虽然还会有不良行为,但犯罪行为将大为减少……国家将不会那么光辉和荣耀,而且可能不那么强大,但大多数公民将得到更大的幸福。"[①] 在民主社会中,尽管事情不会是尽善尽美的,但社会至少具备了可以使事物趋向完美的基本条件,人们将在民主制度下享有这一制度可能提供的一切好处。至于坏处,虽然也有不少,但民主政府仍然是最能使社会繁荣的政府,因为民主制度能够使整个社会充满活力、积极性与创造性。他说:"民主并不给予人民以最精明能干的政府,但能提供最精明能干的政府往往不能创造出来的东西:使整个社会洋溢持久的积

[①] [法]托克维尔:《论美国的民主》上卷,董果良译,商务印书馆1997年版,第11页。

极性,具有充沛的活力,充满离开它就不能存在和不论环境如何不利都能创造出奇迹的精力。这就是民主的真正好处。"① 民主制度的另一个巨大优点在于他们允许犯错误,又能及时纠正错误。

二 民主、平等与自由

托克维尔常把民主与平等混为一谈,将民主看作平等的趋势。当然他也将民主看作一种以人民主权学说为基础的人民共同参与的政府。托克维尔始终认为民主与平等是密切相关的,不仅民主以平等为基础,而且民主本身也意味着平等,是一种平等的社会状况。托克维尔认为,民主进程是以人人平等为标志的,社会发展的民主趋向源远流长,普遍而持久。尽管它在各国的表现不尽一致,但人民对于民主的孜孜追求却是共同的。

社会趋向民主或平等自然是一件好事,但也潜藏着一些可怕的危险。民主政府存在着明显的弊端,主要表现在:第一,美国的民主法制经常是残缺不全的。美国的法律有时侵犯人们的既得利益,或由此而认可侵权的危险行为。民主制度不精于立法科学,它的法律常常不够完善或不合时宜。第二,美国人民在选择执政人员时常犯错误,因此美国领导人在才德方面可能都不如贵族国家的执政者,他们可能不忠于职守和犯重大错误。第三,最可怕的是,民主为"多数的暴政"埋下了种子。"多数的暴政"既体现在舆论的统治上,也反映在政治统治中。"在美国,多数既拥有强大的管理国家的实权,又拥有也几乎如此强大的影响舆论的实力。多数一旦提出一项动议,可以说不会遇到任何障碍。"② 托克维尔认为,美国政府并

---

① [法]托克维尔:《论美国的民主》上卷,董果良译,商务印书馆1997年版,第280页。
② 同上书,第284页。

第十章 19世纪的自由主义

不像多数欧洲人所批评的那样软弱无力,而是拥有不可抗拒的力量。民主政府权力过大,一样会危及自由。他说:"假使有一天自由在美国毁灭,那也一定是多数的无限权威所使然,因为这种权威将会使少数忍无可忍,逼得少数诉诸武力。那时将出现无政府状态,但引起这种状态的是专制。"[①] 也就是说,如果有一天美国的个人自由被毁灭,那一定是民主引发的"多数暴政"的恶果。

作为一个自由派贵族,托克维尔终生热爱自由,崇尚自由,因此他对当时美国民主威胁个人自由的苗头忧心忡忡,过甚其词。他对美国民主的观察与描述并不十分准确。在美国,民主与自由是共存共荣的关系,而非矛盾对立。多数的暴政在美国从来没有出现过。他对民主与"多数暴政"的恐惧与其说来自美国的经验,不如说来自法国革命的教训。

托克维尔认为,在现代国家,理想的境地是自由与平等、民主的相辅相成,和谐统一,不过事实是自由与平等经常分离。自由曾以不同的形式,在不同的时代出现过,自由不是民主社会的独有特点,身份平等才是民主时代的基本特征。正因如此,民主国家的人民爱平等比爱自由更热烈和更持久,在某个时期,他们追求平等的激情可能达到狂热的地步。民主国家的人民爱好自由,自觉地寻找自由,失去自由便感到痛苦;然而,他们又有着更为强烈、更为持久、难以遏制的追求平等的激情。他们希望在自由之中享受平等,在不能如此时,也愿意在奴役之中享用平等。他们可以容忍贫困、隶属和野蛮,但不能忍受不平等。这种追求平等的激情是不可抗拒的力量,它必将摧毁任何与之抗衡的势力,使得平等真正成为现实。

[①] [法]托克维尔:《论美国的民主》上卷,董果良译,商务印书馆1997年版,第299页。

托克维尔认为平等与民主确有压抑自由的危险，但如果处理得当，就可以使自由与民主和谐共存，互相促进，避免出现多数人的暴政。那么怎样实现这一点呢？托克维尔开出了他的药方：除了自由主义惯用的分权制衡、法治与有限政府外，托克维尔还非常注重人们的精神信仰层面。他认为自由需要有宗教信仰的支撑和公共精神的培育。

托克维尔认为宗教信仰是人类生活的主要积极因素之一。缺乏宗教信仰，道德将会滑坡，社会将会混乱无序。托克维尔认为民主时代比任何时代更需要宗教信仰的支持，否则将导致极端个人主义与新式的暴政。他认为有些欧洲人不信仰宗教是由于他们的愚蠢无知，而美国人作为世界上最自由和最有教养的民族之一，却热情虔诚地履行宗教的义务。他断言："人要是没有信仰，就必然受人奴役；而要想有自由，就必须信奉宗教。"① 他认为基督教乃至天主教中并没有什么东西与民主精神相对立，有很多东西甚至对民主社会大为有利。不过必须保持宗教的纯洁，关键在实行政教分离。在民主时代，让宗教只在自身范围内对人的精神施加影响，而在这范围之外不予干涉，这就是托克维尔的民主社会的宗教观。

在社会层面，托克维尔主张积极培育公共精神和养成结社的习惯。在民主国家，平等的个人处于孤立、冷漠、软弱的原子地位，彼此除了利益和权利的纠结和冲突外，并无更深层次的关联。民主主义导致的个人主义是一种只顾自己而又心安理得的情感，它使每个公民同其同胞隔离，同亲属和朋友疏远。解决这一问题的关键是唤起和培育公共精神，为此他们必须学会自动地互助，否则将全部

---

① ［法］托克维尔：《论美国的民主》上卷，董果良译，商务印书馆1997年版，第539页。

陷入无能为力的状态。互助的主要形式就是结社，他指出："如果民主国家的人没有权利和志趣为政治目的而结社，那么，他们的财富和知识虽然可以长期保全，但他们的独立却要遭到巨大的危险。而如果他们根本没有在日常生活中养成结社的习惯，则文明本身就要受到威胁。一个民族，如果它的成员丧失了单凭自己的力量去做一番大事业的能力，而且又没养成共同去做大事业的习惯，那它不久就会回到野蛮状态。"[1]

他认为结社就是在公民和政权之间人为地仿造出一种中间权力，这些民间社团"都像是一个个不能随意限制或暗中加以迫害的既有知识又有力量的公民，它们在维护自己的权益而反对政府的无理要求的时候，也保护了公民全体的自由"[2]。托克维尔认为自由最重要的保证就是把从旧时代各种自治团体或贵族手里收回的管理权不完全交给主权者，而部分地分给由普通公民组成的社会团体。托克维尔清醒地认识到，随着近代物质主义与大众化时代的来临，"再没有比社会情况民主的国家更需要用结社自由去防止政党专制或大人物专权的了"[3]。因此托克维尔认为在民主的国家，结社是一门主要的学问，人们必须熟练地掌握它以维护自己的权利。

托克维尔同时认为在平等的时代，要避免公民个人的孤立无援及受奴役，还必须依靠报刊和出版的自由使个人能随时向其他公民和全人类求援。托克维尔说："我不相信大规模的政治集会、议会的特权和人民主权的宣言能够保证民主国家人民的人身自由。所有这一切，在一定程度内可以缓解对个人进行的奴役，而如果出版是自

---

[1] ［法］托克维尔：《论美国的民主》下卷，董果良译，商务印书馆1997年版，第636—637页。
[2] 同上书，第875页。
[3] 同上书，第217页。

由的，这种奴役就不能随意进行。报刊是保护自由的最佳民主手段。"①

最后，托克维尔指出："给社会权力规定广泛的、明确的、固定的界限，让个人享有一定的权利并保证其不受阻挠地行使这项权利，为个人保留少量的独立性，影响力和独创精神，使个人与社会平起平坐并在社会面前支持个人。"② 在他看来，这些就是民主时代的立法者的主要任务。

三 对法国大革命的评论反思

托克维尔赞颂自由法治，批判旧式专制，憎恨一切形式的暴政，包括雅各宾派专政与拿破仑独裁。这使他对法国大革命爱憎交加，他一面称大革命是旧式专制的必然结果，带有很大的正当性与进步性；一面又痛恨大革命导致的新式专制。

托克维尔揭露波旁王朝的统治是令人憎恶的旧式专制，它腐败黑暗，令人恶心，使人隔绝。他说："专制制度夺走了公民身上一切共同的感情，一切相互的需求，一切和睦相处的必要，一切共同行动的机会；专制制度用一堵墙把人们禁闭在私人生活中。人们原先就倾向于自顾自，专制制度现在使他们彼此孤立；人们原先就彼此冷若秋霜，专制制度现在将他们冻结成冰。"③ 在这样的社会中，贪婪自私横行无忌，公益品德完全被窒息。人们不顾一切地攫取财富，拼命享乐，醉生梦死。总之，专制统治使整个国家萎靡堕落。

革命摧毁的就是这样一种腐败黑暗的专制统治。这场革命是伟大而深刻的，它推进了法国的社会进步，它促使民主的潮流势不可

---

① [法] 托克维尔：《论美国的民主》下卷，董果良译，商务印书馆1997年版，第876页。
② 同上书，第880页。
③ [法] 托克维尔：《旧制度与大革命》，冯棠译，商务印书馆1996年版，第35页。

挡；它在欧洲各国人民心中激发出一种变革与改良的殷切希望。他认为革命既非偶然引发，也非荒诞不经。革命只是设法实现历史上已经准备好的合理的东西，它使革命前便已存在的萌芽茁壮成长。革命要在平等与人权的抽象原则上，建立一种新的社会秩序。因此，法国大革命的积极作用是毋庸置疑的。

然而，由于革命者的狂热与彻底，它必然使革命远离理性的引导，如脱缰的野马般一往无前。革命者期望遵照逻辑法则，依据统一方案，彻底改革社会结构，而不在枝节上缝缝补补。他们的"勇敢简直发展到了疯狂；任何新鲜事物他们都习以为常，任何谨小慎微他们都不屑一顾，在执行某项计划时他们从不犹豫迁延。决不能认为这些新人是一时的、孤立的、昙花一现的创造，注定转瞬即逝；他们从此已形成一个种族，散布在地球上所有文明地区，世世代代延续不绝，到处都保持那同一面貌，同一激情，同一特点"[①]。

托克维尔认为，勇于破坏而短于建设、激情有余而理智不足的法国人民群众发动革命，不可能不毁掉一切。革命摧毁了与自由不能相容的众多旧制度、思想和习惯，也消除了自由赖以存在的不少积极东西。神圣的权利被粗暴践踏，个人的价值和独立性被抹杀，地方权利被中央吞并，法国进一步中央集权化。旧制度灭亡了，令人欣慰；新的暴政出现了，令人恐怖。法国大革命成为后世人们既敬仰又恐惧的事件。

托克维尔通过对美国民主和法国大革命的考察研究，以惊人的远见卓识预测了自由、平等的发展前景，阐释了未来社会的民主趋向。他是一个具有非凡历史洞察力与前瞻性的智者，不仅对一般的

[①] ［法］托克维尔：《旧制度与大革命》，冯棠译，商务印书馆1996年版，第191—192页。

历史发展趋向，而且对具体事件的预见都惊人地准确。如他关于美国南北方将发生战争的预测，关于当时尚属于墨西哥的得克萨斯会被美国吞并的预测，尤其是关于美、俄两国将在20世纪主宰世界的预测，都为后来的历史发展所验证。尽管他的论述不可避免地带有贵族的情感和偏见，并因此对美国民主暴政的危险言过其实，但他仍不失为一位民主自由的宣传者和一流的政治思想家。虽然他对美国民主制度缺点的批评有失公允，但他总体上仍认为美国的民主制度和民情强于保留着一些贵族制残余的法国与英国的制度、民情。他的著作自出版以来一直广泛流传，受到各国思想学术界的高度赞誉。

第四节　约翰·密尔

自从17世纪英国革命期间的约翰·洛克奠定了自由主义思想体系以来，19世纪中期的约翰·密尔，又成为西方自由主义思想史上一位影响极大、承前启后的思想家。约翰·密尔（严复译作约翰·穆勒），（John Stuart Mill，1806—1873年），19世纪中期英国自由主义思想的主要代表。密尔青年时代就受到英国功利主义思想的深刻影响，他师从其严父老密尔和边沁、奥斯丁，后来受到康德哲学和英国唯心主义代表柯勒律治的影响。在政治上，密尔属于激进改革派，长期致力于议会改革，并同情英国宪章运动。1823—1858年在英属东印度公司长期任职，1866—1868年任英国下院议员。期间大力主张妇女参政和爱尔兰土地改革，对1867年议会改革起了促进作用。主要著作有《逻辑学体系》（1843年）、《政治经济学原理》（1848年）、《论自由》（1859年，严复译作《群己权界论》）、

《代议制政府》（1861年）、《功利主义》（1863年）。密尔的思想和学术贡献，涉及政治学、经济学、哲学、逻辑学、伦理学等诸多门类，是一位百科全书式的大思想家。他为个人自由所做的极有说服力的辩护，使他成为19世纪杰出的自由斗士和思想家名垂史册。

一　功利主义

密尔对边沁的功利主义哲学既有继承，又有修正。他同样把求乐避苦视为人生行为的唯一动机，把最大多数人的最大幸福看作首要的道德标准，功利原则同样是他探讨人类社会政治问题的出发点与归宿。不过密尔对功利原则的理解和边沁有所不同。

首先，边沁认为，快乐就是快乐，它们只有量的差别，没有质的不同。密尔则认为，快乐不仅有量的差别，而且还有质的不同。也就是说，不同快乐之间存在着高低之分和优劣之别。他认为理性的快乐比感官的快乐"有高得多的价值"，心智发达的人追求精神快乐，而低等心智的人则追求肉体快乐。追求肉体快乐的人容易获得满足，而追求精神快乐的人则往往感到不满足；这是因为一个禀有高等心智的人比低等心智的人需要更多的东西才能够使他快乐。这种人自视甚高，对他们来说，做一个不满足的人比做一个满足的猪好，做一个不满足的苏格拉底比做一个傻子好。政府也有责任教育人民追求高尚的快乐而不是沉迷于低级的快乐。

其次，边沁的最大幸福原则完全建立在个人幸福（个人利益）的基础上，没有辨析个人利益与社会利益的矛盾与差异，因而忽视了个人利益与社会利益发生矛盾时的选择问题。密尔则认识到了个人利益与社会利益的不同，并且认为追求个人快乐虽然是人的本性，但是人应约束自己的无限企求，必要时为了他人和社会的利益可以牺牲自己的利益。他说："功利主义的道德标准肯定地承认为他人利益而作出的自我牺牲是善的,因为功利主义判断行为的正确和错误的标准,不是行动者自身的幸福而是公众的幸福。行动者必须和客观而仁爱的旁观者一样,采取不偏不倚的立场。'己所不欲,勿施于人','爱邻如爱己',这两条原则便能构成理想的功利主义道德圆满状态。"①

最后,边沁认为,要使人们正当地求乐避苦,必须依靠自然制裁、政治制裁、道德制裁、宗教制裁等外部制裁;而密尔则认为保障功利原则的实现主要应依赖内在制裁。内在制裁是人们由于违犯义务而产生的内心痛苦,也就是人类的良心制裁。在他看来,人类是服从自己的良心的,人有社会感情,有与同类成为一体的欲望,这种欲望是人性中一个强大的原动力。正是这种感情和欲望,使人们深知自己可以与别人合作,以公共利益作为行动的动力和目标,从而使个人利益与全体利益协调一致。

密尔通过对边沁功利主义思想的修正,淡化了功利主义原有的利己主义和享乐主义色彩,在协调个人利益与社会利益的关系上避免了偏颇,比边沁前进了一步,从而对传统自由主义向现代自由主义的转变起了推动作用。

二 个人自由理论

争取和维护个人自由的斗争在欧美经历了漫长的历程。一开始,人们将斗争矛头指向天主教会、专制政权和统治者,争取统治者承认某些政治权利和政治自由属于人民,教会和政府不得侵犯,并为此实行法治和分权制衡,以保障人民的自由权利。这一任务基本完成之后,依然存在着对人们自由的压制和威胁,这种压制和威胁主

---

① [英]约翰·密尔:《功利主义》,徐大建译,商务印书馆2014年版,第33—34页。

要来自民众的大多数和社会舆论习俗对少数人的不宽容。在密尔之前，西方自由理论的核心是探讨政治自由，关键是处理好个人与政府的关系；现在密尔提出保障自由还要解决好个人与社会的关系——民主社会中少数人与多数的关系。密尔呼吁整个社会或民众的大多数要有一种宽容精神，容忍离经叛道的少数人，容忍反传统的新观点和异端意见。总之，在密尔看来，自由的保障不仅要有开明的政府，而且要有开放大度的社会，要有宽容和理智的民众作为土壤，这当然深化了对自由的探讨。

密尔认为，个人总是在社会中生活，这样人总要服从某种社会权力以维持社会的存在和发展，而社会的发展又以个人自由发展为条件。对个人来说，任何个人的行为，如果只涉及本人而不关他人利害，个人就有完全的自由，他人对于这个人的行为不得干涉，至多可以进行忠告、规劝或远避不理。如果个人的行为危及他人利益，他就要对社会负责，并承受社会或法律的制裁。换言之，只有个人的行为危害别人利益时社会的干涉强制才是正当的、有理的；故而密尔主张有限度的个人自由，个人自由以不危害别人的利益和社会的秩序为限度。"任何人的行为，只有涉及他人的那部分才须对社会负责。在仅涉及本人的那部分，他的独立性在权利上则是绝对的，对于本人，对于他自己的身和心，个人乃是最高主权者。"① 这样密尔就把人的生活划分为两部分：一部分纯属私人生活，对此个人拥有绝对自由，甚至包括吸毒、卖淫的自由；另一部分属于公共生活，个人应当服从法律和道德的规范。

个人自由主要包括三个方面。

其一，内心自由，包括思想自由、言论出版自由、学术自由、

---

① ［英］约翰·密尔：《论自由》，程崇华译，商务印书馆1982年版，第10页。

宗教信仰自由和情感自由等。

关于思想言论和出版自由，在19世纪中期的英国（当时世界上最自由、最先进的国家），法律和政府方面已不存在什么问题。在密尔看来，对内心自由威胁的已不是政府，而是以大多数人为代表的社会；政府没有权利压制思想自由和言论自由，人民也没有权利压制它们。密尔声称：不论是人民自己或者是政府压制思想言论自由都是不合法的。密尔承认民主政府代表了大多数人的意志和利益，但它并不因此就有理由迎合公众的意见来压制少数人的声音，每个人都有自由思想和自由表达的权利，它是绝对不容剥夺的。当民主政府已经建立并确实代表着大多数人的时候，重要的问题是如何维护少数人的自由权利。专制政府下存在的是一人或一党的暴虐统治，民主政府下应提防多数人对少数人的暴政和压制，如古雅典人对苏格拉底的迫害。

密尔为言论和思想自由辩护的主要理由是人的认识的不确定性和易错性，体现了英国怀疑主义的认识论传统。这一认识论传统由洛克、休谟、密尔、罗素、波普、哈耶克一脉传承，与近代德国以谢林、黑格尔为代表的先验的和武断的认识论截然对立。在密尔看来，由于人类认识能力的局限，不论任何人，任何党派，任何政府在认知矛盾复杂的客观世界时都难免出现错误和片面性，而人们大都容易看到他人的错误，很少能够认识反省自己的错误。为了认识、克服这些错误和片面性，让各种各样的观点、主张和理论自由地发展和辩论是一个好的办法。因为真理自会越辩越明，而谬误则会经过辩论逐渐被识破。他认为，一切理论和学说只有经过反对意见的批驳和论争，才能确定其是否正确。历经多次的检验和辩论未被驳倒而证明为真确，这是一回事；为了不许对它进行驳辩而确定其为真确，这是另一回事。

第十章 19世纪的自由主义

密尔坚决反对禁止发表不同意见和观点的专横做法，捍卫言论和思想自由。他说："迫使一个意见不能发表的特殊罪恶乃在它是对整个人类的掠夺"，"假如那意见是对的，那么他们是被剥夺了以错误换真理的机会；假如那意见是错的，那么他们是失掉了一个差不多同样大的利益，那就是从真理与错误冲突中产生出来的对于真理的更加清楚的认识和更加生动的印象"[①]。禁止发表"异端意见"，将使"异端意见"永远得不到公平透彻的讨论。它只能一时被禁止散播，却不会消失。禁止发表不同意见和观点的充分理由，在于禁止者本人确实掌握了真理。他们自然也这么吹嘘，但实际上并非如此。思想言论自由是精神文化发展的必不可少的重要条件，只有存在一种自由的、宽松的环境和气氛，人们才能义无反顾地追求真理，才有利于产生伟大的思想家。相反，只要哪里存在着大量不容争辩的原则和不容讨论的禁区，思想言论不自由，哪里就不会有高度活跃的思想，不会有精神文化的繁荣。思想言论的不自由和精神奴役的最大危害莫过于使人民和民族的思想消沉，懒于思考，智力下降，精神怯懦。在精神奴役下，世上许多大有前途、秉性怯弱的知识分子，不敢追随任何勇敢、有生气的和独立的思想，而是唯唯诺诺，口是心非。而且，思想文化不自由的社会也在塑造着畸形的人：一方面，社会压制了富有正义感和道德感的人，使许多本来可以有益于社会和人民的思想不得不默默埋在心里，或者遭到粗暴的批判和声讨；另一方面，社会又造就了这样一些人，他们不是滥调的应声虫，就是真理的应时货，他们所说的一切都是为了迎合政府或公众而不是自己真正信服的东西。总之，禁止思想言论自由有百害而无一利。

---

① ［英］约翰·密尔：《论自由》，程崇华译，商务印书馆1982年版，第17页。

其二，行为自由。

密尔不仅主张政府和社会应允许思想和言论自由，而且还应允许行动自由。在他看来，对人的思想和行为构成唯一限制的是对他人的妨碍，如不妨碍他人，任何思想和行为都是自由的。

密尔说的行为自由，除了集会结社自由外，主要指每个人有权利按照自己的个性选择自己的生活，实现自己的幸福，发展和完善自我。每个人出于先天或后天的因由都有自己独特的个性，个性发展要求每个人以适合自己的方式来生活，社会应为人们个性的发展提供适宜的环境，而不应阻碍个性的发展，更不应千方百计去泯灭人的个性。他说，人性不是一架机器，不能按照一个模型铸造出来，又开动它毫厘不爽地去做替它规定好了的工作。它毋宁像一棵树，需要生长，并从各方面发展起来。所以密尔坚决反对用国家统制的官方教育和钦定的思想文化去塑造人。他认为这种文化教育必然形成对人心和人身的专制。在密尔看来，没有自由，就谈不上个人独特人格的发展，就没有健全完整的人格。没有自由的专制制度最大的罪恶在于对人性的败坏和摧残，它能使人类堕落到毫无尊严和人格可言的可耻地步。

因此，个性的自由发展乃是形成健全人格的首要因素，同时也是人类幸福文明生活的必要条件。因为人们在快乐的体验和痛苦的感受上存在着巨大的个人差异，同一种生活方式对这个人是快乐和幸福，对另一个人则可能是折磨和痛苦。只有让每个人自由地选择自己的生活方式，才能实现各人的幸福。真正的自由和幸福就是按照我们自己的道路追求自己的好处。自由不仅是文明教化的条件，而且也是文明教化的重要内容。他认为，凡是人的个性发展受到传统习俗压制的地方，那里就缺少人类幸福的主要因素，同时又缺少推动个人成功和社会进步的主要动因。因为个人自由、个性的充分发展是人类天才成长和创新精神高涨的必备条件。他认为，一切伟大发明或进步的发端总是也必是出自一些天才个人，没有一件事不是由某个人第一个干出来的，现在的一切美好事物都是天才个人首创性所结的果实。世界现在不是而且永远也不会尽善尽美，人类自己和人类生存的环境都需要改进，人类只有不断创新不断进取才能使自己永远生机勃勃。与爱因斯坦一样，密尔相信只有天才个人才能创造出高尚和卓越的东西，而群众本身在智慧上是迟钝的，在感觉上也总是迟钝的；而天才个人只有在自由的环境中才能顺利成长。没有了自由，很多天才个人将会被窒息，创新精神将会逐渐枯竭，社会的进步将因此大受影响。只有在人们拥有自由时，人们才富于创新精神。因此他确信："进步的唯一可靠而永久的源泉还是自由，因为一有自由，有多少个人就可能有多少独立的进步中心。"[①] 确实，历史和现实都证明，自由是个人成就和社会进步的巨大发动机：学术、文化的进步与繁荣需要学术自由，经济的高效而健康的发展需要经济自由，政治文明与民主化更需要政治自由和多样化。缺少自由的专制国家在一定阶段上也能取得经济上相当快的发展，但这种发展是畸形的，不会持久，且于改善国计民生无大裨益，反以牺牲人民生活为代价，即所谓"要大炮不要黄油"。在密尔看来，自由不仅是健全人格形成的条件，而且是社会进步的强大动力，为人类幸福生活所必需。

其三，经营自由和贸易自由。

密尔还是19世纪自由主义经济理论的重要代言人。他主张资本主义的自由经营，自由贸易，反对政府干涉私人经济活动，反对贸易保护主义。

[①] ［英］约翰·密尔：《论自由》，程崇华译，商务印书馆1982年版，第75—76页。

密尔认为，每个人都有经营企业的自由，有进行内外贸易的自由。他说："要做到价廉而物美，最有效的办法还是让生产者和销售者都完全自由，而以购买者可以随意到处选购的同等自由作为对他们的唯一制约。这就是所谓自由贸易的教义……对贸易的限制以及对以贸易为目的生产的限制诚然都是拘束，而凡是拘束，就必是罪恶。"[1] 他反对政府干涉贸易自由和实行保护性关税，认为这不仅侵犯了生产者和销售者的自由，更侵犯了购买者的自由。密尔的自由经营，自由贸易，反对政府干涉私人经济活动的主张，适应了当时英国资本主义经济迅速发展与工业革命的需要。作为当时"世界工厂"的英国，急需大规模的增加工业品出口和原材料的进口，自然希望国内外的自由贸易。

不过密尔的经济自由主义对以亚当·斯密为代表的古典自由主义经济理论有部分修正，他并非主张让市场这个"看不见的手"主宰一切。密尔对资本主义的分配不公，对工人的贫困生活非常愤慨，他主张应该通过国家干预提高工人的工资，缩短工时，为穷人提供社会保险和救济，使劳动者也能过一种体面舒适的生活。除此之外，他认为政府可以提供咨询和信息，并在有垄断危险的情况下参与同私人企业的竞争，甚至对私人企业进行限制。当然密尔并不认同社会主义，他虽承认社会主义可以提高劳动者的生活水准，却要以限制、牺牲自由为代价，而这是密尔不愿看到的。作为一个自由主义者，密尔最珍视的自然是自由而非社会公正。比传统自由主义进步的是，密尔毕竟没有忽视社会公正和社会福利问题，他用心良苦地要在基本不触动资本主义自由经济制度的前提下妥善地处理个人自由与社会公正的关系。因此，密尔既继承了古典自由主义珍视自由

---

[1] [英] 约翰·密尔：《论自由》，程崇华译，商务印书馆1982年版，第103页。

反对政府干预的传统,又开启了20世纪新自由主义的思路。

三 代议制政体

密尔是以功利主义来考虑政体优劣的。他认为,能给人们带来最大利益并能长期保持这种利益的政府形式就是最好的政体。当然,这一标准过于笼统,密尔进一步将其分解为两个比较具体的标准:首先是促进和提升人民的美德、才干与智慧,在这方面做得最好的政府,很可能在其他方面也是最好的;其次是政府本身结构合理,能充分调动、利用社会中一切积极因素帮助实现正当的目的。

确定了这两个标准后,密尔又反驳了假设有理想的专制君主,君主专制政体是最好的政府形式的看法。密尔认为,专制政府要很好地管理社会,需要君主和主要官员才智超群,品德可靠,信息通畅,明察秋毫,能迅速全面了解国家各方面的复杂情况,再公正明智地决策和执行。这几乎是不可能的。在密尔看来,历史上的专制统治,贤明而有效的实属罕见,就是因为独裁统治对专制者的要求太高,不是一般人能够达到的。即使偶尔碰上好的专制统治,也意味着国家与人民的一切事情都听凭政府处理,人民无任何自主权和参与权,因此就对一切漠不关心,只关心自己的物质利益和生活享乐。这就必然导致人民的才智和道德感情的退化败坏,进而使国家衰落。

密尔认为,理想上最好的政府形式就是主权属于社会整体的那种政府。每个公民,不仅对该主权的行使有发言权,而且时常有机会参加政府,担任地方的或一般的公共职务,这就是民主政体。不过由于直接民主(由全体人民直接管理国家事务)只能在小的城市共和国实行,因此,在广土众民的国家,实现间接民主的代议制政府便是理想的政府。这种代议制政体的特点是:第一,国家的实际最高权力归于普选产生的人民议会；第二，行政权归于由议会任命的行政首脑。他认为，议会的适当职能不是管理——这是它完全不适合的——而是监督和控制政府，它不应该事无巨细都对负责行政管理的人发号施令。就行政事务来说，有效的管理办法还是由一人负责进行。在实行政党制的国家里，议会只决定由几个政党中的哪个政党去组织政府，至于谁适于担任政府首脑，则由该政党自行决定。内阁成员，也不由议会提名任命，而由内阁首脑推荐任命。议会的主要职能一是代表民意和体现民意，一是监督和控制政府，对政府提出质询，谴责政府的错误行为，撤换政府中滥用职权人员和渎职人员。

代议制政府之所以理想，就在于它比任何其他政体更有利于提供良好的管理，又能促进良好的民族性格和品质的发展。代议制政府最突出的优点，就是通过鼓励公民参与公共事务和担任公共职务，以提高他们的智力和道德水平，造就公民积极、自助的性格，而它们对于人类的普遍利益和国家的繁荣昌盛都是必不可少的。

当然代议制政府也有弊病。它的缺陷和危险主要有两点：第一，议会的平庸无能。随着选举权的普及，才智较低的人可能当选为议员，从而使议会的智慧不足。第二，有受到特殊利益操纵的危险。代议机构如果为庸劣的多数所控制，就有可能实行阶级统治和阶级立法，导致"多数的暴虐"和对个人自由的侵犯。密尔这里担心的是劳动人民控制议会，左右立法。

对此密尔提出了一些补救的办法。对第一种缺陷，密尔主张用文官制来弥补代议制政府的不足，所谓文官制，指的是管理工作掌握在职业官员手中的制度。他认为职业官吏大多经过训练，有高度的政治技巧和能力，有管理的经验和知识，而代议制政府的民选官员是很难具有这种优势的。不过，官僚制政府也有其严重的弊端，

第十章　19世纪的自由主义

那就是可怕的贪污腐化，墨守成规和例行公事，以及对来自外部的改良措施的永恒敌意。相比之下，代议制政府则没有这种缺陷，它不仅具有主动性和创造性，而且能有力地免除社会的不公正和犯罪。因此，密尔认为，要保留代议制的优点，克服自身智力平庸的缺点，就应该明确划分管理工作和选择、监督、控制工作之间的界限，即让经过专门训练的行政官员从事管理工作，民选议员仅仅履行监督、控制和选择的职能。密尔的主张，是将代议制与文官制、专家治国结合起来，不久为多数西方国家所采纳。

对第二个缺陷即阶级立法的危险，密尔主张在议会中保持一种抗衡即实现阶级力量平衡来解决。这就使任何阶级或阶级的联合都不能发挥压倒一切的影响。不过在普选的情况下，占人口绝大多数的劳动阶级会控制议会的多数席位，形成不利于有产阶级的立法。为此，必须保护少数，改革选举制度。他一方面主张扩大选举权，给妇女选举权；但在选举资格上又主张实行一定的限制，即受过教育的人才有选举权，不纳税者、靠政府救济金生活者不能享有选举权，不会读写、不会普通算术运算的人也不应有选举权。另一方面，他主张实行一种"复票制"，即允许"才智高"的人享有两票以上的投票权。他认为，通过这些办法就可以避免"阶级立法"和"多数人的专制"，并使民主制度因保持着一种抗衡职能而免于走向衰退。在密尔看来，这样建立起来的民主制才是代表全体人民的真正的民主制。

即使对这种由人民选举的代议制政府，密尔也是疑心重重。从自由主义的政治理念出发，他要求严格限制政府的权力，减少政府对人民的干预，任何事情只要个人能办就绝不要政府包办。一方面，密尔相信许多事情个人能比政府办得更好，政府一插手，反而办糟；另一方面，则来源于他对权力集中的担心。在密尔看来，如果交通部门、银行、公司、大学都听命于政府，省市以及地方权力机关都是中央政府的下级部门，而所有这些部门的工作人员都由国家来任用和支付薪金，那么即使这个国家有着完善的政治组织和法律制度，有出版自由，也难以成为自由的国度。密尔及许多英美政治思想家相信最好的政府是干预最少的政府。相反，政府的权力越大，行政机器越有效率，为患也就越大。另外，事情由个人以及个人之间结成的社团来处理，也是人民的一种政治锻炼，公民参与政治活动能帮助他们从个人和家庭的狭小圈子里跳出来，关心公共事业，增加每个人的自信和对国家、公共事务的责任感。只有这样的人民才是自由民主制度的牢固长城，这样的人民才有勇气、胆量和信心面对统治者，才敢于反抗统治者的滥用权力，才能免于被奴役。那种极端消极被动，对国家和公共事务缺少热心和责任感的民众，随时都会屈服于专制的暴虐。

第十一章 19 世纪前期的社会主义

第一节 概论

19 世纪前期的社会主义是法国大革命与欧洲工业革命的产物。在启蒙运动思想家中，马布里与卢梭的思想已明确倾向社会主义。大革命期间，雅各宾派的领袖们不断抨击不平等的罪恶和富人的聚敛，要求改革税收制度，解除穷人的负担，同时征收富人的财产与多余收入，对生活必需品实行最高限价。待到雅各宾派专政时期，这些主张相继付诸实施。巴贝夫派则提出更为激进的共产主义主张。所以法国大革命既是为资本主义发展扫清道路，又为社会主义的兴起推波助澜。更重要的是，起始于英国、后来扩及欧美的第一次工业革命标志着工业文明时代的来临。工业革命使生产力得到前所未有的增长，财富大量流通，才干加运气可以使少数人很快发财致富，但大多数人依然贫穷劳苦，甚至衣食无着。因为机器生产造成大量工人失业，而当时又没有基本的社会救济措施保障失业者的生活。这就造成富者越富、贫者越贫的局面，加剧的贫富分化与工人的苦难生活必然引发人们的不满与思考，进一步导致对资本主义的激烈批判。19世纪前期的社会主义就是在这一社会背景中产生的。因为马克思主义以前的社会主义只有美好的社会蓝图而找不到实现的途径，所以一般被称为空想社会主义，代表人物是圣西门、傅立叶和欧文。他们继承、发展了近代以来的社会主义思想，结合当时的实际，形成了自己的理论特色，把空想社会主义发展到了新阶段。

和近代早期的社会主义者相比，他们把批判的矛头直接对准了资本主义，针对资本主义的政治、经济制度和道德状况进行了全面的批判。他们不是一般地批判私有制，而是集中批判资本主义私有制，认为在这种雇佣劳动制度下，工人仍然是资本家的奴隶。他们不仅要争取政治权利上的平等，而且要争取工人经济权利与社会地位的平等。

他们抛弃了18世纪社会主义者的平均主义和禁欲主义，设计出一个产品丰富、劳动愉快、生活舒适、道德高尚的社会主义社会方案。傅立叶坚决反对平均主义，认为任何平均主义都是政治毒药。在圣西门设计的实业制度中，实行的是按才能分等级，按工效定能力，按能力计报酬的原则。在欧文设计的新和谐公社里，实行按需分配，而在向公社过渡的时期则实行按劳分配。这是一个很大的进步。

他们设想的社会主义，是一个既有高度物质文明，又有高度精神文明的社会。在圣西门提出的理想社会方案中，既有丰富的生活资料以满足最大多数人幸福生活的需要，又有数量众多具有高尚德性和良好修养的人做领导，还有最先进的文化科学推动社会发展。在傅立叶设计的"法郎吉"中，劳动成了娱乐，产品成倍增加，人人丰衣美食。在这个理想社会里，将有数以千万计的数学家、诗人、作家从事科学研究与艺术创造，似乎人人都可以成为科学与艺术巨匠。在欧文设计的"新和谐公社"里,每人每天只进行四小时的愉快劳动,但社会拥有丰富的优质产品用以满足各人的需要,每个人都受到良好的教育,成为德、智、体全面发展的新人。

他们一般主张通过和平手段和典型示范的办法,而不是通过阶级斗争和暴力革命的途径建成理想社会。圣西门说,为了实现政治改革,唯一的手段就是宣传,用宣传唤起君主的觉悟。他坚决否认他打算鼓励起义和暴乱,因为暴力行动可能威胁社会。傅立叶的理想社会组织"法郎吉"是用招股的办法募集资本而成立的。欧文肯定只有用和平的方法并依靠英明的远见,才能完成向新社会的过渡,试图利用暴力来改革政府或社会都是不能容许的。欧文不仅这样主张,而且亲自在苏格兰克莱德河谷领导新拉纳克企业进行示范,后来又到美国创办了"新和谐公社",再次进行试验。当然这些试验由于脱离了社会实际,以及人性各种各样的弱点最终都失败了。即便和平的实验失败了,他们也没有想到诉诸暴力。

19世纪早期的社会主义思想虽然是空想的,但它是马克思主义的重要来源之一,因而在社会主义思想发展史上占有重要地位。

19世纪30年代,法国又产生了空想共产主义思想,主要代表人物是卡贝和布朗基,他们对资本主义的批判和对共产主义的设想都有了新的内容。布朗基不相信依靠宣传教育和典型试验的和平方法能改造现存社会制度,主张以武装斗争夺取政权,以直接行动将共产主义付诸实践。同时及稍后,无政府主义思潮也流传开来。无政府主义的创始人蒲鲁东以个人主义为基础,幻想小私有制永世长存。他反对一切法律、政府和国家,反对组织工会和政党,更反对暴力革命和无产阶级专政,主张立即建立"无政府"社会,实现人人自由和人人幸福。由于无政府主义是异想天开,彻底陷入空想的泥淖,连一个实验的机会都没有,这是人类的幸运。因为空想社会主义在某个地方实验一下未尝不可，起码不会造成多大问题；而无政府主义一旦实验，难免造成社会的崩溃与文明的倒退。实在够可怕的！

第二节　法国空想社会主义

一　圣西门

法国空想社会主义思想的代表是圣西门和傅立叶。

克劳德·圣西门（Saint Simon，1760—1825 年）出生在巴黎的一个旧贵族家庭，受过良好的教育，受其老师达兰贝尔的影响，他对宗教始终采取批判的态度。他参加过美国独立战争，却没有参加法国大革命。法国大革命期间，他趁机做投机买卖，发了大财。他对革命后建立的资本主义制度感到失望，对雅各宾派的暴力专政深深畏惧。1802 年以后他专门从事学术研究与出版，结果将财产耗费一空，不得已过着清贫的生活。这使他和劳动人民非常接近，认真思考许多社会问题，逐步形成了自己的空想社会主义理论。

圣西门的主要著作有：《一个日内瓦居民给当代人的信》（1802 年）、《论实业制度》（1821 年）、《实业家问答》（1824 年）、《新基督教》（1825 年）等。

圣西门对当时的法国社会非常不满，将其称为黑白颠倒的世界。盗窃国库的大盗掌握着惩罚小偷的权力，到处都是无才无德者统治善良的公民。他把革命后的法国人分为"劳动者和游手好闲者"两个对立阶级：他所谓的"游手好闲者"，包括封建贵族、官吏、军人、僧侣和不事生产和贸易而专靠租息为生的人，即无才无德的统治者，对社会毫无价值；所谓"劳动者"，则不仅指工人、农民，而

第十一章 19世纪前期的社会主义

且也包括工厂主、商人和银行家。"劳动者"创造一切社会财富与美好的东西,但他们被压迫受统治,而"游手好闲者"却拥有权力和地位。圣西门揭露"游手好闲者"之所以享有特权和地位,"只是靠投对了娘胎,善于逢迎拍马、惯耍阴谋诡计,或搞其他不光彩勾当"①。无知、迷信、懒惰和穷奢极欲是他们的本分,暴力、欺骗、威胁与镇压则是他们惯用的手段。

圣西门认为,社会制度是向前发展的,文明是不断进步的。法国革命后的坏制度必将为美好的"实业制度"所代替。"实业制度"是他设计的一种由国王、实业家和学者掌握社会政治、经济、文化等各方面权力的社会协作制度。其基本内容是:建立在人人平等的原则之上,不承认任何特权;使一切人得到最大限度的自由,按最有利于生产的方式组织经济活动;"一切人都应当劳动",消灭不劳而获的剥削现象,从事最有益劳动的阶级将最受尊重;经济文化迅速发展,社会将促进各种个人幸福和公共福利;充分运用科学、艺术和工业所取得的知识来满足人们的需要;等等。圣西门指出,在实业制度下,国家政权的性质和作用将完全改变,社会权力将由对人的统治变为对物的管理和对生产过程的领导,国家机关的职能主要是组织社会生产,造福于整个社会。

不过在实业制度下,仍然保留私有制与企业利润,但要取消继承权。在社会生活的所有方面,按才干分职位,按能力计报酬。国家制订整个社会的工作计划,实行协作制,使各个实业家的活动服从于总的计划。奇怪的是,在圣西门的实业制度下,不仅保留了国王,而且王权还是政治组织的基础,王权高于其他权力。国王虽不

---

① [法]圣西门:《圣西门选集》第1卷,王燕生、徐中年、徐基恩译,商务印书馆1979年版,第238页。

是专制君主，也是大权在握的立宪君主。

在如何实现他的实业制度问题上，圣西门基本陷入空想。他反对暴力革命，鼓吹和平方式。他认为，"改革家决不应当依靠刺刀来实现自己的想法，他们将采用的唯一手段就是宣传，这种宣传的唯一目的，则是唤起君主利用人民赋予他们的权力来实现势在必行的政治改革"。同时，他还把希望寄托在国王和学者、实业家这些所谓最有"理性"的人身上，而对广大民众不抱信心，他害怕暴民统治会造成愚昧统治知识的局面。他坚信劳苦大众的天然领袖就是实业家，特别是银行家。他一点都不怀疑，只要赋予实业家领导社会的责任，他们就会作为民族的委托人而行动，通过增加生产提高社会福利。在当时资本主义矛盾已明显的情况下，他竟然没有想到实业家和工人的利益冲突；他甚至认为，只要由国王颁布一道敕令，委托最有势力的实业家编制国家预算草案就可以建立他所设想的实业制度。圣西门努力著书立说，组织圣西门主义团体，创立新基督教，专门从事宣传，甚至上书拿破仑，劝说他建立实业制度，而拿破仑却把他当作一个疯子。这正表明了圣西门空想社会主义者的特色。

二　傅立叶

夏尔·傅立叶（Charles Fourier，1772—1837年），生于法国贝桑松城的一个富商家庭。他长期从事商业买卖，这使他能够充分熟悉和了解资本主义经济活动的罪恶，尤其是商业投机的种种黑幕，为他以后辛辣而有力地揭露和批判资本主义提供了丰富的素材。1803年，他发表了《全世界和谐》的论文，第一次提出了他的空想社会主义思想，指出了资本主义文明将被协作制度所代替。此后，他终生都为宣传这种协作制度不懈努力。

傅立叶的著作主要有《论四种运动》（1808年）、《新世界》

(1829年)等。

对资本主义的批判是傅立叶学说中最精彩和吸引人的部分。傅立叶痛斥资本主义社会是个是非颠倒的世界，是社会地狱；资本主义雇佣劳动制是"复活的奴隶制"；资本主义工厂是"温和的监狱"和"贫困的温床"。在资本主义社会里，一方面是财富的增加，另一方面是贫困的积累，资本主义的原则就是"为了要有富翁就要有贫民"。所谓"文明"实际上是"富者对贫者的战争"，劳动人民创造的财富越多，本身就越贫穷。傅立叶由此得出结论：在这种文明制度下，贫困是由富裕产生的，反过来也是。

傅立叶进一步从政治上对资本主义进行了深刻的揭露和批判。他指出，按照18世纪启蒙学者的社会契约和天赋人权理论，人们订立社会契约是为了保障人们的自由、平等、幸福等天赋权利；但是，在资本主义社会劳动人民失去了基本的劳动权，基本生活条件都没有保障，整日挣扎在失业、贫困和饥饿之中；如稍有反抗就被逮捕监禁，甚至被处绞刑，还有什么自由、平等、幸福可言！因此他指出启蒙思想家的学说与事实不符，所谓社会契约和天赋人权的理论，完全是骗人的说教。宪法上的权利不过是写在纸上的一些冠冕堂皇的骗人的东西，法律只不过是保证"坐在黄金上的阶级"享受幸福，使贫困永世长存。他举例说，司法机关和警察让一个大肆盗窃国库的供应商逍遥法外，却同时处死了一个仅仅偷了一棵白菜的穷人。因此，他认为资本主义制度就是恶魔的统治。

批判与破坏是痛快的，而建设却是麻烦的事情。如果说傅立叶对资本主义的针砭、批判是深刻而到位的话，那么一旦他着手设计未来的理想社会，就暴露了他的肤浅与异想天开。他所设想的理想社会制度——"协作制度"，是由集体联合的生产和消费协作社——"法郎吉"组成的。在每个"法郎吉"中，按劳动性质分成每个专业劳动队或联组，称为"谢利叶"。他详细地制定了"法郎吉"的组织规模、生产分配和成员生活的计划。不过傅立叶的"协作制度"并不是真正的社会主义，"法郎吉"也并不是一个完全的社会主义协作社。它并未废除私有制，而是依照当时股份公司的形式组织起来，资本家向"法郎吉"投资，能取得大量的股息。在"法郎吉"中，产品分配是按资本（股份）、劳动和才能三个方面进行的。傅立叶幻想通过这种分配办法，在"法郎吉"中使人人都变成劳动者，同时人人也都变成有产者，从而达到阶级的协作和社会的和谐。在协作制度中，国家政权实际上已不存在。"法郎吉"的领导机关，由各"谢利叶"的领导人、有重大经济利益的资本家以及德高望重的"法郎吉"成员组成，但它不是国家机关，而主要是咨询机构。它根据成员的经验和科学知识对"法郎吉"的某些计划发表意见，提供给"谢利叶"作为参考。"谢利叶"可以采纳也可以拒绝。

傅立叶与圣西门一样，也认为变革现实和建立协作制度不能通过暴力革命的手段来实现，在他看来，革命是"折磨国家"的"过失行为"。理想的办法是通过和平的方式，组织几个试验性的协作社，发挥它的示范作用，使人们认识到"法郎吉"的优越性，就能建立协作制度。因此他也把希望寄托于少数上层人物身上。他经常张贴布告，吁请资本家把自己的资产投入"法郎吉"，并规定每天中午十二时他在一家饭店恭候面谈。可是，直到他老死，一直无人愿意与他合作建立"法郎吉"，他所进行的一些小型试验也都以失败告终。

第三节 欧文

罗伯特·欧文（Robert Owen，1771—1858年），是19世纪上半叶英国著名的社会主义思想家和实验家，英国工会运动的杰出领袖，恩格斯称其为社会主义运动的创始人。他出生在一个贫苦的手工业者家庭，后来经过非凡努力成了大资本家，成功地经管了不少企业。他是个天性善良的慈善家，对工人与其他劳动人民的苦难深为同情。他带头改善工人的生活，提高工人的收入，同时也给企业主带来了丰厚的利润。他组织生产、消费合作社，进行共产主义实验，有成功也有失败。他是一个个人意志坚强的人，不愿听取批评或其他人的意见，即使失败也不认输。他讨厌选举和竞选，拒绝参与政治斗争。

反映欧文政治思想的主要著作是《新社会观》（1813年）。

一 对资本主义私有制和自由竞争制度的批判

在欧文早期的思想中，他只是对资本主义私有制与自由竞争制度造成的恶劣状况表示不满，希望进行改善，并没有从根本上否定资本主义私有制与自由竞争制度；他只是主张资本主义企业创造的利润要做公平合理的分配：一方面作为资本的报酬，另一方面用来增加工人的福利。作为一个成功的资本主义企业家，这是可以理解的。但19世纪20年代以后，欧文不仅对资本主义制度下的贫富悬殊、劳动人民的悲惨生活以及社会道德的堕落深恶痛绝，而且对资本主义私有制与自由竞争制度进行了深刻的批判与否定。

欧文之所以猛烈抨击资本主义私有制，就是因为他认为私有制是工人阶级贫困化和现代社会一切罪恶的根源。

欧文认为,机器工业代替小手工业是社会的进步,工人运用机器创造了巨大的财富,这本来可以使整个社会都过上富裕幸福的生活,只要对财富的分配公平合理;但贪得无厌的资本家的残酷剥削却使工人生活更加悲惨痛苦。事实是,在机器生产中,劳动者本身成了机器的附属,时时面临着失业的危险,承受着超负荷的劳动强度,忍受着非人的劳动待遇。他们创造的巨大财富,却被少数有产者无偿占有,劳动者饥寒交迫,资本家与贵族官僚过着醉生梦死的奢侈生活。这些极端不公正的现象,都是资本主义私有制造成的恶果:私有制不仅造成了工人阶级的贫困化,造成贫富之间的根本对立,而且造成资本主义社会的道德贫困。一些人为了发财致富,尔虞我诈,明抢暗夺,钩心斗角,相互仇视,导致战争四起,灾祸遍地。

对于资本主义经济的自由放任与企业的自由竞争,欧文也进行了严厉地批判。他认为资本主义经济的自由放任与企业的自由竞争驱使所有企业主都采取很不人道的竞争手段:延长工时,增加劳动强度,减少工资。他们的理由是,别人都这么干,我也得这么干,否则就要破产。因此,资本主义企业的自由竞争也是工人贫困的重要原因,只有消除了私人企业与自由竞争,建立生产、消费合作社或劳动公社,才能使劳动人民过上美好生活。

二 理想社会的基本原则

欧文提出了一个取代资本主义社会,建立以劳动公社为基础的共产主义社会的方案。新的社会将实行如下原则:第一,生产资料公有制。他主张在合理组织起来的社会里,私有财产将不再存在,劳动公社实行财产公有制。欧文把财产分为两类,一类是满足个人消费需要的，即生活必需品和享受品，这类财产归个人所有；另一类为生产资料，要实行公有——"纯粹个人日常用品以外的一切东西都变为公有财产"。在他看来，没有了私有制，也就没有了富人和穷人、资本家和工人，也就消灭了阶级、特权和剥削现象。在公社里，每个人都接受同等的教育，享有同等的地位，获得同等的机会，并取得接近同等的报酬，彼此友好竞赛，和睦相处。第二，各尽所能，按需分配是理想社会的生产和消费原则。公社形成一个统一的大家庭，每个成员各尽所能，干适合自己干的工作。欧文相信，随着机器和科学发明的广泛运用，随着人们劳动积极性的充分发挥，随着产品的极大丰富，每个人可以根据自身的需要在公社领取自己需要的各类物品，全体成员将住同样的住宅，并在一切方面得到同样的安排。第三，民主管理是理想社会的政治原则。公社最高权力属于全体社员大众，一切重大问题需经全体社员大会讨论决定，由社员大会选出的总理事会作为公社常设领导机构，处理公社对内对外事务，社员对一切事情有发表自己意见的自由，社员对理事会成员享有监督权和罢免权。第四，消灭旧的社会分工和差别，实行男女平等。欧文提出，公社要形成一个由农、工、商、学结合起来的社会大家庭，公社要真正成为工业与农业、都市与乡村、体力劳动与脑力劳动相结合的社会组织，而且这种组织要不断发展壮大，最后形成一个由共同利益联系起来的共和国。为了发展生产力，迅速消灭人与人的差别，公社必须培养具有新的道德风尚，具有丰富的理论知识和实践经验的一代新人，实行教育与生产劳动相结合。

三 理想社会的实验

欧文主张用和平方式实现理想社会，他认为变革要在真正不伤害任何人的情况下完成，绝不能让孤陋寡闻和粗鲁不文明的人进行破坏。他清醒地意识到用暴力革命手段来改造私有制社会的极大危险,因此坚决反对用暴力革命推行社会变革。他说:"这一过渡只有用和平办法,并依靠英明的远见才能完成。试图通过暴力来改革政府或社会的性质,都是不能容许的。"[①] 他主张靠宣传鼓动与劝说,把希望寄托在资产者和当政者的觉悟上,希望由他们来实行自上而下的变革。当然,资本家和英国政府不会为他的宣传所感动,更不会支持他的和平改革方案。

他倾向于相信那些统治者和被统治者本来一样善良,只是受了非常不良的教育才变得贪婪自私,一旦社会条件变化,他们的思想和习惯就会随之改变。他从未停止期望或试图争取那些资本家、当权者支持他的计划。

为把自己的理想付诸实践,欧文先后两次组织、进行了共产主义公社的社会实验。19世纪20年代后期,他在美国这个典型的资本主义国家购置了大量土地,创办了"新和谐公社",这是一个财产公有,人人享有平等权利和义务的公社,同龄人享受同等的衣食住和教育的权利,没有剥削和压迫。一开始公社还办得有些成绩,但后来由于参加公社的人各怀私利,同床异梦,偷懒耍滑,没人愿意干活,加之缺乏管理经验,消费超过了生产,1829年公社宣告失败,欧文投入的全部财产四万英镑损失殆尽。19世纪30年代末至40年代中期,欧文又在英国组织了示范性的共产主义公社,同样以失败告终。俄国十月革命胜利后建立的公社,很快就烟消云散;在中国,"五四"时期的新村试验与"大跃进"期间建立的人民公社同样未能持久。总之,人类史上所有建立公社的试验,无不以失败收场。

---

① [英]罗伯特·欧文:《欧文选集》第二卷,柯象峰等译,商务印书馆1981年版,第109页。

第十一章 19世纪前期的社会主义

欧文的试验及其失败，说明期望通过和平的、典型试验的方式实现理想的社会主义社会，消灭私有制和剥削，是不可能成功的。那么，要消灭私有制和剥削，要建立公有制为基础的社会主义社会，只有通过暴力革命和无产阶级专政的方式来实现，这正是马克思列宁主义认定的从根本上改造社会制度的途径。不过对20世纪西方发达国家的工人来说，还有一个可行的选择就是通过不断的改良，局部改造资本主义，尽量克服私有制与自由企业制度的弊端，为工人提供多种社会保障，改善工人自身的境况。它不是根本改造而是渐进改革，这就是民主社会主义的奋斗目标。

欧文的社会主义思想不仅主导了19世纪上半叶的英国工人运动，而且其改良思想对19世纪中后期的工联主义、费边主义等工人运动中的改良主义思潮都有一定的影响。

第十二章 法西斯主义

第一节 概论

法西斯一词来自拉丁文,意谓棍斧,是古罗马高官出外巡视的标志,代表权力和威严。在现代,法西斯一词成为独裁恐怖的代名词,一般指对外的侵略扩张与对内的恐怖独裁统治。法西斯主义本来是指墨索里尼领导的意大利法西斯党的理论和实践,这个党的理论旗帜是国家主义和工团社会主义。第一次世界大战后产生的德国的民族社会主义运动,也被纳入法西斯主义中,这是现代世界两种主要的法西斯主义。意大利和德国的法西斯主义都宣称反对资本主义,要搞社会主义,而且是代表意大利和德国工人运动的。墨索里尼早年也是一个左派信徒,阶级斗争的信奉者,当然,意、德法西斯党上台后,完全背离和抛弃了社会主义的理想。其实在一开始组建法西斯党时,他们的社会主义宣传主要就是欺骗,目的不外是以此赢得广大工人的支持和选票。至于他们的国家主义和民族主义,才是货真价实、贯穿始终的东西。法西斯主义大力宣传国家至上或

第十二章 法西斯主义

民族至上，要求个人意志服从统一的国家意志或民族意志，民众完全服从具有超凡魅力的领袖。20世纪30—40年代日本的军部法西斯主义没有像样的理论，但其臭名昭著的"武士道"精神的核心也是效忠天皇，为天皇与大和民族的光荣牺牲一切。另外，法西斯主义还赞扬军事纪律和军人的美德，渴望战斗和征服，迷信暴力与欺骗，实行军国主义。他们诋毁西方自由民主、理性主义和个人主义价值观，痛恨小资情调，反对一切国际合作与和平运动。他们把各种失意者和一心想着破坏征服的暴徒吸收到运动中来，部分消除了国内阶级差别。他们不是对哪个阶级，而是对全人类犯下了滔天罪行。

法西斯主义是现代极权主义的代表。极权主义又名总体主义、全能国家，均来自 totalitarianism 一词，指国家政治权力统驭一切，对社会生活的所有方面和领域实行超强度的管制。可以说在一定程度上极权主义是20世纪新生的政治现象，是在旧的专制基础上发展起来的无所不包、无所不及的新式专制，是专制主义演化的最高、最后阶段。旧时的专制往往集中在政治领域，对思想文化和经济的管制则是残缺不全的。极权主义则以对人们思想信仰的专制为基础，用专制的铁钳牢固地钳住了整个社会。《大不列颠百科全书》认为极权主义与旧式专制的区别是它"以新的政治机构代替一切旧的政治机构，打破一切法律、社会和政治的传统"，"由于多元文化和个性被缩减，大多数人民只得依从极权国家的思想意识。个性的多样化不见了，而代之以集体服从（至少是默认）由国家认可的信仰和行动"[1]。法西斯极权主义有五个重要特征：第一，一个宣称垄断了真理的解释一切的官方意识形态；第二，一个由独裁者或政治寡头控制的垄断政治权力的群众性政党；第三，独裁政党或政府垄断大众

---

[1] 《大不列颠百科全书》第17卷，中国大百科全书出版社1999年版，第157页。

传播工具；第四，一个实行恐怖统治的秘密警察系统；第五，集中管理的经济。就对人类生活控制之严密与全面而言，就对人们个性与自由扼杀之彻底来说，现代极权主义可谓达到了登峰造极的地步。

法西斯主义是一种社会达尔文主义，他们将优胜劣汰、弱肉强食的自然竞争法则搬用于人类身上，鼓吹自己是优胜者，应该统治世界。不论是在国内还是在国际上，他们都信奉赤裸裸的强盗逻辑，迷信斗争，崇尚武力，将一切文明的法则斥为伪善。他们以开创新时代、新秩序的"革命者"自居，宣称要根本改造腐败的资本主义旧秩序，为人们缔造一个幸福的千年王国。他们的欺骗宣传也颇为成功，赢得了很多民众的支持，成为名副其实的群众运动。

法西斯主义的思想源流可谓五花八门，不过总体来说，德国法西斯主义无疑是18世纪以来德国政治、社会生活与思想文化演变结出的恶果。进入近代以来直到第二次世界大战战败，德国政治、文化的主流一直与以英美为代表的西方主流政治、文化格格不入，判然两途。英美高扬个人主义、自由主义和民主宪政，尊重个人权利，珍爱个人自由，崇尚个人价值；德国则信奉国家主义（或民族主义）、军国主义和专制主义，贬低个人价值，扼杀个性与自由。与此对应，德国人形成了严酷刻板、恪守纪律、爱服从的民族性格。如果说英国人像绅士，法国人爱风流，那么德国人、日本人则是典型的武夫（限于二战前）。法西斯主义在德国、日本这样的国度真是如鱼得水。在哲学认识论上，英美崇尚科学理性、经验主义和怀疑论，德国则流于意志主义、唯理主义和独断论。英美的思想理论看似深度不足，甚至缺少宏大的体系，却是切实经验之论，真正代表了人类智慧的成熟和理性的自知之明。德国的思想体系初看博大精深，实多为先验的武断之论与偏激之说，更多地反映了人类理性的狂妄和科学精神的迷失。德国主流思想家身上充分展示了哈耶克所批评

第十二章　法西斯主义

的"理性的自负"。他们狂妄地相信他们掌握了人类历史乃至宇宙的本质与必然规律,最后的绝对真理就在他们的大脑中。他们不知疲倦地制造出一个又一个无所不包、解释一切的思想体系,目的是要垄断真理,再以此为根据垄断权力,别人则只能信仰服从。从黑格尔到尼采,再到斯宾格勒,最后到希特勒,都是这种理论体系的制造贩卖者。他们都热衷于一次性地垄断批发真理。英美的思想家谨慎小气,只能零售知识,批发也是小规模的。他们对自己的理论知识也总是抱着应有的怀疑,坚信人类知识的不确定性与易错性;因此他们从不制造、贩卖那些自认为放之四海而皆准的形而上学体系。从洛克到密尔,再到罗素,都体现了这一传统。英美的思维方式偏向个体主义,德国的思维方式则显出整体主义。英美的思想理论于平易切实中显示其伟大,德国的思想体系则在令人眼花缭乱之后终显其独断。当然,德国的洪堡、康德、韦伯是例外。正因为他们是例外,所以不能对德国人产生多大的影响,他们的思想观念,从来也没有被多数德国人所接受认可。如果他们的思想观念成了主流,法西斯主义的蛊惑宣传也就难以在德国取得成功。质言之,英美的经验主义、怀疑论思维方式是自由民主制度的认识论基础,而德国的先验主义、独断论哲学正是专制独裁的认识论前提。独断论哲学正与独裁的政治一脉相承。也就是说,连德国的哲学、思维方式都有助于法西斯主义的产生和宣扬。

18世纪在普鲁士发端的、后来由第二帝国发扬光大的国家主义(或民族主义)、沙文主义、军国主义、专制强权传统,已为法西斯主义的滋生、成长准备了肥沃的政治文化土壤。黑格尔、特赖奇克的国家至上、鼓噪战争的政治思想,费希特、戈宾诺、张伯伦的种族优劣论,加上尼采的权力意志论与超人哲学,共同构成了德国法西斯主义的理论基础。当然,在这个思想的"奥基亚斯牛圈"中,希特勒等人又加进了一些乌七八糟的东西，使这个德国思想的"奥基亚斯牛圈"更加臭不可闻。黑格尔的政治思想前已述及，不再重复。我们下面要分析的是其他几个思想家的理论，目的是昭示其与法西斯主义的渊源关系。

第二节 法西斯主义的思想源流

一 尼采的哲学政治思想

弗里德里希·尼采（Friedrich Nietzsche，1844—1900 年）是 19 世纪后期德国著名的哲学家和政治思想家，非理性主义的代表，法西斯主义政治思想的先驱。尼采出身于德国萨克森一个贵族牧师家庭，自幼接受贵族特权阶级教育，他家中的生活方式全是贵族式的，他也以出身贵族而自傲。1858—1864 年，他在波恩大学和莱比锡大学学神学，后来却成了基督教的死敌。1869—1879 年任瑞士巴塞尔大学古典语言学教授。1880 年后，他患上了严重的精神病，1889 年完全疯狂，被送入疯人院直到病逝。他没有专门系统的政治著作，主要政治观点包含在《查拉图斯拉如是说》（1883—1891 年）、《权力意志论》（1895 年）等书中。他的哲学政治思想缺乏严密的论证和条理，他用充满激情的、诗一样的语言，向世人宣示他惊世骇俗的哲学政治观点，向社会主流道德、政治原则猛烈开火。桑塔亚那评论说：尼采的著作中充满了"愉快的蠢话"和"孩子气的咒骂"，可谓中肯之论。

（一）权力意志论

权力意志论是尼采继承和发展了叔本华的唯意志主义而创立的。

第十二章 法西斯主义

他把叔本华的生存意志改造为权力意志，他认为意志不只是求生存，而且要表现生命的力量，是冲动与创造的意志，是扩充支配权、谋求权力的意志。他把权力意志普遍化与绝对化，认为它是世界之本原，万事万物都是权力意志的表现。他断言凡有生命的地方就有追求权力的意志。生命本质上就是掠夺与伤害，对陌生者与弱者的压迫，把自己的意志强加于人。权力意志恰恰就是生命意志。在他看来，整个宇宙，包罗万象，人类也在内，都是权力意志促使它们的产生和发展。它们之间的区别，只是权力意志质量的优劣和数量的多少。权力意志包括追求财产的意志，追求工具的意志，追求奴仆的意志，征服外物的意志。权力意志强弱之争构成了自然界、人类历史的整个过程。强者永远依靠牺牲弱者而生存发展，它必然要压迫、征服弱者；弱者则嫉妒强者，憎恨强者。

至于为什么权力意志是世界之本原，是自然界和社会发展的动力这一问题，尼采的论证不过是强词夺理的臆断，牵强附会的类比和缺少根据的隐喻。

（二）社会不平等理论和超人学说

尼采认为社会的一切都是由权力意志决定的。人们为了争夺权力，必然发生斗争，结果是优胜劣，强胜弱，人类社会就是在争夺权力的斗争中发展的。尼采认为权力意志有高低、强弱之分，由此构成社会不平等的基础。他反对西方现代思想史上流行的平等原则，认为这是为弱者辩护、为群氓效劳的原则，是"社会倒退"的原则。他断言平等纯是狂妄的幻想，人人平等是最不能容许、最不正义的事，不平等才是正义，社会因此才能健康发展。

他认为社会上天然存在着统治者与被统治者、上等人与下等人、英雄和群氓之分。前者权力意志数量多、质量高，他们有坚强的创造性意志；后者则权力意志少、质量低劣。前者中的个人是可以使千万年的历史生色的伟人，胜过无数残缺不全、鸡毛蒜皮的劣等人。尼采鼓动上等人向群众宣战，而且要像对待蚊子一样毫无内疚地践踏他们，消灭他们，因为他们根本不应该生存在这个世界上。作为天生受人统治的"群氓""畜群""贱民""败类""市蝇""粪土"……他们必须无条件地服从上等人；而高居在上等人顶端的，则是权力意志和天才发展到顶峰的人，最理想的统治者，即超人。超人要远远优越于、高出于人类，人类只不过是从动物到超人的桥梁，人相对于超人不过是笑料和丢脸的东西，就像猿猴之于人类。人生的意义与价值就在于产生超人。超人的主要特征有：超人是天才，是道德和真理的化身，是旧的一切的摧毁者和新的一切的创造者。超人是自然和社会的立法者，又是极其残暴的统治者，具有疯狂的冒险性。超人无法无天，残酷无情，无所不为。超人为了夺取权力，取得胜利，采用任何手段都是好的，平常人不过是超人实现自己意志的可怜的工具。超人喜欢战争，要战胜一切，征服一切。他要用战争屠杀弱者，用强力创造一个新世界。超人又是最孤独的人，很少有志同道合的同伴，是独来独往的雄鹰或天马。拿破仑和俾斯麦就是他理想中的超人。

尼采的理想社会是一个由超人独裁统治的、无法无天的社会，是一个民众被随意践踏消灭、暗无天日的社会。这样的理想自然与民主主义、社会主义冰炭不容。所以如他卖力地攻击基督教一样，他也恶毒地咒骂民主和社会主义。他认为民主和社会主义保障了群众的安全，增进了群众的幸福，却损害了超人的自由与创造。他污蔑"民有、民治、民享"是"弱有、弱治、弱享"，社会主义理想违反人性，社会主义的生活不过是庸碌无聊、禽鸟一般的生活。作为超人，他自然不屑这样的生活。

第十二章 法西斯主义

尼采对于男女平等和妇女解放也深恶痛绝。

他认为男女生理不同,权力意志强弱不同,男人代表力量,女子代表感情。因此男人是世界的主宰,男人统治女人是天经地义的事,女子是男人的附属品和玩物。男人的任务是从事战争,女子的天职则是供男人玩乐和生孩子。他断言对待女子最好是用鞭子!他还诬蔑知识女性、有学问的女人一定有点什么生理上的疾病。在他看来,追求男女平等的妇女解放运动不过是违背自然规律的胡闹。尼采对于男女关系的看法,与东方传统文化中对女子的歧视,何其相似,正因为如此,尼采教训当时的欧洲人在对待女子问题上,要向古老的东方人学习智慧。

(三)军国主义与战争观

在道德虚无主义者尼采眼里,国家就是有组织的不道德,内含警察、刑法、等级、家庭等,对外意味着征服意志、战争意志、掠夺意志与复仇意志。这样的军国主义国家对高等种类的民族来说必不可少。他说:"维护军事国家乃是最高和最后的手段,对最高的种类和最健壮的种类来说,不论是创立,还是确定伟大的传统,都少不了它。"[①] 相应地,国民应该保持国家自豪感、严酷、健壮、仇恨、报复等身心特征,以区别于西方民主社会的"群畜"种类。国家对内要强化等级观念,对外则煽动对别的国家的仇恨与民族主义狂热,目的是为对外战争做准备。

他认为战争为人类进化所必需,战争的意义大极啦!第一,战争可使人类进化。战争可以淘汰和消灭庸劣的下等人,创造出充满力量、热情和快乐的生命,即超人;假如世界和平,庸劣的人都有

[①] [德]尼采:《权力意志》,张念东、凌素心译,中央编译出版社2000年版,第233页。

生存的机会，那么人类就会逐渐退化。第二，战争是人类生活的最高道德原则。因为和平只能导致停滞不前和道德退化，只有在战争中才能提高道德水准，生命就是征服、并吞、践踏弱者，战争看似大恶，实为大善。超人的出现与高级种族的形成，坚强统治的建立，都要依靠战争，只有战争才能锻炼人的意志，提炼民族的纯洁性乃至创造伟大的种族。战争是一服良药和振兴剂，他说："我至今不知道另外还有什么方法能像伟大的战争那样有力地、可靠地给正在衰弱下去的民族灌输那么粗犷的攻城略地的精力，那样深沉的、无情无义的憎恨，那种杀人不眨眼的冷静，那种周密组织大举消灭敌人的狂热，那种对待巨大损失、对待自己的生死、亲人的存亡毫不动心的骄傲气概，那种震耳欲聋的灵魂激荡。"[①] 尼采宣扬战争具有无限的伟力，他认为，只有在充满敌意的地方，才能结出累累的果实，拒绝战争，也就是拒绝伟大壮阔的生命。

战争是如此美好，远远胜过和平。好的战争将一切主张神圣化。尼采宣称，欧洲的复兴与统一，只有通过战争才能实现。欧洲的和平时期即将结束，战争就要到来。战争的结果将会建立一个超国家的欧洲帝国，由在战争中胜利的统治种族充当主宰。随之，超人社会的理想就会实现。因此，尼采鼓动人们征战不已，直到最后胜利。他借查拉斯图拉之口说："我不忠告你们工作，只忠告你们争斗。我不忠告你们和平，只忠告你们胜利。让你们的工作是一个争斗，而你们的和平是一个胜利罢！"[②] 尼采对人类的忠告就是：永远过服从与战斗的生活。只有这样的生活才不庸劣污浊！

尼采的政治思想，集 19 世纪反进步思想之大成。自文艺复兴以

[①] ［德］尼采：《权力意志》，张念东、凌素心译，中央编译出版社 2000 年版，第 277 页。

[②] ［德］尼采：《查拉斯图拉如是说》，尹溟译，文化艺术出版社 1987 年版，第 41 页。

来，西方现代思想史上最有价值和意义的思想——自由、民主、平等、博爱、人权、和平主义和社会主义都遭到了他的攻击和批判。难怪希特勒对尼采推崇备至，他常去参观尼采纪念馆，大事宣传他对尼采的尊敬。纳粹党人也喜欢引用这位思想家的话来散布谬论。那些以超人、天才自命而同时视大众为群氓的人们，自然与尼采惺惺相惜，对尼采的狂言妄语报以热烈的喝彩。

二 特赖奇克的强权政治思想

特赖奇克（H. Von Treitschke，1834—1896 年），德国历史学家，政治学家，现代强权政治论的主要代表。他出身于萨克森一个军官家庭，先后在莱比锡大学和波恩大学读书，1874 年被任命为柏林大学教授。曾任德国议会议员，是议会中第一个支持俾斯麦旨在反对社会主义的《非常法》的人。一般认为他的著作对德国帝国主义思想的形成起了重大作用，后来又成了法西斯主义的源流之一。特赖奇克的政治思想，主要体现在《政治学》（1907 年）及《历史和政治论文集》（1896 年）等著作中。

（一）强权政治的国家观和战争观

在对国家的看法上，特赖奇克多次表示"国家即是权力"，"国家本质上是权力"。首先，国家权力对内是至高无上的，是绝对的与无限的，国家不能容忍对它的权力的任何怀疑、动摇和挑衅。国家权力的至高无上性内含着：第一，国家可以采取各种手段，镇压旨在分裂国家的活动。特赖奇克认为，最理想的国家形态是单一民族所建立的国家，否则，文明程度高的、强大的民族就应拥有统治与同化别的民族的权利。第二，国家必须对各种社会团体实行严格的控制，它们只能在国家法律允许的范围内活动，一旦危及国家的权威，国家就应坚决取缔之。第三，个人必须绝对服从国家，个人的命运是与国家的命运紧密联系在一起的，服从国家是每个公民的天职。为了国家而牺牲个人，是每个公民的最高道德责任；即使知道国家错了，个人也不能对国家说半个"不"字。

其次，"国家即是权力"还表现为在对外关系上国家权力的独一无二性，即每个国家都具有强烈的排他性。在处理国家之间的关系时，每个国家的权力都是绝对的。当然，为了长远利益，在某些时候国家也必须做些妥协，在一定程度上约束自己的权力，与他国订立条约，加入某个国际联盟。但加盟立约只是一种权宜之计，它并不意味着国家对外主权受到限制。一旦国家需要，随时可以撕毁条约，退出联盟。国家在法律上不受任何更高权力的支配，如果主权国家不同意，就可以免除这种限制。

国家的本质决定着国家的目的。"国家即是权力"这一命题意味着追求自身的强大是国家的唯一目的。国家的目的不是保证人民的生命、财产安全，不是增进个人福利，提高道德水准，而是国家的强盛。为达此目的，国家有权强制并牺牲个人，必要时对外发动战争。

国家的对外职能是发动战争。在特赖奇克看来，战争不仅是不可避免的，甚至是值得庆幸的。对于国家来说，战争是国家诞生的助产婆。对于民族来说，战争可以锻炼民族意志，提高民族素质，战争中产生的英雄可以清洗掉民族身上的"女人气"。对于人类文明来说，由于物质主义、享乐主义流行，人们变得唯利是图，迷恋金钱，人类文明正在衰退。只有通过战争，用英雄的血和业绩，才能挽救人类文明。战争可以消灭社会的自私自利，党派的钩心斗角，推动人类的进化。正因为如此，上帝一次次地把战争降临，以作为"医治不健全的人类的一帖可怕的药"[①]。

---

① ［德］特赖奇克：《政治学》第 1 卷，纽约，麦克米兰出版公司 1916 年版，第 69 页。

第十二章 法西斯主义

对于为了实现世界和平而建立一个世界国家的设想,特赖奇克坚决反对。因为一个世界国家就意味着消灭了战争,而人类怎么能够没有战争呢?特赖奇克说:"单独一个世界国家的理想——即国家与人类同一个疆界的理想——这种观念是令人憎恶的。"① 他告诫人们,每个人都应感到自己是一个德意志人,一个法兰西人,一个英国人,而不是整个人类的一个成员。民族国家才是各民族存在和发展的最合适形式,国际和平与世界主义都是要不得的。

特赖奇克认为,国家,特别是强大文明国家的一项重要职责就是"改良人类种族"。特赖奇克是个狂热的种族主义分子,在他的心目中,除了欧洲白人外,其余的人种都是劣等人种,都有待"改良"。他断言黄种人没有艺术性和政治自由的天才,他们的国家向来是专制的,人民是不自由的;黑人除了伐木和挑水外,什么也干不好,他们的命运注定是为白人服务的奴才;至于黑白混血种则和黑人差不多。这些低劣种族是人类文明进步的绊脚石,是注定要被淘汰的。少数西方文明大国必须对东方劣等种族进行"改良",虽然有时"用政治方法处理低劣文明民族的手段是可取的",但最主要的手段乃是战争。

特赖奇克竟然美化这样的国家本身就是一个道德体,"国家自身既是一个伦理力量,又是最高的道德之善"②。他告诫那些时常指责国家不仁不义的人们说:国家是不能用适应于个人的道德标准来判断的,它有根据国家的本质和终极目标而设定的道德标准。这同黑格尔是一副腔调。

(二)贬损民主,崇尚君主专制

根据国家的本质、目的及其职能,特赖奇克认为,最理想的政

---

① [德]特赖奇克:《政治学》第1卷,纽约,麦克米兰出版公司1916年版,第19页。
② 同上书,第106页。

体是君主政体，最低劣的政体是民主政体。他断言君主政体要比其他任何政体更能充分显示国家的政治权力和民族的统一。他列举君主政体的诸多"优点"是：第一，君主因其个人的特质和魅力而容易引起人民的崇拜，而君主又是国家的代表和象征，所以对他的崇拜也就是对国家的崇拜。国民在君主统治下形成一个整体，往往能收到一种"奇伟的效果"。这种"奇伟的效果"是其他任何政体所没有的。第二，君主比人民具有更高的判断力。特赖奇克是个典型的英雄主义者，他极力贬低人民群众的作用。他说，群众永远是群众，他们目光短浅，不能参与政治事务。"普通人民所见者仅及于实际生活的狭窄范围，他们识见之庸陋，由他们的根深蒂固、令人难以置信的偏见即可看出。"[1] 而君主则不同，他凭借自己所处的地位，往往比常人更有远见，更有洞察力，尤其是君主决断对外关系的能力，远非民众和共和政府所能比。第三，君主政体能比民主政体给人民更多的政治自由。特赖奇克说："显而易见，有秩序的君主政府比民主政府更能够使人民享有更高度的自由。"[2] 他胡扯普鲁士人民所享有的自由肯定比瑞士人民多。此外，在特赖奇克看来，君主政体还有一些别的优点：由于君主个人或皇室与其他国家的君主和皇室的亲属关系，可以给国家带来许多好处；由于君主不仅是国家的象征，同时也是民族传统的象征，所以能使民族传统得以更好地发扬和继承；君主制可以为人类所蕴含的特质的解放提供更为广阔的天地；等等。总之，君主制将是未来世界普遍采用的理想政体。"历史不是被称作公共意见的无头脑力量的结果，而是伟大人物深思熟虑的意志力量的结果，历史是君主的奠基石。"[3]

---

[1] ［德］特赖奇克：《政治学》第2卷，纽约，麦克米兰出版公司1917年版，第61页。
[2] 同上书，第275页。
[3] 同上书，第66页。

第十二章 法西斯主义

特赖奇克认为，贵族政体较之君主政体有许多缺点，最主要的是贵族政体常常难以维持，因为它基于阶级差别，与人类爱好平等的天性相悖。此外，居统治地位的贵族往往有"残酷不仁暴戾令人可怕的气质"，贵族政体常常阻碍"伟大的和具有创造性的人物的产生"等。所以特赖奇克断言，贵族政体是不能长久存在的，它正在逐渐成为历史的陈迹。

在特赖奇克看来，民主政体则是一种最低劣的政体。他历数民主政体的种种"缺陷"：只能妨碍不能促进科学、文学、艺术的进步；多数决定把重大国家问题的决定付诸儿戏般的投票表决，"既是悲剧又是闹剧"；秘密投票制是对人格的一种侮辱，"既不合理又不道德"。他反对普选制，主张对选举人的财产、教育程度和纳税状况做严格规定。在特赖奇克看来，民主政体最致命的缺陷是它堵塞了政治领袖的崛起之路，而给那些摇唇鼓舌分子、媚世取宠之徒、操纵政团的党棍和以演说取悦民心的权奸大开方便之门，民主政体实际上是一种"群奸专制政体"。特赖奇克竭力贬低当时英、法、美等国家的民主政体，他说美国的民主政体实际上是一种拜金主义的"富豪政体"或"富人寡头政体"，他预言美、英、法等国的民主政治已到了日暮途穷之时。

特赖奇克的政治思想具有明显的实用性、反动性和侵略性，代表了强权好战的德国第二帝国时期的官方观点。他鼓吹国家可以自立道德标准，国家自身的强大就是最高的道德，宣扬国家为了达到自己的目的，对内可以不择手段镇压人民，对外可以背信弃义，撕约毁盟，发动战争。他甚至把帝国主义大国对弱小国家的侵略和征服看作道德的，反映了德国作为后来居上的帝国主义强权国家的那种肆无忌惮、寡廉鲜耻的心态，也预示了希特勒第三帝国的内政外交。

三 种族主义思想的先驱

种族主义和民族主义往往密不可分,事实上,民族主义是种族主义背后的主要动力。毫不奇怪,不论是民族主义还是种族主义在德国都很有市场。费希特、黑格尔、瓦格纳、特赖奇克都是自吹自擂式的德意志民族优越论者,另有两个外国人也加入了歌颂德国人的行列,那就是失意的法国贵族约瑟夫·戈宾诺和英国怪人张伯伦。

1853—1855年,戈宾诺出版了《论人类种族的不平等》一书。在他看来,历史和文明的关键是种族,历史上一切其他问题都受种族问题的支配。人种主要有三种,白种、黄种与黑种,白种为优越,黑种为低劣,黄种处于中间。他认为所有文明都起源于白种人,而雅利安人是白种人中最高贵的种族。人类一切伟大的创造性成就都产生于雅利安种族,它包括希腊人、罗马人、印度人、古代波斯人以及北部和西部欧洲的大多数民族。它的优秀代表就是现代的日耳曼人,日耳曼人是雅利安人中最优秀的。他断言凡是日耳曼人足迹所到之处,都带来了进步,甚至在罗马帝国也是如此。征服了罗马人和击溃了他们帝国的所谓野蛮的日耳曼部落,对文明的进步做出了杰出的贡献。

戈宾诺的种族主义被一个本是英国血统、后来加入德国国籍的怪人——豪斯顿·张伯伦(1855—1927年)修正为条顿主义。张伯伦生于一个英国海军将官家庭,却对远不如英国人文明绅士的德国人顶礼膜拜,这跟他喜欢军人生活有关。他年轻时向往过军队生活却因身体病弱而无法如愿。他身体多病,神经也不正常。1899年他出版了《十九世纪的基础》,详细阐释了他的种族理论。他在第一次世界大战期间支持德国,并于1916年入了德国籍。他起初拥戴第二帝国的恺撒——威廉二世,后来拥戴希特勒;他也是这两个战争狂

第十二章 法西斯主义

人的思想导师。因为崇拜德国，他的著作都是用德语写成的。张伯伦用条顿人取代了戈宾诺的雅利安人作为优秀种族，近代欧洲大多数民族以及古希腊人和罗马人都被他说成具有条顿血统。实际上过去两千年中差不多每个有卓越天才和创见的人都被张伯伦说成属于条顿族。他相信要不是条顿人，全世界都会永远生活在黑夜中。而在条顿人中间，日耳曼人是最有天赋的，因为他们继承了希腊人和印度—雅利安人的最优秀的品质。因此他们有权做世界的主人。就连上帝今天也非常垂青、指望日耳曼人。

反犹主义也在 19 世纪的欧洲出现并很有市场。在法国与意大利，在德国与奥地利，在东欧，在俄国，在巴尔干半岛，犹太人一直遭到排斥和敌视。一些失意愤懑的法国人认为犹太人在大革命之后操纵了法国的政治、经济生活，从而成为法兰西民族的统治者和剥削者，1883 年出版的《共和国之王：犹太人史》就是这方面的代表作。1886 年出版的德吕蒙的《犹太人的法国》一书列出了犹太人的几大罪状：他们是法国文明衰落的罪魁祸首，是旧制度下法国精神和基督教文明的破坏者；他们借助法国大革命垄断了全部资本并使法国陷入贫困的境地；作为邪恶狡诈民族的代表，他们最终要奴役雅利安人。这部书竟然成为 19 世纪下半叶法国最畅销的一本书，这反映了当时欧洲反犹主义的影响相当广泛。这些很少有根据的对犹太人的指控竟然迅速流传开来，成为后来法西斯排犹主义的群众基础。这也难怪，犹太人作为移民在欧洲各国迅速取得经济、文化、科学方面的巨大成功，本来就容易招致本地人的眼红；加上他们顽强固守自己的民族、宗教习惯，与基督教文化难以融合，则于眼红之外再加敌视。然而问题在于：不论是犹太人的巨大成功也好，还是他们固守自己的民族、宗教习惯也罢，难道犹太人没有这样的权利吗？好在在英美，在这两个自由民主政治最成功的国家，欧洲大陆上汹涌泛滥的反犹主义没有市场。这一点也反衬出英美自由民主政治的优越和英语国家人民博大的胸怀。

第三节 法西斯主义的哲学和政治思想

本尼托·墨索里尼（Benito Mussolini，1883—1945年），1883年生于意大利一个铁匠家庭，在1914年第一次世界大战前是意大利社会民主党的领导人之一，曾任米兰社会民主党机关报《前进报》的主编。大战爆发后，由于他狂热支持帝国主义战争，被社会民主党开除，转而投身法西斯主义运动，1919年3月建立了意大利"法西斯战斗党"。建党初期，墨索里尼为了欺骗群众，收揽人心，曾经提出过要没收地主、资本家的土地、矿山、交通工具等归国家所有的口号，但到1921年，墨索里尼便放弃了这一口号。1922年10月，他领导了向罗马的进军，夺取政权，对意大利实行独裁统治，直到1945年4月被游击队处决。他是资格最老的法西斯头子，后来成了希特勒的亲密伙伴。意大利法西斯主义的主要文献，是1929年墨索里尼和金梯利合写的《法西斯主义的起源及其学说》及1932年墨索里尼为《意大利百科全书》写的《法西斯主义的政治和社会学说》一文。

阿道夫·希特勒（Adolf Hitler，1889—1945年），生于奥地利，父亲是奥地利的一个海关小职员，他娶了自己姐姐的女儿为妻，生下了希特勒。希特勒从童年起就不受管教，狂放不羁。年纪轻轻想当画家但又缺乏艺术才能，被维也纳美术学院拒之门外，不去正当谋生只好在街头流浪。第一次世界大战期间，他入伍作战负伤。战后他成为德国民族社会主义工人党的领袖，这个党组建于1919年，

第十二章　法西斯主义

一开始也公布过反对资本主义的 25 条政纲，其实不过是招摇撞骗。1923 年他因参加啤酒馆暴动而被判刑，释放后于 1925—1927 年由他口授、赫斯执笔写成了《我的奋斗》，该书谨严的思维不多，胡言乱语不少。它充分显示希特勒的思路如天马行空般无拘无束。1929—1933 年的经济大危机使他的法西斯党徒队伍迅速壮大，大批德国失业工人、小业主加入进来。1933 年 1 月，在大工业家、银行家和容克贵族的支持下，希特勒出任德国总理，建立了法西斯专政。此后德国迅速走上军国主义与侵略扩张的道路。1939 年 9 月，希特勒发动第二次世界大战，给人类带来有史以来最大的战祸。1945 年 4 月 30 日，在法西斯德国灭亡前夕，希特勒自杀身亡。他的法西斯主义观点，集中表述在《我的奋斗》中。

希特勒的《我的奋斗》是德国民族社会主义的圣经。在纳粹德国，《我的奋斗》也和《圣经》一样普及，家家户户的书橱或桌子上都有这本书。青年男女结婚时，向新郎新娘送一本《我的奋斗》，几乎成了习惯，学校的学生也都能得到一本。在《我的奋斗》中，希特勒对几乎能想到的一切问题都随心所欲地发表他的高见，这些问题包括政治、经济、军事、外交、文化教育，甚至梅毒。当然，希特勒最关注的还是种族问题。

一　斗争哲学与军国主义

希特勒像多数德国思想家、政治家一样，坚持认为一切生命都是一场永恒的斗争，世界不过是个适者生存、强者统治的弱肉强食、斗争不息的战场。他在《我的奋斗》一书中一再推崇和强调斗争的意义和价值，他相信"斗争是万物之源"，斗争推动着社会进步发展。他说："人类在永恒的斗争中壮大，而在永恒的和平中它只会灭亡。""凡是想生存的，必须斗争，不想斗争的，就不配生存在这个永恒斗争的世界里,即使残酷,却是客观现实。"① 1928 年 2 月,希特勒在演讲中又一次兜售他的血腥的斗争哲学:"人能够生存或者能够保存自己而战胜动物界,不是靠人道主义,而只是靠最残酷的斗争手段……如果你不为生存而斗争,那么就决不能赢得生存。""在这个斗争中,强者,能者,胜利了;而无能者,弱者,失败了。"②他断言人类的成就都应归功于他的创造力加残忍,他将法西斯的人生哲学归纳为三点:"斗争产生一切;美德寓于流血之中;领袖是首要的、决定性的。"③当然,希特勒迷信的是种族斗争,是优等种族对劣等种族的奴役和斗争。种族斗争才是人类进步的主要动力。相信斗争哲学的人自然都崇尚武力,偏爱战争,因为战争是斗争的最高形式。因此法西斯主义崇尚颂扬战争,反对和平,极力歌颂和鼓吹战争的动员和振奋功能。他们叫嚷,第一次世界大战最大限度地动员了人类的全部能量,使勇于进行这场战争的各国人民表现出高尚的品质。他们认为宣传战争,进行战争是法西斯主义的新的生活方式。为了准备战争,希特勒要德国青年人人从军,接受军事训练,以培养坚定的法西斯信徒和合格的军人。与绝大多数独裁者一样,希特勒非常信任和推崇军队,因为军队最适合培养他需要的"食肉的绵羊":一方面对法西斯暴政俯首帖耳,另一方面对法西斯的敌人残酷无情。他一再表示他的理想就是把德国组织得像军队一样。他多次强调德国民众应"以德国陆军为榜样",学习其纪律、团结与牺牲精神。他发誓要以普鲁士军国主义传统精神把德国人从自私自利的党争中解脱出来,形成一个坚强的绝对服从他的民族整体。

---

① [德]希特勒:《我的奋斗》,波士顿 1971 年英文版,第 289 页。
② [英]艾伦·布洛克:《大独裁者希特勒》上册,朱立人等译,北京出版社 1986 年版,第 17 页。
③ 同上书,第 401 页。

第十二章 法西斯主义

墨索里尼也卖力地反对和平与和平主义，否认长久和平的可能性及其价值，藐视人们的和平愿望。他认为只有战争才能使人类更优越、更高尚。战争还是民族成长和扩张成为帝国的手段。帝国主义扩张是国家生命力的一种本质表现，放弃它是一种软弱和死亡的标志。他认为对个人来说，生命就是职责、斗争和征服；对国家来说，情况更是如此。他劝告意大利人要想拯救国家，就得去打仗。他说："在历史上，战争是绝对的，而和平则是相对的"，"战争可以激发人们的爱国主义精神"，使人们"懂得自己对国家应承担的责任与义务"[①]。

二 国家主义与民族主义

法西斯主义极力反对英美的个人自由和个人主义价值观，而主张以国家或民族为核心的集体主义。意大利的法西斯主义认为国家是神圣而伟大的，是世界的基础，代表全民族，是外在的民族精神，国家具有道德价值和意志。国家意志高于个人意志，并囊括和支配一切个人意志，是一切个人意志的道德取舍标准。墨索里尼说："在法西斯主义者看来，一切都存在于国家之中，在国家之外不存在任何有人性或精神的东西，更没有什么意义可言。"[②] 对于法西斯主义来说，国家是绝对的，个人和集团只有在他们按照国家利益行事的时候才是可以接受的。每个人都有义务为国家牺牲一切，乃至献出生命，国家是目的，个人是实现国家目的的工具。一切为了国家，一切服从国家，一切属于国家，国家至上。墨索里尼在1924年还曾表示：对法西斯党人来说，其他问题都是次要的，只要抱持一个单一的坚定目标就够了，那就是民族。在纳粹主义中，国家看似被置

[①] 朱庭光主编：《法西斯体制研究》，上海人民出版社1995年版，第328页。
[②] 同上书，第33页。

于种族之下,成了实现保种保族目的的手段。希特勒宣称纳粹国家的最高目标是保持日耳曼民族的血统纯洁性,进而使其成为世界的主宰。不过他们经常将两者混为一谈。纳粹主义关于"血与土"的思想就是个例证。在纳粹的思想中,土地、民族与国家是成为个人之上并把他们紧密联系在一起的纽带。希特勒解释说:"任何人只要准备以民族事业为己任,再没有高出于民族福利之上的理想;只要了解我国伟大的国歌《德意志高于一切》的意思是,在自己心目中世界上再没有任何东西高出于德国、德国人民和德国土地之上。"[1]这样的人就是纳粹主义信徒。戈培尔也喋喋不休地向德国人宣传这样的思想:要为德国而自豪,爱德国要胜过一切。德国的敌人就是你的敌人,要对他们恨之入骨。

不论是民族至上还是国家至上,在法西斯头子们看来,普通个人都是一文不值的,可以随便牺牲掉。

英美式的个人主义是一切专制暴政深恶痛绝的东西,正因为个人主义是专制暴政的强大解毒剂和腐蚀剂,是对抗专制暴政的有力武器。个人从独裁政权那里争来的每一项权利,都侵蚀了后者对权力的垄断。每个人自我意识的发展以及对个人价值的尊重都是对狂妄自大的独裁者的挑战,这就不难理解为什么专制暴政要卖力地反对和清除个人主义。他们剥夺个人的权利,抹杀个人的价值,正是为了无限膨胀他们的权力,高抬他们的价值。英美式的个人主义说到底不过就是每个人都平等地享有应有的权利与尊严,同时每个人都担负自己的责任,在法律道德允许的前提下发展个性,完善自我。这于己于人,于社会的发展、文明的进步都有相当的益处。扼杀个

---

[1] [美]威廉·夏伊勒:《第三帝国的兴亡》上册,董乐山等译,世界知识出版社1979年版,第124页。

第十二章 法西斯主义

人的权利，既为一切专制暴政所必需，同时也就为专制暴政的通行开了绿灯。历史已一再证明了这一浅显的道理。

三 种族主义

纳粹主义还有一套粗制滥造的种族主义历史哲学和政治思想，其中包含不少无知的呓语和杜撰的神话。他们将达尔文主义滥用到人类生活中，认为一切社会进步起因于生存竞争，适者生存，弱者灭绝。这种斗争发生在种族内部，从而使少数天才领袖人物脱颖而出；这种斗争也发生在不同种族之间——优等种族和劣等种族之间的斗争，决定了人类历史的进步或倒退。人类的高度文明或主要文化成就是优等种族创造的，雅利安种族就是创造文化的优等种族。希特勒说："我们今天所看到的一切人类文化，一切艺术、科学和技术的果实，几乎完全是雅利安人的创造性产物。只有雅利安人才是一切高级人类的创始者，他是人类的普罗米修斯，从他的光芒四射的额头，永远飞迸出神圣的天才的火星，永远点燃着知识的火焰，照亮了默默的神秘的黑夜，推动人类走上征服地球上其他生物的道路。"[1] 总之，所有科学、艺术、哲学和宏大的政治体制，都是雅利安人的创造。纳粹主义的理论家们胡诌雅利安种族从欧洲北方散开，并迁移到埃及、印度、希腊和罗马，成为所有这些古老文明的创始者。所有这些古老文明衰落的原因在于雅利安人与劣等种族的混合。种族的混合使优等种族退化，是造成社会、文化及政治衰退的根本原因。因此必须禁绝不同种族的结婚与杂交。德意志民族作为雅利安种族的分支，长期致力于反对种族混杂的斗争，是各民族中血统纯洁性最高的优等民族，最富于战斗力和文化创造力，是世界的主宰。亚洲的黄

---

[1] ［美］威廉·夏伊勒：《第三帝国的兴亡》上册，董乐山等译，世界知识出版社1979年版，第126页。

种人，主要是日本人只是人类文化的维持者和承续者，在文化上只能模仿和调整，不能创造，自然不如雅利安人优越。犹太人、黑人、斯拉夫人、吉普赛人则是劣等人种，特别是犹太人，不仅不能创造文化，反而是破坏毁灭文化的民族，道德上堕落无耻的人种。犹太人制造了诸多现代文化毒品：马克思主义与民主，资本主义与金融，枯燥的唯理智论，等等。法西斯主义的理论家们差不多把所有他们深恶痛绝的东西，统统打上犹太人的标签。（其实，稍有点常识，人们就知道犹太人为人类贡献了许多大思想家、艺术家和科学家，如斯宾诺莎、马克思、海涅、弗洛伊德、托马斯·曼、亨利希·曼、茨威格、卡夫卡、凯恩斯、哈耶克、波普、维特根斯坦、帕斯捷尔纳克、毕加索、玻尔、爱因斯坦等。）纳粹主义的理论家们就是按照雅利安种族和劣等种族斗争的教条，来改写和歪曲全部人类历史。由于种族血统纯洁度的不同和在文化创造中的作用不同，就决定了各民族在国际社会中不平等的地位。希特勒说，纳粹主义"绝不相信种族的平等，而是根据种族的不同，承认各种不同种族的价值有高有低，认为有义务促进优者和强者的胜利，要求劣者和弱者按照支配宇宙上一切事物的永恒意志服从优者和强者"[①]。按照优胜劣、强胜弱的自然法则，德意志民族就应该统治和奴役其他国家和民族，称霸世界。希特勒还主张对劣等种族，用奴役和屠杀两种方式予以处置，对犹太人的种族屠杀和灭绝就是在这种理论指导下进行的。当时总共1200万犹太人被德国法西斯屠杀了近一半。真是千年的时光易逝，德国法西斯的罪恶难消！难怪身为犹太人的爱因斯坦，虽然胸怀广大，倡导世界主义理想，但他到死也没有原谅德国人。

希特勒认为任何一国的领土、生存空间从来都不是固定的，而

---

① ［德］希特勒：《我的奋斗》，波士顿1971年英文版，第383页。

第十二章 法西斯主义

是根据实力的大小随时改变。上帝没有赋予每个民族尺寸土地，领土都是靠争夺、征服和扩张而得来的。他认为德国领土狭小，人口增长过多过快，要对外扩张，夺取和扩大新的生存空间，目标不是在非洲建立殖民地，而是以牺牲"劣等民族"斯拉夫人为代价，征服俄国及其他东欧国家，用普鲁士武士的刀剑为德国农民的犁夺取新的土地。

四 摧残学术文化 改造知识分子

不要以为纳粹党的种族主义理论建立在各民族对人类文化的贡献或破坏这一基础上就误认为纳粹主义重视科学与文化。事实相反，如一切穷凶极恶的专制暴政一样，法西斯主义极度仇视人类所创造的绝大多数思想文化成果（尼采的胡思乱想和瓦格纳的音乐例外），希特勒在《我的奋斗》中就表露出对文化、科学的蔑视。他在讲演中就宣称：我才不把知识分子放在眼里呢！他认定知识会败坏德国的青年，为了避免这种"悲剧"，他要德国青年不仅接受纳粹的愚民教育，而且要人人从军，接受军事训练。纳粹德国的主要宣传家约斯特也咬牙切齿地说他一听到文化这个字眼就恨不得立即拉开他的左轮手枪，他发誓要在一夜之间使大学不再成为玩弄学术的机构。这样的人竟出任普鲁士邦的教育部长，德国的文化教育必然遭殃。纳粹党刚一上台，就在各大城市公开进行"焚书"活动，马克思、恩格斯、列宁、李卜克内西、爱因斯坦、海涅、左拉、罗曼·罗兰、托马斯·曼、亨利希·曼、茨威格、高尔基的作品统统被付之一炬。戈培尔竟然在焚烧书籍的火堆旁说："在这火光下，不仅一个旧时代结束了，这火光还照亮了新时代。"[①] 同时，许多艺术品被扣上"堕

[①] ［美］威廉·夏伊勒：《第三帝国的兴亡》上册，董乐山等译，世界知识出版社1979年版，第342页。

落艺术"的罪名而遭查封。成千上万的文学家、艺术家、科学家遭到解职和迫害,四分之一的大学教授被开除。希特勒妄称这样就把人类从知识分子的圈套中解放出来了,从被"称为良心和道德的束缚中"解放出来了,从对自由和个性的要求中解放出来了。希特勒当年对戈培尔指示纳粹党的知识分子政策时也断定德国的文化界是一帮肮脏的资产阶级的大本营,纳粹党要时不时地敲打他们,清洗他们,使他们像第三帝国的军人一样干干净净,即要经常整肃和改造知识分子,把德国知识分子改造成纳粹政权驯服的文化工具和帮凶。法西斯政权对文化教育的摧残,导致德国文化科学水平的下降和人才的缺乏,从希特勒上台到第二次世界大战爆发,六年的纳粹统治就使德国大学生人数减少了一半以上,工程师短缺。同时,全国上下轻视科学知识,蔑视和敌视知识分子,青年人普遍不愿当教师。纳粹党还组织一批丧失良心良知的德国科学家、知识分子批判爱因斯坦的相对论,诬蔑其为犹太人的伪科学,是江湖骗术。

在德国这样一个宗教气氛浓厚的国家,希特勒却是个宗教虚无主义者。和尼采一样,他对基督教深怀敌意,他的思想与基督教教义格格不入。因为基督教宣传平等、博爱、仁慈、忍让与怜悯,在他们看来,这些"奴隶的道德"将败坏德国人,使他们不可能完成德国复兴与征服世界的伟业。基督教要培养的是充满人道主义与博爱情怀的人,而尼采与希特勒却要给德国人灌输"强盗的逻辑",把他们变成嗜血残酷的家伙。两者自然水火不容。希特勒上台不久,就开始了对教会的迫害和改造。对抗改造的教会人士被大批逮捕并监禁。

五　极权主义

法西斯主义是一种反动的极权主义。墨索里尼就说:"在法西斯主义者看来,一切都是存在于国家之中,在国家之外不存在任何人

第十二章 法西斯主义

性或精神的东西,更没有什么意义可言。从这个意义上说,法西斯主义是极权主义的。"① 按照法西斯主义理论,政府必须控制每个人或每个集团的每一行动和利益,用以增强国家的力量。政府有绝对的权力进行管理,其统治不受任何限制,任何人或事无不在政府职权管辖之内。除非得到政府的允许,任何政党、工会或商业协会都不能存在,一切出版宣传渠道和公共集会都置于政府的指导和控制下。教育成为政府的工具,宗教也是如此。任何个人隐私的领域都不复存在,任何协会无不受到政府的控制。政府的管理无孔不入,铁板一块。法西斯政党上台后,立即实行统制经济,政府组织并管制经济与社会生活的每一个方面,包括新闻、教育、文化、科学和艺术。可能影响国家力量的每一个因素,都迅速被纳粹政府所控制,如希特勒所言:"任何有影响的渠道都不要被忽视,从幼儿识字课本到最微不足道的报纸,到每家剧院和每个电影院。"② 青少年先是被组织进纳粹主义少年队、青年团进行灌输,然后再进入军队接受军事训练,如此才算完成了公民的教育训练。德国的工人、农民、商人、企业家、知识分子、学生、妇女、教会人士等,统统都被强行组织进纳粹党控制的各种社团中。教育自由被取消,高等教育的目标是:与民族社会主义的原则相一致,培养忠于法西斯主义的政治权贵、御用学者和文化帮凶。典型的教育机构已不是大学,而是技术学校和党的干部学校。人文社会科学如历史学、社会学、哲学成了纳粹宣传部门的下属机构,这些学科经改造、阉割后被用来鼓吹、传播民族社会主义和种族主义的谬论与神话。十足荒谬的是,他们

---

① [意]墨索里尼:《法西斯主义的政治和社会学说》,《世界历史研究动态》1980年第9期。
② [美]乔治·萨拜因:《政治学说史》下册,盛葵阳、崔妙因译,商务印书馆1986年版,第1014页。

宣称："科学象其他人类产品一样，是种族的，是受血统制约的。"①

在纳粹德国这样一个思想信息封闭单一的极权主义国家，人们只能听到官方的声音，所以他们很容易听信谎话连篇的报刊广播。正如多年在纳粹德国生活的美国记者威廉·夏伊勒体会的：凡是没有在极权国家里生活多年的人，就不可能想象要避免一个政权的不断的歪曲宣传的可怕影响该有多么困难！在纳粹德国，他经常从那些受过高等教育或看来明白事理的人们那里听到最蛮横武断的主张。无疑，是在重复他们从广播中听到或从报纸上读到的官方意见。他忍不住要说出自己的不同看法，于是"就会看到一种极为怀疑的眼色，一种默然震惊的神情，好像你亵渎了上帝一样，于是你就会了解到，想要跟一个头脑已经变了样的人接触，是没有用处的，因为他认为凡事就是像希特勒和戈培尔悍然不顾事实地所说的那样"②。

现代极权主义必然导致人们闭目塞听，偏听偏信，武断盲从，呈现集体的道德退化和智力上的低能。

六　专政和独裁

对于西方的议会民主，法西斯主义者从不掩饰他们的蔑视与反对。

墨索里尼明确表示：法西斯主义反对民主主义，因为民主主义要求平等，并主张通过普选来实现平等；而法西斯主义认为人与人之间是不能平等的："它肯定不平等是不可避免的，有益于发展的起良好作用的。"③法西斯主义也反对通过定期选举的方式获得统治

---

① [美]乔治·萨拜因：《政治学说史》下册，盛葵阳、崔妙因译，商务印书馆 1986年版，第1015页。
② [美]威廉·夏伊勒：《第三帝国的兴亡》上册，董乐山等译，世界知识出版社 1979年版，第352页。
③ [意]墨索里尼：《法西斯主义的政治和社会学说》，《世界历史研究动态》1980年第10期。

第十二章 法西斯主义

权。墨索里尼还攻击民主意味着多数的暴政,这种多数的暴政比一个暴君的暴政更不容异见,更暴虐,更有害。墨索里尼上台不久就宣布除法西斯党外一切政党皆为非法,终结了本来就摇摇欲坠、残缺不全的意大利民主。

希特勒早就说过,议会民主代表着软弱无能、混乱和腐败,是腐蚀德国的祸根,他的政治理想绝不允许有"民主政治那种无聊玩意儿"。1933年纳粹党上台后,立即结束了魏玛时期的分权制衡体制,将所有政治权力集中到纳粹政府手中。根据国会通过的授权法,立法权、国家预算控制权、批准与外国缔结条约权乃至宪法修正权都从国会手中移交给希特勒政府。司法独立也寿终正寝,很快实现了司法的纳粹化和政治化。德国政治舞台上的其他政党统统被解散,法律规定:民族社会主义工人党(纳粹党)是德国唯一合法的政党,任何图谋组织新党或让旧党活动者,都要予以严惩。尽管从法律上讲,纳粹党也是个法人团体,但它不受任何法律与政治的控制。秘密警察——党卫军更是无法无天。1933年12月通过的《党和国家统一法》规定,纳粹党是德意志思想的体现者,是国家的领导和推动力量。希特勒明确宣布:"党是指挥国家的。不是国家指挥我们,而是我们指挥国家。"[①] 后来,希特勒规定纳粹党与国家的关系是:纳粹党决定方针和目标,由国家执行。纳粹党重点负责塑造民众的心灵,进行思想教育,政府进行行政管理。专政与德国第二帝国以来的地方自治、联邦制不能相容。因此,纳粹党上台后,立即着手摧毁各邦的自治权力,取消了各邦的人民议会,将各邦的原有主权移交给第三帝国,实现了德国历史上空前绝后的中央集权。

[①] 朱庭光主编:《法西斯体制研究》,上海人民出版社1995年版,第111页。

除了专政外，法西斯主义还信奉和实践领袖独裁原则。墨索里尼就主张：行动是所有人的，讨论是少数人的，决定是一个人的。即国家的全部事情，都由他独裁。墨索里尼的命令是最高法律，任何人不得违反。他提出要让意大利人学会服从，任何时候只要他一声令下，便能随时投入战斗。早在 1921 年，纳粹党就确立了领袖独裁原则作为党纪，后来则成了第三帝国的国法。希特勒主张事无巨细，领袖具有绝对权威，并负完全责任。他说："决不能实行多数决定的制度，只能由负责的人作决定，要由一个人单独来作出决定……只有他才有权威，才有指挥权力……要取消议会是不大可能的，但是议会中的议员届时实际上将只提供建议，不论上院下院，都不进行表决。"① 纳粹时期确实没有取消国会，而是将国会变成了法西斯专政的驯顺工具和橡皮图章，没有任何实际的权力，不过是希特勒意志的传声筒。

法西斯主义关于领袖独裁的观点植根于其对群众的蔑视和对领袖崇拜的英雄史观，希特勒和墨索里尼从不掩饰他们对人民大众的轻蔑。在希特勒看来，任何国家的大多数民众都不具有英雄主义和才智，只具有一种初级的本能和意志。他断言群众不但代表着无知，而且代表着怯懦，群众绝不能取代像他那样的少数伟人。群众根本不懂得理性和科学的思想，只有像仇恨、狂热和歇斯底里那样巨大激烈的感情波动才能触动他们。跟他们打交道，只需反复讲一些最简单的道理，并且只能用狂热的片面性言语和陈词滥调来发表，谎言多重复几遍就能深深地印在他们心中，而且谎言越大越离奇越好。希特勒是一个深谙蛊惑宣传艺术的大师，这门艺术在他手中运用到

---

① [美] 威廉·夏伊勒：《第三帝国的兴亡——纳粹德国史》（上），董乐山等译，世界知识出版社 1979 年版，第 130 页。

第十二章 法西斯主义

了炉火纯青的地步。法西斯主义在群众和贵族、领导或统治阶级之间设置了一个巨大的鸿沟，前者只是后者的追随徒众与工具，后者则提供智力和指导。虽然必须依靠群众壮大力量，但又否认群众具有判断力，因而他们的政治见解也没有什么价值。希特勒断言世界历史是少数人创造的，只要这个在数量上占少数的人体现了多数人的意志和决心。在纳粹德国，这个创造历史的少数人就是纳粹党的权贵，而他们的头头就是希特勒。他是超人和天才，是从日耳曼民族优秀的上层中产生出来的，具有超人的智慧和能力，他统帅和主宰一切，群众只需信仰服从领袖。纳粹时期的德国人狂热地崇拜希特勒，把他视为德意志民族的救星和伟大领袖，20世纪的个人崇拜，就是从墨索里尼和希特勒那里发源的。正如夏伊勒所说的："'希特勒万岁！'不仅在纳粹党人盛大的群众大会上已成为群众齐声呼喊的瓦格纳式、偶像崇拜的口号，而且已成为第三帝国时代德国人之间相互打招呼时必须采用的形式，甚至在电话中也是这样，用来代替过去的'哈罗'。"①

法西斯主义的兴起，虽然也借助于法西斯党徒的街头冲杀和斗殴，但主要还是通过合法的方式获得了执政权。不能否认的是，在1922年墨索里尼进军罗马，1933年希特勒上台以前，他们的党已在国会中赢得了多数席位。他们能够成功，一方面是由于德国、意大利缺少强大的中产阶级和民主自由的传统，另一方面则得力于他们煽动和利用了民族主义的狂热。相对于英语国家的人民而言，德国、意大利甚至法国人，在政治上常是狂热有余而冷静不足，正好为各种狂热的政治运动提供了群众基础。20世纪30年代的经济大危机，

---

① [美]威廉·夏伊勒：《第三帝国的兴亡》上册，董乐山等译，世界知识出版社1979年版，第15页。

又为他们提供了千载难逢的机会。就德国而言，不论在上台前或执政后，纳粹党的背后，既有德国强大的保守集团（容克地主、大资本家、军队）的支持，还有被煽惑起来的德国下层民众的拥护，确是个真正的群众性政党。希特勒之所以能赢得普遍的政治支持，关键就是他极大地煽动、利用了德国人的民族主义情绪。纳粹党热衷于制造煽惑人心的标语口号，组织没完没了的群众集会和狂欢，鼓动人们的爱国主义、民族主义激情。不分阶级，不论党派，德国人都渴望挣脱凡尔赛和约的枷锁，在国内实现政治稳定和经济繁荣，恢复德国的强大和荣耀。这也是希特勒宣称的目标，并且在他手中看似实现了。他们自然支持希特勒，支持纳粹德国。大多数德国人把德国强大繁荣与复仇的希望，寄托在希特勒与纳粹德国身上，他们把希特勒当作德国的伟大救星与民族英雄。在这些德国人看来，无论对或错，祖国总是祖国！祖国高于一切！这种不分是非善恶的爱国主义，这种狂热的民族主义，一开始把德国引向了团结和强大，后来却引向了失败与毁灭，给德国和世界人民带来了历史上空前的浩劫和灾难。虽然德意日法西斯主义已经烟消云散，但人们仍必须时刻警惕民族主义的狂热及其危害。正如萨拜因提醒人们的："法西斯主义和民族社会主义以民族意识或爱国主义为动力，在当今政治世界上，这是被公认为最有力量的一种情感，它同时包含某些真正的文化价值的因素。"[1] 最有力量的东西往往也是最危险、最可怕的东西，一旦失控，就可能带来盲目的破坏、民族仇杀与国际战争。波普就一针见血地指出很少有什么信条比民族主义"制造更多的仇恨、残忍和无谓的痛苦了"[2]。今日的世界是一个一体化、全球化进

---

[1] ［美］乔治·萨拜因：《政治学说史》下册，盛葵阳、崔妙因译，商务印书馆1986年版，第966页。

[2] ［英］波普：《猜想与反驳》，傅季重等译，上海译文出版社1986年版，第526页。

第十二章 法西斯主义

一步深化的世界,是一个和平与发展的世界,各民族、各国应主要谋求合作而非斗争,争取双赢避免双输,这就必须克服民族主义的狭隘与狂热,逐渐树立世界主义观念与人类一体思想。民族主义因为与全球化的冲突已成了过时而有害的观念,国家主权观念也必须随着全球化的深化而修正,为了人类的共同利益与人权,国家主权必须逐步淡化或弱化,联合国与欧洲联盟等国际组织的权威必须增长。只有这样,人类才有一个光明的前途,世界才会变得和谐而美好。否则,支持或纵容狭隘与狂热的民族主义,故意煽动对别的国家或民族的仇恨,早晚会害人害己,最后甚至导致人类文明的毁灭。德国人民族主义与爱国主义的狂热导致两次世界大战的教训永远值得人们汲取。

进入 20 世纪以来,面对汹涌泛滥的民族主义狂热及其带来的滔天战祸,一大批伟大的思想家、科学家与艺术家(包括罗素、爱因斯坦、甘地、维特根斯坦、拉斯基、波普、马里旦、毕加索等人)明确反对民族主义而倡导世界主义与人类友好,不仅展示了他们高瞻远瞩的眼光与智慧,而且证明了他们忠于人类利益的赤子情怀与博大胸襟。他们不愧是人类的智者而非民族的智者,因为他们超越了狭隘的民族利益与国家立场,站在人类根本利益的高度思考问题。在他们心中,至高无上的是人类利益、世界和平友好与社会正义,而不是自己国家、民族的利益;他们致力于化解、消除对别的国家或民族的仇恨,散播的是人类友爱和平的福音。法西斯主义(狂热的民族主义正是法西斯主义的灵魂)正好相反,到处散播民族仇恨与种族屠杀的毒素。法西斯主义与狂热的民族主义都喜欢打着爱国主义的旗帜招摇撞骗,蒙蔽那些狭隘、幼稚、冲动有余而理智不足的人们为其危害人类和平友爱的罪恶勾当服务。他们借以蒙骗世人的爱国主义旗帜,被拆穿了后并没有什么高尚可言,不过是自私自利与损人利己在国际关系上的表现。在他们心中,除了他们自己与自己国家的利益之外,根本就没有什么别国的利益值得考虑,更不要说人类的利益。在他们看来,世界上除了斗争与仇恨之外,就没有什么友爱合作与互利共赢。以罗素、爱因斯坦为代表的世界主义者当然比他们高尚明智得多。该是仔细听取这些伟大的人类智者的声音的时候了。

第十三章　民主社会主义

第一节　概论

民主社会主义是 20 世纪西方影响最大的社会政治思潮之一，是西方各国社会党、社会民主党和工党共同信奉的思想理论的总称。在西方，它的理论与实践一般被称为"第三条道路"。它反对布尔什维主义主张的暴力革命和无产阶级专政理论，主张以民主和平的方式，对资本主义社会的一些弊端不断进行改良，以期建立一种公正、平等和民主的社会——民主社会主义社会。民主社会主义政党宣称："社会主义的目的，是把人们从对占有或控制生产资料的少数人的依附中解放出来。它的目的是要把经济的权力交给全体人民，进而创造一个社会，使自由人能以平等的地位在社会中共同工作。""在资本主义制度下，剥削使人分化为对立的阶级，社会党人的目的在于消灭剥削，以谋求自由与正义。"[①]

[①] 《社会党国际和社会党重要文件选编》，中共中央党校出版社 1993 年版，第 1—2 页。

民主社会主义思潮与马克思主义有一定的继承关系。它萌芽于19世纪下半叶，当时拉萨尔首先提出工人运动可以借助于选举权和平地进入社会主义的观点。19世纪末20世纪初，伯恩施坦较系统地提出民主社会主义的理论。他用和平改良理论修正了马克思主义的暴力革命学说（这大致可看作他对恩格斯晚年非暴力革命思想的继承与发展），放弃了无产阶级专政的说教，遭到了列宁的严厉批判和抨击。列宁正在专制、落后的沙皇俄国进行革命，伯恩施坦的改良主义理论自然不合他的胃口。主要围绕是否坚持马克思主义的暴力革命与无产阶级专政学说，民主社会主义与布尔什维主义从此分道扬镳，成为古典马克思主义之后两种主要的社会主义思潮。在俄国党内，以普列汉诺夫为代表的孟什维克主义其实就是民主社会主义。相对于布尔什维主义，民主社会主义对马克思主义的观点坚持的少而修正背离的多，所以列宁批判民主社会主义是修正主义。民主社会主义先是放弃了暴力革命与无产阶级专政学说，后来又注重阶级合作，直到最后放弃了生产资料国有化或社会化主张，以至今天人们很难看出民主社会主义与马克思主义的继承关系。但不管怎样，从20世纪初直到今天，民主社会主义在欧美，在世界各地不断更新和发展壮大，成为欧美广大民众广泛接受的影响最大的社会主义思潮。由于获得众多选民的支持和拥护，以民主社会主义为指导的欧洲各国社会党、社会民主党和工党相继上台执政。第二次世界大战后，在欧洲政治舞台上，民主社会主义成了与保守主义、自由主义鼎足而立的政治思潮和运动。1951年6月，欧洲33个社会党、社会民主党、工党在法兰克福成立了民主社会主义的国际组织——社会党国际。到20世纪80年代末90年代初，适用于东方落后国家的苏联式共产主义退出历史舞台。东欧各国共产党相继放弃苏联式共产主义，改宗民主社会主义。前共产党和工人党纷纷改旗易帜，更名为社会党或社会民主党，又使民主社会主义的力量和影响更加壮大。如波兰工人党改名为波兰社会民主党，匈牙利工人党改名为匈牙利社会党，东德共产党改名为德国民主社会主义党，保加利亚共产党更名为保加利亚社会党，意大利共产党改为左翼民主党，英国共产党改为民主左翼。即便是仍保留共产党名称者，也相当深地接受了民主社会主义的影响，如俄罗斯共产党也放弃了暴力革命、无产阶级专政和民主集中制等理论原则。这些政党的大多数加入了社会党国际。1989年社会党国际十八大召开时，有成员党89个，其中执政党29个。1996年二十大召开时，成员党已达140个，执政党达32个。在今天的西方发达国家，除了美国这个典型的资本主义国家之外，民主社会主义政党都在政治上与保守的党派势均力敌，轮流执政。适应西方社会自由民主的情况，社会党国际属于各党松散的联合，不奉行民主集中制原则。各国社会党、社会民主党与工党党内也没有严格的组织纪律，属于合法的议会政党而非革命政党。

民主社会主义是适应西方发达国家情况的追求社会公正与进步的社会思潮。民主社会主义的发展壮大，正是伴随着西方国家民主政治的进步而来。如果西方国家也是专制独裁，民主社会主义自然不会有强大的生命力。西方国家的民主法治为民主社会主义提供了合法生长的环境，他们可以通过和平的议会道路实现自己的理想，也就不必再走暴力革命的道路。

民主社会主义既包含在欧洲社会党的政纲与主张中，也为一些进步的社会主义思想家所探讨和阐发。第一次世界大战爆发以来，尤其是20世纪30年代全球经济大危机以后，西方思想文化界政治倾向普遍左转，大批学者、思想家与艺术家对资本主义幻灭失望，转而相信社会主义。但他们又对布尔什维主义坚持的暴力革命与无产阶级专政感到恐怖，所以自然信仰民主社会主义，爱因斯坦、罗素、拉斯基、罗曼·罗兰是为代表,连英美式的自由主义者卡尔·波普也曾信仰过民主社会主义。所以我们先介绍欧洲社会党的政治理念与纲领,再分别论述罗素、拉斯基的社会主义思想。

第二节 欧洲社会党的理念与政纲

一 思想多元化

民主社会主义的核心是民主,而民主的首要条件是思想的多元化,非单一性,民主社会主义的思想来源是多渠道的,没有统一的思想基础。民主社会主义既来源于古典马克思主义、英国费边社的改良主义、伯恩施坦和考茨基为代表的社会民主主义,又吸收了人道主义、基督教、左翼运动和自由主义思想,形成了不同的民主社会主义概念和派别。民主社会主义主张社会党是一个思想自由的党,它是由具有各种不同思想意识和政治信仰的人组成的共同体,党内允许存在各种思想和理论,不要求统一。社会党国际发表的《法兰克福宣言》称:"社会主义是一个国际性运动,它不要求在处理问题的方法上严格一致。不论社会党人把他们的信仰建立在马克思主义的分析社会的方法上,还是建立在其他方法上,不论他们是受宗教原则的启示还是受人道主义原则的启示,他们都是为了共同的目标而奋斗,这个目标就是一个社会公平合理、生活美好、自由与世界和平的制度。"[①] 1959 年德国社会民主党通过的《哥德斯堡纲领》指明:"社会民主党是一个思想自由的党。它是具有不同信仰和不同理

[①] 《社会党国际和社会党重要文件选编》,中共中央党校出版社 1993 年版,第 3 页。

想的人们的共同组织。他们一致的基础，是他们共同具有道德的原则和政治目的。"法国社会党认为，社会主义不是科学，而首先是一种改革社会的诉求，它不承认有统一的思想理论基础。法国社会党的党章规定社会党应把所有拥护社会主义理想和社会主义原则的劳动者团聚在一起，而不论其哲学信仰和宗教信仰如何差异。英国工党拒绝为任何纲领所束缚，不赞同任何教条或制定任何信条，它欢迎形形色色的政治思想，甚至革命思想。瑞典社会民主党则在1978年的纲领中把思想上的多样化作为它的奋斗目标。

二 民主观

尽管民主社会主义流派众多，主张各异，它的理论和实践也有了很大的变化发展，但民主始终是民主社会主义的核心价值。在它看来，社会主义只不过是一种"最高形式的民主主义"，是一种在政治、经济和社会方面无限的民主，社会主义就是实现了的民主。民主社会主义的要旨就是在社会的一切领域实现民主，包括政治民主、经济民主与社会民主。

（一）政治民主

民主社会主义的政治理论一直都是政治民主的理论。它认为政治民主与自由既是社会主义的前提和基础，又是社会主义的目标。1951年社会党国际通过的《法兰克福宣言》称："没有自由就没有社会主义，社会主义只有通过民主才能完成。而民主亦只有通过社会主义才能充分实现。"[①] 瑞典社会民主党的党纲规定，对社会民主党来说，法律与政治的民主不仅仅是为争取社会民主改革的武器，它本身也就是目的，因为它形成了民主社会不可分割的一部分。德

[①] 吴雄丞、张中云主编：《社会党与民主社会主义人权观》，四川人民出版社1993年版，第228页。

国社会民主党声称:"德国社会民主党信奉民主,即国家权力来自人民,政府随时对议会负责并且意识到必须得到议会的不断信任。在民主的国度中,少数人的权利必须同多数人的权利一样得到保护……德国社会民主党希望在平等的条件下同其他民主政党进行竞争,以赢得大多数人民的支持,进而建立一个符合民主社会主义要求的社会和国家。"[1] 在欧美的每个地方,民主社会主义党都赞成自由、秘密、普遍和平等的投票权。正是民主社会主义者同保守主义党派主张的有限选举权的残余做了斗争,使普选和妇女投票权成了现实。民主社会主义还热情地争取人民的各种民主、自由权利,如思想、言论、教育、结社和宗教信仰自由,要求法律面前人人平等。当然,民主社会主义的政治民主观念,也是当今欧美自由党、民主党、保守党共有的;但作为政治民主的坚定信徒,民主社会主义确实走在了其他党派的前面。作为渊源于欧洲工人运动的左派,民主社会主义还把扩大民主的基点放在劳工力量上。

民主社会主义的政治民主观,与他们对国家性质的认识密不可分。第二次世界大战后,民主社会主义政党普遍认为西方国家已不再是资产阶级的统治机器和镇压劳动人民的暴力工具,而是领土的共同体。今天的普选权、议会监督和人民监督,业已消灭了阶级对立,国家作为超阶级的、整个社会的代表者,成了为全社会服务的机关。国家不再是阶级压迫的工具,而是实施普遍社会福利、调和社会矛盾的调节器。

正是出于对西方国家自由民主的信念,民主社会主义党派主张实行多党制。《法兰克福宣言》声称,"民主需要有一个以上的政党存在和彼此反对的权利","维护政治民主是实现经济民主与社会民

---

[1] 《社会党国际和社会党重要文件选编》,中共中央党校出版社1993年版,第152页。

主的一个条件"①。和苏联式的共产主义不同，民主社会主义党派继承了古典马克思主义注重个人权利的观点，声称个人权利是社会主义价值的根本，个人个性的发展是人类充分发展的基础。1989年的《社会党国际原则宣言》声明：民主社会主义的目标就是"个人能够过有意义的生活，其个性与才能得到充分发展，人权与公民权在民主社会的基本结构中得到保障"②。

（二）经济民主

在欧洲社会党人看来，经过几代人的努力，政治民主在欧洲已基本实现，目前主要的奋斗目标则是经济民主。

经济民主包含以下内容：

首先是建立国营、集体和私营企业及其他经济成分并存和相互渗透的"混合经济"体制，主张扩大国有化规模和范围，实现政府对社会经济生活的干预，限制私人大垄断资本对社会经济的控制。为此，在20世纪80年代以前，社会党人一般致力于把大部分私人企业国有化，建立新的公共企业、消费合作社或生产合作社。第二次世界大战后，英国工党追求的目标就是生产资料公有制和工人获得他们全部劳动果实。但80年代以后，由于国有化造成大量浪费，经营管理不善，社会党人对此热心大减。

其次，实行民主计划，让劳动者和群众组织参与国家经济计划的制订，生产必须是为全体人民的利益而计划的，这种计划生产既同资本主义社会经济权力集中在少数资本家手中相对立，也不意味着所有经济决策权都交给政府或中央机构，如苏联那样。1976年的

---

① 吴雄丞、张中云主编：《社会党与民主社会主义人权观》，四川人民出版社1993年版，第228页。

② 《社会党国际和社会党重要文件选编》，中共中央党校出版社1993年版，第15页。

社会党国际发表宣言表示:"生产不能受经济自由主义的任意摆布,而必须为了人类的需要加以系统的计划。这种计划必须尊重个人的人格权利。社会主义主张国内与国际事务两方面都要有自由与计划。"① 1982 年通过的《英国工党纲领》规定:"社会有权制定利用和分配社会资源的计划以满足社会的需要","计划必须和工业民主的发展以及政府更加开放和有反应的程序相联系。它必须能反映地方公众、公司、工人和消费者的需求。"② 通过民主计划,把市场机制和国家的计划调节有机结合起来,使企业生产的目的不是去追求利润,而是满足社会需要。

最后,实行"参与制"与"共决制",生产者、消费者及其组织对生产、销售、分配等环节的政策施加影响,与资方共享决定权,工人以工会为代表参与经济政策的主要决策,参与企业和公司的管理。1951 年《法兰克福宣言》声称:"工会与生产者和消费者的组织是民主社会的要素,决不可让它们堕落成为中央官僚机构的工具……在没有侵犯国会的宪法上的权限内,应使其参与拟订一般经济政策。"③ 1976 年,西德执政的社会民主党政府通过立法,在企业中实施职工和资方平等参与管理企业:资方代表和工人代表数目相等。瑞典社会民主党政府自 1971 年以来,通过一系列法令,砍掉了资方在管理企业方面的特权,将其纳入集体谈判的范围。法国社会党则把自治管理作为经济民主化的主要内容,自治管理主要在公营企业中推行,企业有权决定自己的发展计划、预算、市场营销及与其他企业订立协定,国会只对自治管理实行监督。社会党认为,通

---

① 吴雄丞、张中云主编:《社会党与民主社会主义人权观》,四川人民出版社 1993 年版,第 227 页。
② 同上书,第 145 页。
③ 同上书,第 230 页。

过实行经济民主，可以逐个剥夺资本家管理企业的职能，限制资本家对企业的权力，使资本家对企业的管理有名无实，这样，逐渐使资本主义企业变成社会主义企业。经济民主意味着把民主模式纳入了经济生活，从而拓宽和深化了民主的内容，标志着民主的更深层发展。

（三）社会民主

民主社会主义的社会民主，主要是充分就业和福利政策。社会党人一直致力于实现真正的社会保障和工作权利，实现劳动者免受饥饿与匮乏的自由。1982年英国工党纲领提出：工党的目标是创造一个以互助、合作和服务为基础的社会主义社会，在这个社会里，人人都能得到平等的份额和地位。社会民主具体化为保障人民的各种权利，如就业权、医疗权、休息权、学习权、住房权以及男女平等、城乡平等、财产占有和收入分配平等。一方面要实现充分就业，另一方面通过高税收和高福利政策对收入实行重新分配。有些执政的社会党推行减少部门之间和行业内部工资差别的政策，推行高收入、高税收、高福利政策和社会保险制度。在英国和瑞典这些社会福利国家，形成了从摇篮到坟墓均由国家和政府实行福利和社会保险的政策，虽然战后欧洲福利国家的建设者并不都是社会民主党人，但社会民主党人却是福利国家的领路人和最早的实践者。第二次世界大战后长期执政的瑞典社会民主党政府把经济上的福利设施同工人参加企业管理的劳资合作结合起来，在其漫长的执政实践中，创造了一个既没有巨富也没有赤贫的公平社会，成为世界上福利国家的典范。

（四）国际民主

民主社会主义运动具有国际性，它的目的在于使所有人从各种形式的经济、思想与政治束缚中解放出来。民主社会主义认为在当今国际上各种利益和关系纵横交织的时代，没有一个国家能孤立地解决它的经济、政治、社会与文化问题，因此，民主社会主义一直宣传国际合作与国际团结的思想。在国际关系上，它强调必须依据保障国家自由与人权的国际法规，使民主政治在国际规模上建立起来。长期以来，社会党国际追求国际关系中的公正、民主、和平与平等的基本原则。从这些原则出发，社会党国际坚决反对美苏两个超级大国的霸权主义行径，严厉谴责它们对弱小国家的侵略。社会党还反对一切形式的种族主义与民族压迫，要求实现一切种族、少数民族群体、民族与宗教的平等权利。社会党国际还主张世界和平，支持美苏对话与削减核武器，和平解决世界上的各种争端和热点问题。社会党国际热心建立国际经济新秩序，实现南北对话，主张发达国家应大力援助贫困、落后国家，发达国家应达到联合国要求的把国民生产总值的0.7%作为发展援助给予发展中国家。

社会党国际还欢迎并支持世界各国人民反对独裁统治，争取民主和基本人权的斗争。它认为任何一个独裁政权不仅意味着对本国人民的专横统治，而且是对别国人民自由的威胁，从而也是对世界和平的威胁。它强调人的生命、尊严和良心是高于国家之上的，独裁政权无权践踏这些价值，哪怕是在国内。国家主权绝对论是过时的东西，独裁政权践踏基本人权的行为，各国都可以进行谴责和制裁。它批评和反对那种认为民主、人权是西方经济发达国家的人民才能享有的政治奢侈品的观点，认为第三世界的人民现时一样有资格享有人权与民主，根本不必等到经济发展到一定程度以后再由统治者赐予人民。在社会党国际看来，人权与民主真正体现了人的尊严，在今天具有普适的价值。

第十三章 民主社会主义

三 以改良为基点对改良与革命的辩证认识

在欧洲社会主义思想史上，走和平道路的改良主义思想本来就源远流长。从 19 世纪二三十年代的空想社会主义到费边社会主义，从拉萨尔主义到伯恩施坦主义，无不如此。欧洲的政治社会状况也为改良主义的产生和发展准备了沃土。尤其是第二次世界大战后，西方各国普遍建立并完善了民主制度，实行社会福利政策，弱化了阶级矛盾，解决了不少社会问题，使和平改良成为现实可行且也为广大群众所接受的选择。其实对于西欧社会党来说，这是正确的选择。因为在西欧走暴力革命道路最后只能沦为极少数人从事的恐怖主义活动，如意大利红色旅一样。1951 年社会党国际成立，就把和平过渡作为民主社会主义的要点写入自己的纲领。德国社会党一再表示，它忠实于民主，要与其他党派平等竞争，争取大多数人民的支持，以建立一个民主社会主义社会。瑞典社会民主党确信：以民主社会主义为基础的和平过渡是解放人类的唯一可行的途径。奥地利社会党主席克赖斯基就说："哪里有现代工业社会，哪里的社会发展就不取决于革命。革命并不是一个具有现实意义的政治范畴，我们必须坦率地承认，只有通过持续的改良，才能改造社会。"[①] 当然，社会党人也不否认和平道路走不通时选择暴力革命的合理性，不过基本点还是放在和平改良上。这样社会党人就用辩证的方法统一了革命与改良的矛盾。他们指出，欧洲、北美根本就不存在暴力革命的条件和准备，即使在东方落后专制国家，革命者在革命的日子之后还得作为改良主义者或改革者从事活动，因为革命不可能一直不断地搞下去，任何革命的终结都意味着长期建设性工作的开始。

[①] 《明镜》杂志，1973 年 2 月 28 日。

事实证明，在普及的国民教育为民主活动创造出较好的前提条件下，改良对社会的进步性变革其实比革命更有效。当然，在那些落后而独裁的国家，革命暴力作为最后的无奈选择仍有其价值，但斗争的代价是巨大的牺牲，为此也许要牺牲整整一代人。因而除非万不得已，暴力行为在原则上是不可取的。

第三节 罗素

伯特兰·罗素（Bertrand Russell，1872—1970年），是20世纪声誉最著、影响最大的思想家之一，他不仅在哲学上做出了巨大的贡献，而且在数学、逻辑学、文学、历史和政治思想方面也取得了卓越的成就。他是人类史上又一位知识渊博、百科全书式的伟大学者和思想家。

罗素出生于一个英国自由主义贵族世家，其祖父约翰·罗素首相领导了1832年英国的议会改革。受其家族影响，罗素终生抱持自由主义信念和对社会进步、改革的同情与支持。罗素从来不是关在象牙塔里不问世事的纯学者，他一生积极参加社会政治活动。随着第一次世界大战的爆发，罗素开始了他漫长的反对战争、维护世界和平的斗争。1955年7月，他和爱因斯坦领衔发表了《罗素—爱因斯坦宣言》，宣传和平与裁军，坚决反对军备竞赛与核大战。为了避免战祸，他多次给世界各国领导人写信宣传他的和平主义，调解冲突。他强烈谴责英法1956年入侵埃及和美国对越南的战争。当然和平主义信念并没有妨碍罗素支持和拥护世界人民正义的反法西斯战争。

罗素在思想上兼收并蓄，他是自由主义者，又是社会主义者，是和平主义者和人道主义者，又是世界主义者和个人主义者。美国哲学家M．怀特在《分析的时代》一书中这样评价罗素："毫无疑问，罗素是我们时代的一位著作最多的和最光辉的思想家"，"没有任何哲学家对20世纪的理智生活给予了比罗素所给予的更加有益的影响"①。

1950年，罗素荣获"诺贝尔文学奖"，以表彰他"捍卫人道主义理想和思想自由的多种多样意义重大的作品"。罗素清新、睿智的散文在英国文学中享誉甚高，有些文章作为英美文学的典范而收入英语教科书。

罗素的主要政治著作是：《社会改造原理》（1916年）、《政治理想》（1917年）、《自由之路》（1918年）、《布尔什维主义的理论与实践》（1920年）、《工业文明的展望》（1923年）、《自由与组织》（1934年）、《权力论》（1948年）。

一　基尔特社会主义思想

和20世纪很多进步思想家一样，罗素反对资本主义私有制及资本家对工人的剥削。他认为私有制是人类进步的最大障碍之一，因此他一度要求废除私有制，以作为社会改造的前提条件。他争论说，围绕南非布尔人开发金矿和金刚石矿发生的许多事实说明私有财产来自暴力和盗窃，资本家正是依靠占有资本和财产实现对劳动人民的剥削。第一次世界大战的爆发更使罗素这样一个和平主义者对资本主义痛心疾首，1915年，他加入反战的英国工党。尽管反对和憎恶资本主义，但他又不认同马列主义关于解决资本主义问题的主张，他坚决反对布尔什维主义。俄国十月革命胜利后，罗素作为英国左

---

① ［美］M．怀特：《分析的时代》，杜任之译，商务印书馆1981年版，第17、197页。

翼进步人士访问了苏维埃俄国,和访苏的其他代表团成员不同,罗素看到了苏俄现实中可怕的一面。他指出,苏维埃的官僚制度及高效活动实在令人胆战心惊。那里没有民主,没有个人自由,没有独立思想,令他十分反感。他表示反对资本主义,因为资本主义存在剥削;他也反对社会主义,因为社会主义没有民主。罗素认为,当时的苏俄政权把权力牢牢集中在自己手中,是一种和资本主义同样残酷和压迫的政权,对于工人和劳动人民来说,则不过是一帮新主人代替了旧主人。因此在他看来,虽然十月革命表面上取得了成功(夺取并巩固了政权),实质上却失败了,因为它已背离了原先的理想而转化成了布尔什维克党徒与官僚的天堂。

在罗素看来,布尔什维主义理论和实践的失败根源于这样一个简单的事实:贪权和爱财都是人性中非常强烈而持久的欲望,权力和财富的分配不均都会带来巨大的社会罪恶和不公正。权力和财富又可以互相转化。他认为资本主义的首要罪恶,不只是财富上的不平等,虽然这种不平等本身也是严重的罪恶。资本主义更严重的罪恶全都起源于权力分配的不均。布尔什维主义只是解决了经济上的不平均和不公正,而权力分配上的不公正和不平等不仅没解决,反而更加恶化。一小撮官僚政客垄断了国家所有的政治权力,人民本身则处于毫无权力的地位,从而形成官僚集团对人民的专断统治。他说:"没有权力的平均分配,财富平均分配所取得的成果是微不足道的,而且也是很不牢靠的。"① 他认为只有民主和自由宣传才能够防止当权者建立一个少数人骄奢淫逸而大多数人贫困劳苦的奴役制国家。权力分配上的不公正和不平均最终会导致人们在财富分配和生活享受方面的巨大鸿沟和不公正,道理很简单:权力与财富会互

---

① [英]罗素:《布尔什维主义的理论与实践》,伦敦1920年出版,第162页。

第十三章 民主社会主义

相转化。

罗素认为，社会主义制度包含经济和政治两方面的内容，缺一不可，经济方面涉及生产和产品的分配，政治方面则涉及权力的分配从政治上说，社会主义与个人独裁和寡头统治不能相容，而是要求所有精神健全的成人平等地享有相同的政治权力。在罗素看来，自由主义和布尔什维主义都想实现社会的平等和幸福，但都未获成功。前者仅顾及政治方面，后者仅顾及经济方面，只有经济和政治双管齐下，问题才能得以解决。因为经济权力和政治权力本来就是互相转化的，因此解决的办法只能是经济民主加政治民主。在按照马克思主义的设想实现生产资料公有制的同时，还要建立起充分的、有效的民主制度。在罗素看来，一旦形成社会主义国有经济，官僚集团便有可能将所有社会权力垄断到他们手中，国有经济使他们控制着一切社会资源，包括公众们赖以表达他们意见的会议厅、纸张等一切宣传工具。在这样一种情形下，除非人们相应地建立起比有史以来曾有的民主政治更加彻底的政治民主，更加细心地从制度上防止官僚的专权，更加审慎地在制度上保护个人的自由，否则一切都将彻底地走向人们美好愿望的反面，走向彻头彻尾的特权官僚集团的专断独裁和腐化堕落。在他看来，将资本主义制度下资本家的经济权力和政客们的政治权力统统转到社会主义国家的官僚手中，这显然会造成更高度的权力垄断。这种更高度的权力垄断造成的祸害比资本主义还要大。因此，对于社会主义来说，关键的问题是实行自由民主，使个人自由得到充分保障，人民要有权、有效地控制政府及其领袖。一个要改变世界面貌的政治制度，它的终极目标是使个人获得自由发展。这既是幸福生活的重要内容，又是幸福生活的前提。他说："任何一个组织，不管它所宣称的目的是多么理想，都可以蜕化成为一种暴政，除非是大众在自己的手里保持着某种有效的办法来控制领袖们。民主政治就是至今为止所发现的唯一办法。"① 既然症结在民主,那么实现了民主是否就会包医百病呢？罗素对此并不完全感到乐观,他认为民主政治并不是一个完全有效的解决办法,但却是解决办法的一个重要的、不可缺少的组成部分。

除了实行全面的民主以外,罗素还着眼于人类心灵的改造。罗素认为,人性是可塑性很强的一种品质,它可以随着环境和教育等因素而改变,建立合理的政治、经济制度将会促进人性向好的方面改善。除此之外,还要在教育、宣传方面下功夫,要努力培养人的独立思考能力和鉴赏能力,促进人们自由无畏的求知勇气和求知过程中慎重的科学态度,培育人们的同情心和创造精神,从而逐渐消除贪婪、虚荣、好权、专断、盲从、狂热、恐惧、仇恨等恶劣的性格特征。

那么,罗素所设想的民主社会主义到底是什么样的呢？就是基尔特社会主义。基尔特即是行会,即行会社会主义。基尔特社会主义在经济上以公有制代替私有制,消灭资本家对工人的剥削,劳动将在很大程度上成为人类创造才能的一种发挥与享受；政治上实行双轨制,即国家和基尔特同时存在,各司其职又相互制约。国家主要是作为代表消费者利益的地缘组织发挥其职能,基尔特则是代表生产者利益的产业组织,在最高权力机关中由国家和基尔特平分秋色。国家议会和基尔特全国代表联合会平行地行使权力,并由两者组成一个联合会来协调它们之间的关系。罗素认为,在这种制度中,既不会使社会陷入无政府状态,又充分保证了产业团体的自治权力,全体工人则依靠自己的组织来享受法律范围内的最大自由。每个社会成员既是直接支配生产过程的也是充满积极性的生产者,同时又

---

① 《走向幸福——罗素精品集》,王雨等译,中国社会出版社1997年版,第441页。

第十三章 民主社会主义

是充分地享受幸福生活的消费者。再加上既保障社会全体成员的基本生活，又刺激杰出人物创造才能的分配制度，人类将在物质生产方面获得前所未有的大发展，精神方面也摆脱了有史以来的奴役而获得真正的解放。

实行基尔特社会主义只能靠民主的方法和议会道路，而不能依靠暴力革命。罗素认为，至少在西方发达国家，社会主义必须依靠和平民主的程序来实现。暴力革命不仅意味着对人类千百年来积累的文明成果的毁灭性打击，而且必然会把国家权力授予这样一个独裁的少数派，这个独裁的少数派会决心采用一切它认为必要的残暴手段来维护它的政治权力；这样又会形成新的社会权贵和不平等，直到一场新的革命将其席卷而去。

二 对民族主义的批判及世界政府思想

作为一个世界主义者与和平主义者，罗素对19世纪以来风行全球的民族主义深恶痛绝。在他看来，正是这种非理性的民族主义狂热造成各国、各民族间不断的厮杀和战争，从而遗害无穷。他认为民族主义是一种非理性的褊狭情感，他解释民族主义包含两方面的内容，"民族主义是人类全群本能的一种表现形式，它是一种将自己所归属的民族视为自己的群的一种习惯"，"民族主义的本质是人们将本民族与他民族对立起来的一种敌对情绪"[1]。即对内的合群情结和对外的敌对情结。

在罗素看来，正因为民族主义是一种非理性的本能和情绪，它才具有盲目、狂热、难以控制和具有巨大破坏性等特征。各民族都极力杜撰本民族如何优越而神圣，敌对民族又是如何低劣而卑鄙。

---

[1] ［英］罗素：《工业文明的展望》，伦敦1923年英文版，第27、28页。

各民族都完全从自己的利益出发，不顾其他民族的利益、愿望和国际道义，从而形成各民族尖锐的矛盾冲突，乃至战争。特别是在现代舆论工具使战争鼓动更有效力，现代科学技术使人类杀戮能力大大提高的情况下，民族主义的危害是怎样估计都不会过分的。罗素认为第一次世界大战就清楚地证明了此点。罗素警告各民族必须学会相互忍让和避免暴力，否则人类文明便会在全面退化与苦难中归于绝灭。

罗素批判民族主义的主要出发点是避免欧洲各民族以至世界各民族间的战争，因而他没有将民族自决作为解决民族问题的根本方案。在他看来，民族自决不过是民族主义的一种特殊表现形态。罗素坚决反对西方压迫民族的民族主义——帝国主义和扩张主义，深切同情被压迫民族的解放斗争。但他又认为民族自决作为被压迫民族的民族主义，其在解决民族矛盾和斗争中的积极作用毕竟是有限的。因为一旦获得了民族自决，民族主义情绪很容易转化为对外侵略扩张和牺牲其他民族的利益；故而，诉诸"民族自决"原则并无助于防止人类各民族间无休止地冲突和战斗下去。第二次世界大战后，在核武器大量存在，从而根本危及人类文明生存的情况下，罗素提出挽救人类文明不遭毁灭的根本办法是建立一个世界联邦政府，奉行世界主义。他认为一个国际政府对人类来说也像国内政府一样重要。首先由美国和英联邦国家在军事上联合起来，建立统一的反侵略的同盟，然后通过说服自愿参加或通过威胁使同盟逐渐扩大，最后形成统一的世界军事力量和统一的世界联邦政府，从而消除人类间的战争和实现永久和平。

在罗素看来，当今世界上非常流行的对本民族的歌颂崇拜和认为公民必须效忠于国家的观念是过时而有害于自由和进步的，我们今后应效忠的不是民族国家而是人类社会，是现在和未来的人类大家庭。与此相应，要大力培养人们的世界公民意识，使其养成对世界国家的忠诚态度。解决民族主义的唯一办法是消灭民族主义，从而使人类的力量和情感不再服务于民族对立和战争，而是贡献于人类全体的文明、进步与幸福。一个美好的社会不是产生于国家的繁荣，而是来自个人的自由发展。国家只是手段，个人自由发展才是最终目的。就此而言，罗素主要是个自由主义者。

第四节 拉斯基

拉斯基（Harold Laski，1893—1950年），英国著名政治思想家和政治活动家，英国工党领导人。他既是民主社会主义的早期理论代表，也是20世纪政治多元主义的创始人之一，但后来在国家与革命问题上又接受了马克思主义。他出身于英国曼彻斯特的一个犹太富商家庭，1914年毕业于牛津大学，1916年赴哈佛大学执教。1920年返回英国，任教于伦敦经济学院直至去世。拉斯基的重要政治著作有：《主权问题研究》（1917年）、《主权的基础及其他》（1921年）、《国家的理论与实际》（1935年）、《论当代革命》（1943年）、《美国的民主制》（1948年）、《论立宪制度》（1951年）等。

拉斯基除从事学术研究外，与罗素、爱因斯坦一样也积极参与社会政治活动。在牛津时，他就是费边社成员，并积极投身妇女参政运动。1936—1949年他一直是工党执委会成员，并在1945年工党执政时出任执委会主席。

一 多元主义的国家观

拉斯基最初是政治多元主义的主要创始人。他批评一元主义国家观及主权概念,认为主权概念有两个根本错误:首先,不存在一个权力无限的所谓主权者,在西方,不论是国王主权还是议会主权都是不存在的。在英国,中世纪君主不掌握国家主权,近代以来,议会主权也是一句空话。其次,主权概念要求个人对国家命令的绝对服从,这会导致政府的专制,扼制公民个性自由的发展,产生奴性。因而主权概念既没有事实根据,也缺乏道义基础。

在否定主权说与一元论国家观的同时,拉斯基主张建立一种鼓励公民自由发展和发挥创造力的国家,这种国家的目的不是追求秩序和统一,而是培养多元思想文化和生活方式——这种国家便是多元国家。

多元国家并非高踞社会之上发号施令,它只是众多社会团体之一,它与其他社会团体并无实质区别,"它并不必然就比一个教会、工会或互助会更适合于社会的目的"①。国家的意志能否超越其他团体而得以贯彻,取决于它是否表达国民的意志。

拉斯基据此认为,国家的"主权"仅仅是其命令被成员接受的可能性,它无异于教会或工会的权力。因此,在多元国家中,权力不再集中于政府机关,"主权"将分配给各种社会团体及社会的"自治区域",从而形成多元权力结构。也就是说多元国家不能实行中央集权制,只能实行分权自治与联邦制。因为保持自由与多元化的秘诀就是分权,联邦制的核心也在于分权,"各种政治组织中最能坚定地保持分权的政治组织是联邦的组织"②。同时,联邦制也是实现平等的主要条件,没有联邦就没有平等。不过拉斯基所倡导的联邦制与传统的联邦制(邦国、自治地方的联合)不

---

① [英]拉斯基:《现代国家中的权威》,耶鲁大学出版社 1919 年英文版,第 65 页。
② [英]拉斯基:《主权的基础及其他》,伦敦哈考·布莱斯出版公司 1921 年版,第 87 页。

同，他主要是指不同职业的联合，其次才是区域的联合。他强调的重点是职能的联治主义，即主张权力主要由职业代表而不是由区域代表执掌。

20世纪20年代后期，拉斯基放弃了多元主义国家观，承认国家在性质上不同于其他社会团体，具有超越于其他社会团体之上的强制性权力。因为现实中的国家拥有并行使强制性权力是毋庸置疑的事情，否认这一点实在不明智。到了30年代，拉斯基的思想更趋激进，他接受了马克思主义，把国家看作阶级统治的工具，更是对多元主义国家观的彻底背离。

二 "世界国家"理论

拉斯基否定和批判国家主权观念，不仅因为它对内导致专制与压迫，而且对外导致战争与无政府状态，与世界性的经济活动不能相容，与人类进步的趋势背道而驰。他认为现代工业的生产和消费日益具有世界性，这一趋势必然产生一个世界政府从而结束建立在国家主权观念上的国际无政府状态。现代科学技术必然产生世界市场，世界市场必然产生世界的相互依存性，而世界的相互依存性又必然产生世界政府。可是在国际关系中，各国仍坚持过时而有害的国家主权观念，奉行民族主义，将本应为全人类共同利益服务的资源据为己有，并为争夺这些资源而发动战争。他认定过去的种种事实已经有力地表明主权国家与人类文明是不能相容的。因此，主权国家已违背世界统一的潮流，消除主权国家对于消灭战争、解放现代生产力已是势在必行。

消除主权国家的根本途径是建立一个超乎各国之上的由国际政府管理的"世界国家"。这个超乎一切国家之上的世界国家是最高的人民组织，在国际社会中，国家已经降到一省的地位了。国际社会的各项规则于是被视为至高无上，它们在逻辑上超越国内法各项规则。

国际政府的根本宗旨是消灭战争，维护和平，增加世界人民的福利。它设有国际立法议会、国际行政机构和国际法院。国际政府要履行政治、经济与社会等职能。政治职能有：登记国际条约；确定各国疆界；裁减军备；规定宗教、种族和少数民族的待遇；改善落后民族国家的状况；裁定战争及解决争端；等等。经济职能包括：批准给各国的贷款，监督国际投资；监督国际关税和各国的大宗贸易；监督实施重大的国际公共工程；努力使世界落后地区现代化；在经济上消除帝国主义；等等。社会职能有：维持成员国之间及成员国公民公平的、人道的工作条件；禁止妇女儿童买卖和毒品贩卖；维持成员国之间交通运输的自由及商业上的平等待遇；防止疾病蔓延，促进国际红十字会的工作；规定公民的最低福利标准；等等。

由此可知，拉斯基设想的国际政府实际上是超越各国政府之上的世界联邦政府。世界国家并不意味着取消原有的民族国家，只是要剥夺其现有的国家主权，对内实现多元民主，对外实现国际和平与统一。

拉斯基对国家主权观念的批判及世界国家的设想，代表了不少西方学者、思想家和政治家的共同理想和愿望，反映了经济全球化的趋势与要求，具有明显的前瞻性。但在现实的国际关系中，在国家利益与国家主权仍高于一切的环境中，他的美好理想又很难操作实行。当然，随着全球化的深化，随着自由民主制度在全世界的扩展与胜利，一个世界国家与人类和平的时代一定会到来。

三 "同意的革命"

拉斯基始终反对资本主义经济制度，认为它意味着剥削和不公

第十三章 民主社会主义

正，严重阻碍了生产力的发展。基于对西方资本主义现实的分析，拉斯基认为改良主义无法从根本上克服民主政治与资本主义之间的矛盾，要从根本上改造资本主义使之向社会主义过渡，通过渐进的道路是无法达到的。苏俄式的暴力革命也是不可取的，无论哪一种暴力革命都是可怕的"罪恶"，它毁灭人类的文明，使人类进入一个黑暗的历史时代。他说："暴力的革命纵使获得成功，也必然会停止民主的程序。纵使它获得成功，我们从1789年和1917年的经验知道，它会引进一个残酷的时代。如果暴力的革命失败，它就会把人们（就像希特勒所企图做的那样）带进一个可怕的丛林，在那里，人的尊严将被对权力的欲望牺牲掉。"[1] 因此暴力革命必须坚决避免。再者，暴力革命在英美也不可能成功。拉斯基分析工人阶级革命的胜利要靠罕有的各种条件的配合，这在一般情况下是很难出现的。当时英、美、法各国的工人没有1917年前俄国工人那种强烈的无产阶级革命意识，也缺乏支持革命的广泛群众基础。

拉斯基指出，除了暴力革命外所幸还有一种避免暴力的"同意的革命"，这种革命也可以达到暴力革命的目的，却可以避免暴力带来的苦难。虽然这种革命在历史上是罕见的，而且也不能保证它是否能真的得以实现，但却是我们这一代人所面临的一种明智的选择。

拉斯基认为，从资本主义转向社会主义，革命是不可避免的。如果统治阶级不愿配合无产阶级通过"同意的革命"实现向社会主义的转变，那就将不可避免地导致暴力革命。为了避免暴力革命，就得进行"同意的革命"。"同意的革命"就是基于各阶级在重大社会问题上的一致，用和平的方式，以协商而不是以暴力来改造国家的基本制度与原则，通过阶级合作和一致同意实现民主、人人幸福

---

[1] ［英］拉斯基：《论当代革命》，朱曾汶译，商务印书馆1965年版，第176页。

与社会主义。

拉斯基的"同意的革命"的实质是倡导阶级合作，反对暴力革命，宣扬和平改良，试图用和平手段建立社会主义制度。从这一点上讲，它与通常的改良主义是一致的。但是，无论在形式上还是在内容上，它都与传统的改良主义有着相当大的区别。

传统的改良主义不触动资本主义制度的根本，主张一点一滴的改革，它摒弃任何形式的革命；而"同意的革命"论则反对"一点一滴"的改良，主张大规模地从根本上改造资本主义制度，它还承认社会革命的不可避免性，并在一定程度上承认暴力革命的可能性。拉斯基的"同意的革命"论在某种程度上是以第三条道路的形式提出来的，它是社会改良主义在新形势下的进一步发展——民主社会主义。

四 民主社会主义

根据拉斯基的设想，通过"同意的革命"建立的是一种既不同于现代资本主义也不同于苏联社会主义，而是一种将社会主义经济制度与西方民主政治结合于一体的混合制度。拉斯基认为这样一种新的混合制度，吸取了两种不同社会制度的优长，抛弃了它们各自的弊端，因而具有很大的优越性，这就是"民主的社会主义"。

拉斯基对国家的看法前后有很大变化，从多元主义到费边主义，再到修正的马克思主义，但他对西方民主制的肯定始终不变。拉斯基赞赏英国民主制是无与伦比的国家制度，是英国近代200多年政治演进与政治智慧的结晶。民主政治反映群众的愿望和要求，它谋求和平与民众的福利；它的内在逻辑促使它把自由纳入平等的范畴；人民有权选择统治者，它没有宗教、种族、性别、肤色或财产等方面的歧视；民主政治是一种定期以和平方式选择统治者的普选制。

总而言之，民主制是人类历史上最好的政治制度。

不幸的是，代议民主制在现实中却被资本主义经济制度所侵蚀、破坏，要延续、健全民主政治，就必须消除资本主义私有制，实行社会占有和经济民主，将民主制与社会主义结合起来。这就是说，保留代议民主制，以生产资料公有制代替资本主义私有制。这样既能确保政治民主，又能实现经济平等。因为如果没有经济平等，政治自由、平等、民主等都是不现实的。像苏联那样仅有经济平等而缺乏政治自由和民主也是可怕的。

拉斯基指出，在这种民主社会主义制度中，重要的生产资料由社会拥有和控制，社会控制资本和信贷，并控制和拥有土地。国家管制进出口，重要基础工业国有化；同时，实现经济权利民主化，经济管理计划化。只有在这样的基础上，民主政治才能名副其实地建筑在人民的同意之上。

拉斯基认为，在这种民主社会主义国家，自由的概念是积极的。在生产资料公有制的前提下，人们谋求自由是为了最充分地发展公共财富，提高公共福利。每个公民贡献得越多，他能够获得的利益也越大。国家会使个人的目标和社会的目标协调起来，并使人的个性得到完美的体现。

拉斯基的民主社会主义理论代表英国工党左翼的思想主张，一度成为英国工党政府的施政纲领；后来随着英国工党的右转，拉斯基的理论影响越来越小。

第十四章　20世纪的自由主义

第一节　概论

自由主义从诞生以来，虽然总体上呈不断发展、壮大之势，但也迭遭打击与磨难，退一步进两步地艰难前进。英国革命与美国独立建国都是自由主义的胜利，法国大革命一开始也是自由主义的春天，但到雅各宾派专政时期就成了恐怖独裁的严冬。1848年的欧洲革命是为了争取政治与思想自由，在德国和东欧先后遭到镇压，在法国则变质为小拿破仑的帝制。拿破仑与梅特涅，波旁王朝与哈布斯堡王室，俄国沙皇与德国君王，都恨不得把自由主义连根铲除，因为自由主义是对他们专制统治的致命威胁。尽管面对着这么多强大的敌人，19世纪仍是自由主义高歌猛进的时代。到19世纪末，自由主义的胜利似乎已成定局。然而进入20世纪后，自由主义再次遇到了生死存亡的考验。这一次并非旧的君主专制势力要扼杀它，而是新兴的社会主义党派和法西斯主义要埋葬它。自由主义出于形势的需要也对自己的理论、主张做了一定的修正，主要是在经济理论

第十四章 20世纪的自由主义

上,由19世纪的自由放任政策转向国家干预与调控,不再完全听任市场调节。这就由古典自由主义过渡到现代自由主义。

约翰·密尔作为19世纪最著名的自由主义者,本来已开了从古典自由主义向现代自由主义过渡的端绪,不过真正完成这一过渡的,还是20世纪最伟大的经济学家约翰·凯恩斯,他也是个英国人。在20世纪30年代经济大萧条的背景下,1936年,他的划时代的经济学巨著——《就业、利息与货币通论》问世,明确放弃了古典自由主义的经济信条,论证了通过国家干预扩大需求、创造就业机会、刺激消费、解决供需平衡度过经济萧条的政策。在此之前,1933年开始的罗斯福新政已经实行大致相同的主张,在克服经济危机、实现经济复苏上体现出明显的成效。罗斯福新政通过对市场经济给以一定的控制挽救了美国的市场经济与自由企业制度,帮助美国的自由民主制度经受了考验。此后,西方国家放弃了古典自由主义的经济信条,开始实行国家干预与宏观计划,赤字财政与福利政策,使经济活动的无政府状态有了相当程度的缓解。工人的生活条件大幅度改善,社会矛盾得以弱化,19世纪狰狞可憎的资本主义变得比较温和。后来罗斯福在《大西洋宪章》中又提出了著名的四大自由,即言论自由、信仰自由、免于匮乏的自由和免于恐惧的自由。它的新颖之处是在原来的自由基础上加上个免于匮乏的自由,即保障每个人享有基本的生活条件。而这光靠市场调节是难以办到的,必须借助国家的福利政策。凯恩斯主义与罗斯福的四大自由就代表了20世纪自由主义的主流。后来罗尔斯主要从伦理与正义的角度论证了这种自由主义,他强调在人人自由平等的条件下利益分配应向弱势者倾斜,从而为国家干预与福利政策提供了道德哲学的基础。伯林则从两个自由的概念入手,区分了消极自由与积极自由。落脚点则在强调为了维护个人自由,国家一定要为个人享受自由权利创造必要的条件上。

自由主义从古典到现代的转换意味着思想观点的深刻变化。古典自由主义将个人自由看作至高无上的东西，现代自由主义在强调个人自由的同时力求把个人自由与公共利益相统一，使个人自由与社会发展协调一致。古典自由主义仅仅把国家当作"守夜人"，其职责就是保障人民的生命、自由与财产安全，维护正常的社会秩序，相信"管得最少的政府就是最好的政府"；现代自由主义主张扩大国家的职能，国家有责任通过立法进行公平的利益分配，建立美好的福利社会。古典自由主义把生命、自由与财产当作公民的基本权利，现代自由主义除这些公民权利之外，还要求享有经济、社会与文化权利。古典自由主义的私有财产权是无限的、绝对的，现代自由主义的私有财产权则是相对的，要受社会利益的制约，资本家的经济自由缩小了，普通民众的经济权利却扩大了。这也就是为什么现代自由主义更受工人、农民的欢迎，一开始却遭到大资本家的强烈抵制（罗斯福新政是为代表）。大资本家确实更喜欢古典自由主义而讨厌现代自由主义。

古典自由主义者一般对于民主、对于多数的暴政忧心忡忡，这主要是吸取了古希腊暴民政治和法国大革命的教训。20世纪的自由主义则主要面对现代极权主义的致命威胁，因此他们的批判与应答也首先针对现代极权主义独裁。不论是现代自由主义者，还是哈耶克等保守自由主义者，都把法西斯主义与苏联共产主义当成威胁自由主义的两种主要极权主义独裁。波普在一系列著作、文章中，就是左右开弓，同时批判、抨击法西斯主义与苏联共产主义，他把柏拉图、黑格尔与马克思当作极权主义的主要思想代表予以批判。哈耶克走得更远，他不仅同意波普在这个问题上的看法，而且进一步把英国工党的社会福利政策也污为现代极权主义的毒菌，危言耸听地说英国正在走向奴役之路。

第十四章　20 世纪的自由主义

现代自由主义在美国、加拿大居主流地位近半个世纪，在欧洲却呈现衰落之势，英国的自由党在第一次世界大战后迅速失势，再也没有取得执政地位。在欧洲，民主社会主义取代它成为主要的进步运动。现代自由主义同时遭遇了共产主义、法西斯主义的严重挑战，还要应付哈耶克等保守自由主义者的不断批评。但从 20 世纪 30 年代到 80 年代，它的社会福利政策与国家干预在西方得到了广泛的认可，它一直追求的自由、人权、平等成为西方文明的核心价值，自由民主制度在世界各地推广。它先是粉碎了法西斯主义的挑战，后来又在与苏联共产主义的冷战中取得胜利。民主社会主义一开始是自由主义的敌人，后来成了现代自由主义的朋友，认同了现代自由主义的基本价值。如果说民主社会主义原先在主张国有制或社会所有制方面与现代自由主义有相当大的区别，那么 80 年代以后，连这个差别也逐渐淡化，民主社会主义进一步向现代自由主义靠拢。所以在西方自由党衰落了，自由民主的制度与价值却成功了。因为经验证明，在人类活动的所有领域，自由都是发展和进步的主要动力。自由是一种可贵的力量，它刺激人们进行新颖而富于创见的思考，不断地为人类开辟新的天地。

在现代自由主义占主导地位之际，古典自由主义或保守自由主义的信徒一直不停地批评它的国家干预与福利政策，米塞斯、哈耶克、诺齐克就是主要代表。从 20 世纪 30 年代开始，哈耶克就不停地与凯恩斯主义论争，捍卫他的市场教条主义，认为国家干预与福利政策损害个人自由，是通向奴役的道路。在相当一段时期内，哈耶克的理论处于下风，不被人重视。这也难怪，在 20 世纪 30 年代大危机中，胡佛总统完全信奉市场调节，消极等待市场发挥作用，结果经济毫无起色，被美国人民所唾弃。罗斯福新政比胡佛的自由放任成功，这是无人能否认的事实。罗斯福新政得到工人、农民的广泛支持，而自由放任只能在少数大资本家那里得到拥护。只有当20世纪70年代后期福利政策的弊端与经济滞胀同时出现时，保守自由主义的经济理论才能得到重视，才有望压倒凯恩斯主义。20世纪末，保守自由主义确实有压倒现代自由主义之势。不过，以罗斯福四大自由为代表的现代自由主义，仍比保守自由主义更有价值。保守自由主义在捍卫自由原则上是比现代自由主义更彻底。它不仅捍卫政治、思想自由，而且信奉经济自由不容干涉。不过人类历史一再证明，任何一个美好的原则都不能推到极致，理论上的彻底与完全不打折扣不是好事。人类事务太矛盾、复杂而多变，难以始终一致地用一条理想的原则妥善处理。把看似矛盾的东西调和起来，反而会更好。平等与自由一样美好，如果追求彻底、全面的平等，岂能有好的结果？自由又何尝不是如此？彻底、全面的经济计划是一场失败，那么完全听由市场调节也会弊端丛生，甚至导致经济崩溃。20世纪30年代的经济大危机不就是显著的例子吗？美国依靠罗斯福新政，德国依靠法西斯的统制经济比较成功地走出了萧条，这都离不开国家对经济的大规模干预。适当的折中调和是明智的表现，凯恩斯主义就是在市场调节与计划经济之间尽量保持平衡；像哈耶克这样在市场调节这条路上一直跑到黑只是愚顽不化。他对经济、社会文化权利的公开拒斥，他对社会弱势群体困苦生活的无动于衷，使他很适合"没有良心的经济学家"的称号。

第二节 波普

卡尔·波普（Karl Popper，1902—1994年），当代著名的科学哲学家和自由主义思想大师，英籍奥地利人，出生在维也纳一个犹太人家庭。1937年为躲避纳粹迫害移居新西兰，在新西兰坎特伯雷大学讲授哲学，战后加入英国籍，任伦敦经济学院教授。波普曾任英国皇家科学院院士和美国艺术与科学院院士。他早年在政治上是个左派，拥护社会民主党和共产党，后来转而反对马克思主义。他毕生致力于哲学研究，建立起了包括科学哲学、历史哲学、伦理哲学和政治哲学等在内的庞大的理论体系。"证伪主义"的科学哲学、"渐进的社会工程"的政治哲学、"三个世界"的本体论哲学是波普批判理性主义哲学体系的三大主要内容。他的政治思想属于自由主义，集中体现在《开放社会和它的敌人》（1950年）、《历史决定论的贫困》（1957年）以及《猜想与反驳》（1963年）等著作中。

一　论国家

从批判理性主义哲学出发，波普反对研究国家的本质。他指出，传统的国家理论总是热衷于讨论"什么是正义""什么是国家"这样的问题，也就是去讨论它们的本质是什么，波普拒斥这类本质主义问题。他认为绝大多数自然科学家关注的是描述事物的表现，不去争论事物的本质是什么，而社会科学家则在那里喋喋不休地争论国家、正义、民主的本质。他认为科学不是认识事物的本质，科学知识只是猜测、假设，任何科学知识都可能在未来被证伪，虽然真正的科学知识可以逼近真理，但是却永远不等于真理。所以即使假设存在着事物的本质的话，人们也永远达不到对本质的认识，谁也无法证实自己的认识达到了事物的本质，谁也无权宣称自己认识到了事物的本质。把自己的认识宣布为对本质的认识的本质主义，最终只会导致权威主义，导致信仰和蒙昧迷信。因为寻找到了对事物的本质，就意味着找到了事物的终极的解释，这就成为权威主义的东西，要人们绝对地相信，它阻碍人们对事物的进一步认识。波普认为，本质主义是一种无法用经验检验的形而上学的观点，它对科学研究无益而有害，应当予以摒弃。他说："无论本质存在与否，对它们的信仰丝毫无助于我们，而且确实倒很可能妨碍我们；因此，科学家毫无理由假定它们存在。"① 既然科学不是去寻求事物的本质，那么政治理论就不应当去寻求国家的本质。他认为近代的"社会契约论"的国家学说，就是从国家的起源推出国家本质的一种学说，虽然这种学说所蕴含的某些价值观念是值得赞赏的，但它却陷入了本质主义的误区。

波普也反对马克思主义关于国家是阶级统治的工具的观点。他认为关于国家阶级本质的观点是无法证明的、没有意义的问题。波普拒绝阶级统治的说法，他认为阶级或民族事实上从来没有实行过统治，而且今后也不会统治。统治者总是一些特定的个人，不管他们曾经属于什么经济阶级，一旦成为统治者，就成为掌握权力的官员，就属于统治集团了。重要的是当权者和老百姓的划分，统治者和被统治者的划分，而不是像马克思主义所说的那样，经济上占统治地位的阶级会成为国家的统治者。

波普既反对探讨国家的本质，也反对功利主义主张政府应当谋求"最大多数人的最大幸福"的原则。波普提出了"最小痛苦"的原则，认为国家的目的是尽量减少苦难，而不是增加幸福。他说："反对可避免的苦难的斗争应该成为公共政策的一个公认的目标，而增加幸福应主要留待个人发挥首创精神去解决。"② 波普认为政府不应当把自己认为是幸福的事情硬塞给人民，政府所做的是尽量减少苦难。对于什么是幸福，每个人都有自己的判断，因此，幸福应当

---

① [英]波普：《猜想与反驳》，傅季重等译，上海译文出版社1986年版，第148页。
② 同上书，第493页。

是私人生活的目标,要留待个人去努力。政府的目标是努力消除具体的罪恶与现实的苦难,为此,他为政府开出了一系列应当减少的苦难的清单:如战争,贫困,失业,疾病,缺少社会保障,刑法的残忍,奴隶制,宗教歧视和种族歧视,缺乏教育机会,等等。这些正是政府所应当解决的问题。

二　论民主与专制

传统的民主观念是把民主理解为全体人民或至少大多数人的统治。20世纪以来,这种传统的民主观念受到了波普等人的挑战。他强调民主不是多数人或全体人民进行统治的制度,而是一种能够有效地控制权力、防止专制的制度。

波普认为,自柏拉图以来,传统的政治哲学家们一直热心探讨"应该由谁来统治"的问题。他认为这一问题本身就是错误的,大多数人统治的理论也是站不住脚的。其一,依据大多数人的意志进行统治本来就是值得怀疑的。统治总是少数几个统治者的统治,是统治者统治人民,从来不曾有过人民自己统治自己。其二,即使多数人的统治是可能的话,多数人的权力也并非必然就是合理的。大多数人行使的权力不一定比开明的专制者所行使的权力更好更正确。大多数人的认识并非就是对的,并不能因为某种意见为大多数人赞成就能成为权威。把人民作为最终的权威仍然是一种不合理的权威主义。正因为大多数人也会犯错误,所以我们不能寄希望于大多数人的统治,不能把民主看作大多数人的统治。

当然,波普否认多数人的统治,并非主张少数人甚或个人的专制统治,只是否定传统的民主理论,而提出对民主的新的解释。在波普看来,关键问题并不是由谁来统治,即由人民还是由君主来统治,而是要建立一套合理的民主制度,不是所谓多数人统治的制度,而是一套被统治者能够有效地控制统治者的制度。他认为民主制度虽然涉及多数人投票做出决定的程序，但这并非民主的最显著特征。民主是政治的科学方式的体现和合理化，是被统治者能够批判并推动统治者的一种方式，是人民能够有效地控制统治者的权力的一种制度。是人民通过选举的办法判断和更换他们的政府的权利。"我们需要的与其说是好的人，还不如说是好的制度。甚至最好的人也可能被权力腐蚀；而能使被统治者对统治者加以有效控制的制度却将逼迫最坏的统治者去做被统治者认为符合他们利益的事。换句话说，我们渴望得到好的统治者，但历史的经验向我们表明，我们不可能找到这样的人。正因为这样，设计使甚至坏的统治者也不会造成太大损害的制度是十分重要的。"① 这样的制度只能是民主制。

波普认为，民主与专制的区别不在于由谁来统治，不在于由多数人统治还是由个人统治，而在于制度上的不同。他认定民主政体与专制政体的区别是：在民主政体下可以不流血地推翻政府，而在专制政体下只能通过流血来推翻政府。他说："只存在两种政府制度：规定不流血的政府更迭的，和没有规定这种更迭的。但是，如果政府不流血就不能更迭，那么在大多数情况下，这种政府根本不会被替换。""我个人喜欢称那种不用暴力即可推翻的政府为'民主政体'，另一种则叫'专制政体'。"②

波普实质上是以政府的权力是否受到有效控制来区别两种政体的。他所说的不流血的方式，就是民主政体的普选、监督、制衡等，通过这些手段有效地控制统治者，也就可以不流血地更迭政府。而专制政体则缺乏这些有效的控制统治者的方式，因此只有用流血的

---

① [英] 波普：《猜想与反驳》，傅季重等译，上海译文出版社1986年版，第491页。
② 同上。

方式，通过暴力革命来更迭政府。民主就是要建立起一套有效地控制权力的制度，用制度的手段对统治者进行控制，在制度上做最严密的防范，防止坏事的发生，防止权力被滥用。如果这种权力被无限制地滥用，就会导致专制。民主就是能有效地限制权力。

波普虽然认为民主政体比专制政体要好，但这并不意味着民主政体的决策一定会比专制政体的决策好，并不必然表现为民主政体比专制政体给人民带来更多的利益。"民主政体本身不可能赋予国民任何利益，也不应期望它这样做。事实上，民主政体什么事也不能做——只有民主政体下的国民才能行动（当然，包括那些组成政府的国民）。民主政体只不过提供了一种构架，国民可以在其中以一定程度上有组织的和一贯的方式行动。"[1] 民主政体的优势并不在于它的一切法律、措施都是最好的，而在于它是较少祸害的。即使在民主政体中出现了失误，也可以通过讨论和批评，通过制度化的方式进行矫正。波普对民主政体与专制政体的区别，并不立足于这两种政体所产生的结果的好坏，比如是否制定出一个好的政策，或者是否给人民带来更多的利益。也许民主政体比专制政体更容易制定出好的政策，能够给人民带来更多的利益，但是民主与专制的区别并不在这种结果上，而在于政治体制与方法的不同。民主主要地体现为能有效地限制权力的制度、程序和技术。

三 自由理论

波普是个英国式的自由主义者，他认为个人自由是最为重要的，强调自由高于一切，自由比平等更重要。主张国家就是要保卫每个人的自由，国家的目标应以不损害公民的自由为限度，他所讲的民

---

[1] ［英］波普：《猜想与反驳》，傅季重等译，上海译文出版社1986年版，第500页。

主实际上就是自由的制度化,他正是在这种自由主义的立场上区分了所谓的开放社会和封闭社会。他在自传中写道:"如果社会主义有可能与个人自由相结合,那么我仍然是一个社会主义者。因为没有什么能比在一个平等的社会中过着一种朴素、简单而自由的生活更好的了。我花了一些时间才认识到这不过是一个美好的梦想;自由比平等更重要;认识到试图实现平等就会使自由受到危险;如果丧失了自由,那么在不自由者当中甚至不可能有平等。"①

在波普看来,人的一切自由中,思想自由是最珍贵的了,"思想自由和讨论自由是自由主义的最高价值"②,思想自由、讨论自由本身具有绝对价值。

波普对思想自由的崇拜是建立在他的批判理性主义哲学的基础上的。他认为,近代的自由主义是以理性主义为基础的,无论是笛卡儿的唯理论,还是培根的经验论,都强调人的理性、人的认识能力,反对非理性主义的蒙昧迷信、盲目信仰。但是波普指出,早期的理性主义虽然强烈地反对中世纪的权威主义,却未能最终摆脱权威主义,而只是以理性、经验的权威代替了旧的权威,仍然陷入了一种新的权威主义而不能自拔。他们以为通过人的理性、经验就可以达到真理,那些自称是认识到真理的人就变成了权威,而一般的人就转向迷信这些掌握真理的人,迷信他们的虚幻权威。这样的理性主义仍然导致一种新的迷信,一种新的专制。波普也强调理性主义,但是他所主张的理性主义是建立在批判主义的基础上。在他看来,真理不是自明的,而是难以获得的,谁也无权宣称自己获得了真理,具有最终的权威。如果说存在着权威的话,自由地讨论、自

---

① [英]波普:《无穷的探索——思想自传》,邱仁宗等译,福建人民出版社1984年版,第33—34页。
② [英]波普:《猜想与反驳》,傅季重等译,上海译文出版社1986年版,第502页。

第十四章　20世纪的自由主义

由地批判本身才有权威。探求真理的过程是在这种自由地讨论和批判中实现的,这种讨论和批判并不能最终确定真理,也不能保证永远的一致,它的真正价值在于,参加讨论和批判的人会随时改变自己的看法。"我所称的合乎理性的态度可以这样来表征:'我认为我是正确的,但我可能是错的,而你可能是正确的,不管怎样,让我们进行讨论罢,因为这样比各自仅仅坚持认为自己正确可能更接近于正确的理解。'"[①] 让大家以这种理性的态度来自由地讨论,这才是探求真理的最佳方式。

波普认为导源于古希腊人的西方理性主义传统,就是这种自由地批判、讨论的传统。他把这种自由地批判、讨论的传统称为西方文明的基础,特别是民主法治文明的基础。在他看来,在政治领域理性讨论的传统创造了文明治理国家的传统,通过理性讨论彼此丰富见解,从而达到思想的发展,找到解决问题的办法。思想自由是自由民主政治的基础。

个人主义是自由主义理论的基石。要维护自由主义传统,必然要涉及个人和社会的关系问题。波普公开为个人主义进行道德上的辩护,对集体主义则大加非难,认为有些人把个人主义同利己主义、集体主义同利他主义混为一谈是严重的误解。波普为之辩护的个人主义有特定的含义:个人的自由、平等以及个人对自己行为的道德责任。个人应成为集体发展的目的,而非它的手段。他认为,个人主义与利他主义是互不排斥的。政府平等地保护每个人的自由,不仅保护我的自由同时也保护他人的自由,我尊重自己的人权,同样尊重和关心他人的基本权利。波普认为集体主义并不等同于利他主义,柏拉图的集体主义就是阶级的利己主义,纳粹党的集体主义不

[①] [英]波普:《猜想与反驳》,傅季重等译,上海译文出版社1986年版,第508页。

过是民族的利己主义。集体主义不仅可能是利己主义的，而且往往由于追求集体功利或集体目的而视个人为手段，贬低了个人的价值，在人与人之间制造权利的不平等，形成一个特权集团。波普赞赏个人主义而鄙视利己主义，批评集体主义而肯定利他主义。

波普从自由主义立场出发，区分、界定了开放社会和封闭社会。他说的"开放"与"自由"常是同义的，所以开放社会就是自由社会。在这样的社会里，提倡理性自由，反对盲从迷信；尊重个人的自由权利；人人有判定是非、批判政府的权利。他认为，古希腊的雅典城邦就是最早的开放社会。开放社会是自由的，每个人作为理性的负责的个人，自己决定自己的生活，并对自己的行为负责任。人们解决分歧是通过自由的讨论而非高压实现的；观点的不同不仅被认可，而且受到鼓励。对政府的政策也不是无批判地接受，而是在理性和经验的考验中认可，对错误可以自由公开地批评，以此获得改进。波普把西方资本主义社会看作开放社会，这是一个由个人良心的相互影响来治理的没有权威的社会。

封闭社会是一种原始部落式、与开放社会相对立、缺乏个人自由的社会，也称极权社会。人们迷信权威和权力，盲从旧的法规和习惯；抹杀个人利益与个性，只强调集体和集体主义。人民受到严格统一的管制。波普认为，柏拉图的《理想国》就是封闭社会的理想化。人民听从最高领袖的安排，日常活动都要听从领袖的指示，个人无权按照自己的意愿工作和生活。封闭社会实际上是一个鸟笼，它的成员缺乏理性与批判性，盲目地接受传统习惯，盲目地服从政府的政策。政府则禁绝任何批评，因而失去了社会进步的动力。政治的变化就往往要通过政治革命或战争的形式来实现。

波普把西方国家美化为自由的开放社会，而把苏联社会和法西斯国家并称为封闭社会。波普断言开放社会与封闭社会之间的斗争决定着人类的前途和命运。如果开放社会胜利，人类就走向光明；如果封闭社会胜利，全人类就会退回到野蛮时代。

四 "渐进的社会工程"论

为了论证他的"渐进的社会工程"理论，波普激烈批判、清算了乌托邦主义。

乌托邦主义彻底否定现存的社会秩序，主张用革命的手段，彻底改造旧社会，然后建立起最完美的、终极的理想国家。波普认为这种乌托邦主义既是错误的，又是有害的。

首先，乌托邦主义是空谈的、无用的，因为人类无法建成十全十美的天堂。波普对乌托邦主义的批判是同他对所谓历史决定论的批判联系在一起的。在他看来，乌托邦主义是历史决定论的逻辑结果。历史决定论编造历史发展的规律，并且据此设想出未来的理想国家。波普坚决反对这样的历史决定论，他不承认社会历史发展的规律，不相信依据实际上不存在的规律可以预测未来，反对据此设计出的理想蓝图，认为它是空谈的、无用的乌托邦主义。

其次，乌托邦主义导致压制和迫害。在波普看来，乌托邦主义的理想是无法用科学方法证明的，因此人们就难以在科学的基础上对理想国家形成一致的看法，也不可能用理性的方法消除分歧，乌托邦主义者只好求助强权压制，根绝一切与其竞争的异端邪说，迫害不同观点的人。不靠滥用暴力，无法实现乌托邦；滥用暴力，必然导致暴政。因此，乌托邦主义从轻说是无用的，从重说则是有害的。

波普在对乌托邦主义进行深刻批判的同时，提出了自己的"渐进的社会工程"设想。所谓"渐进的社会工程"，就是指对社会进行渐进的改造，它的目标是具体的、可行的，它的过程是逐步的，它的方式是和平的。

"渐进的社会工程"从不寻求彻底消灭丑恶的极乐世界，而只是力求实现一个比现实好些的和较为合理的社会，把目标放在消除某些具体的苦难上。人们遭受着贫穷、失业、压迫与战争的苦难，消除这些具体的苦难才是真正切实可行的，不要奢望能一下子消灭所有的苦难，达到一种极乐世界。

"渐进的社会工程"主张零星的、逐步的改造，不是期望一步到位。波普认为，我们无法一劳永逸地改变整个社会结构，而只能是一步一步地、一部分一部分地改变。波普认为，乌托邦主义把社会看作一个不可分的整体，所以主张根本改变社会。社会整体实际上是一种虚构，它只是个别的制度和行为的总和，它只能被部分地改善。我们对社会的改造，就是在不断地消除错误，不断自我批判中实现的。一部分一部分地改造社会，即使做错了，损失也不会太大，调整也不会太困难。

"渐进的社会工程"只能采用和平改良的手段。波普认为，乌托邦主义主张革命，势必引起革命对象的抵制和反抗，导致暴力冲突，破坏历史文化传统。而和平改良的措施所引起的社会阻力小，可以避免暴力冲突所带来的苦难和破坏，从而更有利于社会的稳定和发展。

在他看来，西方民主社会尽管有不少弊病，也只能按照"渐进的社会工程"来改良，而不能通过革命来重建。而在一个专制国家，可以通过革命推翻专制统治。波普厌恶暴力，但个别情况下他又主张诉诸暴力。他认为，如果某个集团想诉诸武力推翻民主政府的话，那么对这种犯罪行为也需要用暴力加以取缔。为此他还提出了"宽容悖论"：一个开放的社会应当是一种理性的宽容的统治，但是，如果某个社会提供不加限制的宽容的话，就会造成自己的毁灭，宽容本身就会消失。因此一个宽容的社会必须准备在某些情况下镇压宽容的敌人,以维持自己的生存。也就是说,宽容也不是无限的。

他的"渐进的社会工程"力图实现的就是理想的"开放社会",这种开放社会是人类曾经历的最合理的社会。他盛赞西方开放社会(自由民主)的成就,肯定它们在消除那些过去困扰着人类生活的罪恶方面取得了很大的成功。人类的权利和尊严在当代西方比以往受到了更多的尊重。当然仍存在着许多严重的问题(所以只近似理想的开放社会),因为我们是易于犯错误的动物,我们没有能力建立乌托邦,只能利用我们的理性资源,尽力解决我们的问题。波普乐观地总结道:"尽管我们存在种种严重的麻烦,尽管事实上我们的社会肯定不是最好的可能社会,我断言,我们的自由世界是至今人类历史进程中出现过的最好的世界。"[1]

第三节 哈耶克

弗里德里希·哈耶克(Friedrich Hayek,1899—1992 年),20 世纪著名经济学家和政治哲学家,保守自由主义的思想大师。犹太人,原籍奥地利,后移居美国。1921 年在维也纳大学获法学博士学位,1927—1962 年先后任奥地利经济研究所所长、伦敦大学与芝加哥大学教授。1974 年与缪尔达尔一起获诺贝尔经济学奖。主要著作有:《货币理论与商业盛衰周期性》(1929 年)、《通往奴役之路》(1944 年)、《自由秩序原理》(1960 年)、《法律、立法与自由》(1973—1979 年)、《不幸的观念》(1988 年)。

---

[1] [英]波普:《猜想与反驳》,傅季重等译,上海译文出版社 1986 年版,第 527 页。

哈耶克本来是个经济学家，他为了深刻论证古典自由主义经济理论而开始探讨知识论、历史哲学与法学，最后形成一个围绕古典自由主义经济理论的严密的自由主义思想体系。哈耶克是二战以来保守自由主义的代表性人物。在学术生涯的早期，他就以批评国家干预和计划经济，为自由市场进行系统辩护而闻名。哈耶克并非单纯从经济学着手，而是从广阔的视角对一般的自发秩序与文明演进进行研究，否定了各种主张依据人的理性人为设计和集中控制社会秩序与社会生活的政治理论。和其他自由市场论者相比，哈耶克的论证显得高屋建瓴而从容大气。

一 自发生成秩序理论

自发生成秩序是哈耶克自由主义的一个核心概念，也是他学术思想的一个独特贡献。在《自由秩序原理》与《法律、立法与自由》等书中，哈耶克区分了"自发秩序"和"人造秩序"两种类型。哈耶克认为，秩序是事物的一种状态，在这种状态里，多种多样的要素相互稳定地联系。自发秩序是由"诸多并未明确意识到其所作所为会有如此结果的人的各自行动"自发形成的，它是社会各要素在回应它们的即时环境时遵循某些规则的结果，又称"内生秩序"。人造秩序则是人们把每个社会要素放在一个确定位置并指挥其活动形成的秩序。这种秩序他又叫"组织"或"外生秩序"。它们之间更为重大的区别是，人造秩序（或组织）是一种有助于实施某个预定目标的集体工具，而自发秩序是每个人在追求各自目的的过程中自动形成的，所以它是不同的个人实现其各自目的的有益的条件。总之，这两种秩序一个是人为设计的，一个是自发形成的；一个是由具体的命令指挥运作的，一个是遵循一般性规则自动运转的；一个服务于某个确定的目标，一个则有利于互相竞争的多种多样的个人目标的实现。他认为有助于自发秩序生成和运转的条件是：自由、一般规则和竞争。

哈耶克认为，尽管存在着诸如工厂、银行、公司和政府等人为的组织（秩序），但整个社会的秩序则不能是人为的，这些人为组织只能是社会整体的自发秩序的要素和组成部分。在他看来，不仅社会整体秩序是不能设计、发明或创造的，而且社会中的许多秩序都是自生自发而不是人为的，如语言、宗教、法律、道德、市场等都属于这种自发秩序。哈耶克把计划经济看作企图人为设计和创造秩序的典型而予以批判。他认为，计划经济和所有人为设计秩序的企图，都是过分相信和崇拜理性从而滥用理性的结果。这种理性主义建构的秩序不仅必然是低效率的，而且必然要破坏个人的自由，毁灭人类的文明。

在哈耶克看来，理性既不是无用的，也不是无限的。他认为，要想明智地运用理性，就必须认识到理性的局限，认识到人类知识的不足。理性在宏观设计与控制社会秩序时是没有价值的，但在每个人自由追求自身目的的自发秩序中，分散在每个人头脑中的知识就能够充分有效地利用起来，从而促进人类的进步和福利的增长。

后来哈耶克又进一步提出了"扩展秩序"的概念。"自发秩序"偏重于强调要素在规则支配下有序地自发互动，"扩展秩序"则着重的是这种秩序的生成和扩展。他讲的扩展秩序实际上就是由自由市场产生的并且以自由市场为核心的自发秩序，这种秩序能自发地进化和扩展。这种扩展秩序乃是文明的基础。他说："我们的文明，不管就其起源还是就其保持而论，无不依赖人际合作的扩展秩序，依赖一种为公众所称作的资本主义。"[①]

[①] ［奥］哈耶克：《不幸的观念》，刘戟锋等译，东方出版社1991年版，第1页。

哈耶克认为，秩序的进化最主要的是规则（或行为准则）的进化。人类经过漫长时间的进化，才逐渐出现了有利于扩展秩序的一般性规则。这种规则来源于传统、学习和模仿，是一种调节个人决策、为个人追求自己目标划定自由空间的一般性规则或游戏规则。这些长期进化出来的规则，主要包括财产、忠诚、合同、交换、贸易、竞争、收入和隐私等方面的准则。正是这些规则，使个人不再一味地服从他人的命令，而可以自由地追求自己的目标，能够进行各种各样的尝试，去适应各种未知的环境。这样，秩序就能得以扩展，文明就能得到进步。这就是说，秩序的扩展和文明的进步只有依赖保障竞争和自由（能够允许各种自由尝试）的一般性规则才能实现。在有利于扩展秩序的一般规则中，哈耶克最重视的是财产权的规则。在他看来，私有财产权不仅是自由和公正的基础，而且也是扩展秩序的基础。他指出，"自由的一个重要方面，是让不同的个人、不同的群体根据各自的知识和技能自由地追求不同的目标。要想做到这一点，我们不仅要分别支配各种生产资料，而且还需要……认识经过批准的转移这种支配权的方法"[①]。他认为只要有了私有财产这个基础，一种服务于多种个人目的的扩展秩序就能够形成。不仅如此，私有财产还有利于实现公正与个人之间的和平合作。如果政府背离了保护私有财产这个主要目标，那么任何先进的文明都不可能出现。

在论述规则和秩序的进化时，哈耶克非常强调它的自发性质。强调规则的自发进化，也就否定了把规则看成人类理性创造的观点。他把这种观点奚落为理性的"致命自负"，是"一种不幸的观念"。在他看来，规则的进化常常是人们在适应新环境（未知环境）的过

---

① [奥]哈耶克：《不幸的观念》，刘戟锋等译，东方出版社1991年版，第35—36页。

程中偶然或碰巧实现的。进化之所以能被接受，不是因为人们透彻地理解了这个规则的功能，而是因为这种新的规则增强了该群体的适应性，从而使它蒸蒸日上，欣欣向荣。规则和秩序的进化与扩展，就是通过秩序与秩序的竞争，通过对规则连续不断地试错，进而使实行不同规则的群体优胜劣汰来实现的。在这里，竞争是一个关键因素。他曾说："不但一切进化依赖于竞争，即使要保留现有的成就，不断的竞争也是不可或缺的。"① 这就是说，不是理性告诉人们不同规则的孰优孰劣，而是竞争才能检验规则的优劣，并实现规则的优化选择。哈耶克之所以否定规则和秩序的进化是理性设计的产物，除了认为理性无法理解许多规则和秩序的意义与效用外，还有一个重要理由，那就是理性不能合理地预测和控制未来的进化。他指出，所有的进化，不管是文化进化或是生物进化，都表现为一种不断适应难以预见的事件、未曾预见的意外环境的过程。因此，不存在什么"进化规律"，也不存在"历史发展过程中不可避免的规律"，进化发展本身本质上是无法预料的，未来的进化也是不能控制的。既然如此，用理性来设计未来的秩序就只能是徒劳。

哈耶克认为社会进化是通过传播已有习惯得以实现的，文明和文化只能通过传统而学得。哈耶克非常重视传统在社会进化中的作用。在他看来，现有的文明与秩序既是长期进化的结果，又是继续进化的基础，因此，无论从保护这一成果来说，还是从进一步的进化来说，维护传统都是非常重要的。没有传统，文明的扩展秩序就不能继续存在、生长下去。所以哈耶克的自发生成秩序理论，落脚点就在捍卫自发的市场经济与保守传统上。在这点上，他确实继承

---

① ［奥］哈耶克：《不幸的观念》，刘戟峰等译，东方出版社1991年版，第31页。

了休谟、柏克的保守主义,所以他自称是柏克那样的老辉格党人。当然他的理论比柏克要深刻和理智,更有说服力。他不仅对共产党的社会主义与计划经济深恶痛绝,而且对矫正市场经济弊端的凯恩斯主义也进行批判。他把这一切都污蔑为"理性的自负",甚至"导向奴役",要避免这一点,只有退回到19世纪的但由市场法则决定的弱肉强食的资本主义。国家应对市场法则导致的失业、贫困与混乱听之任之。如果国家进行干预与救济,事情只会更糟。人类不要异想天开,期望设计、控制或改善自己的命运,其结果只能是更大的灾难与更多的罪恶。

二 自由、正义与民主

自由是自发生成秩序衍生的结果,离开了自发生成秩序,自由就会消亡。在他看来,自由不是别的,乃是人的一种存在状态,"在此状态中,一些人对另一些人所施以的强制,在社会中被减至最小可能之限度"。"自由意味着始终存在一个人按其自己的决定和计划行事的可能性;此一状态与一个人必须屈从于另一个人的意志的状态适成对照。"① 哈耶克极力主张个人自由,认为个人自由是一切价值的根源。为了维护个人自由,他坚决反对扩大国家权力与职能,认为福利政策不是增进而是危害个人自由。他很看重公民个人的私人空间,认为尊重和维护个人的私人空间既是自由的要义,也是宪政的职责。对于个人的私人空间,国家的权力是不能介入的。除个人自由外,哈耶克也顾及政治自由,即一个人参与制定集体决策或政府决策的自由,如投票权与组织政党的自由。个人自由和政治自由不能等同,因为有些人虽不能参加投票,却仍然

---

① [奥]哈耶克:《自由秩序原理》上册,邓正来译,生活·读书·新知三联书店1997年版,第3—4页。

第十四章 20世纪的自由主义

是自由的；相反，政治自由却有可能剥夺掉个人自由，如个人可能投票为自己选个主人，从而放弃自己的自由。所以自由不是权力，不是财富，而是免于强制。哈耶克基本是从消极的方面理解自由，即免于强制。

哈耶克认为，文明的进步都是自由的结果。自由促成进步，是一个实验对比的过程。自由人喜欢实验各种不同的生活方式。个人是自由的，他们既可以追求不同的目标，也可以用不同的方法实现同一目标。通过这种实践对比，淘汰那些不太成功的方法，成功的方法则广为人们模仿与推广。这种实验过程，也就是一个竞争—优化过程，环境不断变化，这种过程就永远不会停止。因而抑制个人自由就等于抑制实验和进步。

自由和正义是文明的基础，它们是人类行为及相互关系的内在要求。哈耶克认为正义观念是法律的必要基础和限定性条件。法律服务于正义而非特殊利益或政府的目的，否则就会逐渐毁掉个人自由。正义或公正的规则的实质是体现市场秩序或自发生成秩序的内在要求。就是说，能够协调行为，减少冲突，有效保障自发秩序的规则就是公正规则。正义或公正的规则也不是来自人的理性设计或良心，而是自发秩序演化的结果。

哈耶克的正义观是与现代社会正义、社会平等大不相同的。哈耶克认为，在社会自发秩序中谈论社会正义是有害的。因为这种正义观包含平等思想，尤其是经济平等的要求。哈耶克并不反对法律面前人人平等，而是反对经济的平等，反对缩小贫富差别。他断言人为促进平等反会造成更大的不平等，破坏市场经济的自发秩序，并进而走向国家对个人的奴役。"在这个世界上，平等地待人和试图使他们平等这两者之间的差别总是存在。前者是一个自由社会的前提条件，而后者则是像 D. 托克维尔描述的那样，意味着'一种新的奴役形式'。"①

哈耶克不像崇尚自由那样崇尚民主，但仍认为民主是现代政府的最好形式。理由在于：其一，民主是当今唯一能和平交流意见和更换政府的制度，能防止专制。其二，民主是保护个人自由的重要手段。虽不能说民主就是自由，但民主能比其他政府形式更好地孕育并维护自由。其三，民主有利于促进公民对政治事务的理解。民主过程的重要性就在于公民积极参与政治事务，影响政府的决策，这种政治参与有助于提高公民的素质，而且能选举出优秀的管理者。很明显，哈耶克对民主政治优越性的论证是围绕个人自由这一主题展开的。在他看来，自由主义和民主政治包含着截然不同的原则：自由主义的信条是法律应当维护自发秩序与个人自由，民主政治的信条是以多数决定的方式制定法律。自由主义关心的是限制政治权力，而民主政治关心的是谁来行使权力。哈耶克认为，就维护个人自由而言，权力的限制较之权力的来源更重要。民主政治可能和最坏的独裁政治一样暴虐，源于大多数人意志的权力也会是专横的。所以，防止权力成为专断的，不在于它的来源，而是对它的限制。要保障个人自由，必须把政府置于公正规则的束缚之下，保证个人有一个超然独立于政府之外的活动空间。

哈耶克为19世纪资本主义市场经济与个人自由的辩护可谓煞费苦心。不过他的不少论断缺乏说服力，他的不少预见也落空了。最明显的，他预言西方国家的经济干预及某些计划将导致奴役，至今也没见到影子。他的自由主义确实很彻底，但武断与错误也是明显的。国家对市场进行适当的调控，不仅不会导向奴役，反而巩固了

---

① ［奥］哈耶克：《个人主义与经济秩序》，贾湛、文跃然等译，北京经济学院出版社1989年版，第16页。

自由民主体制。任由市场这只"看不见的手"决定一切,国家对工人的失业及生活不管不问,必然激化社会矛盾,同样会危及自由民主制。20世纪30年代经济大危机业已说明了此点。

第四节 罗尔斯

约翰·罗尔斯(John Rawls,1921—2002年),当代美国著名哲学家、政治思想家。1921年生于马里兰州的巴尔的摩,1950年获普林斯顿大学博士学位。此后,相继在普林斯顿大学、康乃尔大学、麻省理工学院任教,1962年起任哈佛大学哲学教授。

罗尔斯的著作不多,但影响很大,1971年出版的《正义论》是其代表作。《正义论》是20世纪一部屈指可数的伦理学、政治哲学巨著,在西方哲学、伦理学、政治学、经济学、法学等领域引起了广泛关注与讨论,奠定了罗尔斯自由主义大师的地位。他后来出版的《政治自由主义》其成就与影响虽不如《正义论》,也是政治学领域一流的著作。罗尔斯的《正义论》提出了一种比传统社会契约论更为概括精当的正义论,来代替长期支配英美哲学的功利主义学说。

一 社会正义原则

罗尔斯认为正义是社会制度的首要价值,正像真理是思想体系的首要价值一样。一种理论,无论它多么精致和简洁,只要它不真实,就要拒绝和修正;同样,法律和社会制度,不管它们如何有效率和条理清楚,只要它们不正义,就必须改造和废除。每个人都拥有基于正义的不可侵犯的权利,这种权利即使以社会整体利益之名也不能侵犯或牺牲。在一个正义的社会里，平等的公民自由是确定不移的，由正义所保障的权利绝不受制于政治的交易或利益的权衡。

在罗尔斯看来，一个组织良好的社会，应当是这样的：在这个社会里，每个人都接受也知道别人接受同样的正义原则；基本的社会制度和规范普遍地体现正义原则。当然人们对什么是正义和什么是不正义存在争议，但是，当某种制度对基本权利和义务的分配没有在个人之间做出任何任意的区别并且使各种冲突的社会利益诉求之间保持适当的平衡时，人们仍然可能会一致认为这种制度是正义的。

罗尔斯接着探讨的问题是：社会正义的原则是什么？人们是如何选择社会正义原则的？为了解决这些问题，罗尔斯虚构了一个"原初状态"，假设了"无知之幕"，探讨在原始状态中人们在无知之幕下选择的社会正义原则。

在原初状态下人们选择正义原则时，任何人都不应当因天赋或社会背景的关系而得益或者受损，不允许把正义原则剪裁得适应于个人的特殊情况。为此，罗尔斯提出了"无知之幕"的概念。在"无知之幕"下，任何人都不知道他的社会地位、利益要求、天生资质和自然能力，也不知道社会尊重或歧视什么人，以及使人们陷入对立的偶然因素。由于对自己在现实社会中的实际状况、环境与利益缺乏知识，理性的人们能做出公平的选择，这一选择包含两个社会正义原则：第一，每个人都有平等的权利享有与其他人同样的最广泛的自由，包括公民的各种政治权利、财产权利。第二，社会和经济的不平等安排应有助于实现最少受惠者的最大利益以及在机会公平平等的条件下职务和地位向所有人开放。这两个原则的宗旨是平等的分配权利和义务，同时尽量平等地分配社会合作所产生的利益和负担，只允许那种能给最少受惠者带来补偿利益的不平等分配。

第一个原则是平等自由原则，适用于社会制度中确认与保障公民基本平等自由的方面。罗尔斯认为公民的基本自由包括政治上的自由（选举和被选举担任公职的权利）以及言论和集会自由；良心的自由和思想的自由；个人的自由和保障个人财产的权利；依法不受任意逮捕和剥夺财产的自由。这个原则要求人们平等地享有这些自由，正义的社会中的公民拥有同样的基本权利。

第二个原则是机会的公正平等原则和差别原则的结合。它要求虽然在权力和地位方面是不平等的，但地位和职务应当向所有人开放，使具有同样条件的人有同样的机会取得职务和地位。它还要求虽然财富和收入的分配无法做到平等，但它必须合乎每个人的利益，并且分配必须对"最少受惠者"是最有利的。

上述社会正义原则在罗尔斯这里是有等差的：第一个原则优先于第二个原则，对第一个原则所要求的平等自由的违反不可能因较大的社会经济利益而变得正当。在第二个原则中，机会公正平等原则优先于差别原则。这样就形成了两个优先规则：第一，"自由的优先性"，"自由只能为了自由的缘故而被限制。这有两种情况：（1）一种不够广泛的自由必须加强由所有人分享的完整自由体系；（2）一种不够平等的自由必须可以为那些拥有较少自由的公民所接受"。第二，"正义对效率和福利的优先"。"第二个正义原则以一种词典式次序优先于效率原则和最大限度追求利益总额的原则；公平的机会优先于差别原则。"[①]

二 正义原则的运用：法治与自由

社会正义原则是如何运用到社会制度中进而变为现实的呢？为

---

① [美]约翰·罗尔斯：《正义论》，何怀宏译，中国社会科学出版社1988年版，第292页。

此，罗尔斯分四个阶段来说明这个问题。

第一阶段是原初状态阶段。这一阶段人们选择了社会正义的两个原则，并随后按照这两个正义原则来评判关于社会制度的各种主张。

第二阶段是立宪阶段，人们根据选定的正义原则，来确立政治结构的正义并制定宪法。宪法应是一个旨在确保产生正义结果的正义程序，应用这种程序人们将选择出最可能导致正义的有效的立法程序的安排。在立宪阶段第一个原则即平等的正义原则起主要作用，它要求宪法必须确认并保护公民的良心自由、思想自由、个人自由和平等的政治权利。

第三阶段是立法阶段，在这个阶段要对法律和政策的正义性进行评价。法律不仅要符合正义原则，而且还要符合宪法所规定的各种限制条件。在立法阶段，第二个正义原则发挥作用，它要求社会和经济政策的目的是在公正的机会均等和维持平等自由的条件下，最大程度地提高最少获利者的长远期望值。

第四阶段是法官和行政官员把制定的规范运用于具体的案件，而公民们则普遍地遵守这些规范。既然制度是正义的，个人自愿接受并能从中获得利益，个人就应当遵守这种制度。

罗尔斯认为，自由是制度规定的各种权利和义务的总和。当个人摆脱某些限制做或不做某事，并受到保护而免受他人干涉时，他就是自由的。各种各样的自由决定了人们想做就可以决定去做的事情，在这些事情上，当自由的性质使做某事恰当时，其他人就有不去干涉的义务。

罗尔斯对良心的自由、思想的自由、个人的自由和政治的自由等进行了详细的分析，并认为绝不可为了政治自由和平等地参与政治事务的自由而牺牲思想和良心的自由、个人和公民的自由。

个人的平等自由必须受到法治的保护，法治意味着法律得到经常的和公正的执行。法律正是对理性的人所发出的公共规则的强制命令，目的在于调节人们的行为，提供社会合作的结构。不能将法律看作为争夺权益而制定的规则，而应将它看作试图实现正义原则而规定的最好的规范，具有道德的功能。为了确保并运用上述自由，正义社会中的公民一般都要求实行法治。

为此，罗尔斯又提出了法治的四个准则。

1. 法律的可行性。

这个准则要求：（1）法律所要求和禁止的行为应该是一种合理地指望人们做或不做的行为，而不应提出人们不可能做到的义务；（2）立法者、法官及其他官员也相信法律能够被遵守；（3）权威者的行动必须是真诚的，而且权威者的诚意必须得到那些要服从他们制定的法律的人的承认，人们普遍地相信法律能够被遵守；（4）法律制度应承认无法履行是一个辩护理由，或至少是一个减轻责任的根据。

2. 类似案件类似处理。

依规则调整人们的行为，必然要求实行这一准则。

3. 法无明文规定不为罪。

这个准则要求法律为人所知并被公开地宣传，而且它们的含义得到清楚的规定；无论在陈述和意图的哪个方面，法律都应是普遍的，而且不是用来作为损害特定人的方式；至少对较严重的不法行为应做严格解释；在量刑时不追溯被治罪者的既往过错。

4. 一些规定自然正义观的准则，它们是用来维护司法活动的正直性的指针。

法院必须以某种适当的方式来实施法律。一个法律体系必须准备按照法律来进行审理、受理申诉，必须包含合理的证据规则，必须有某种形式的正当程序。自然正义的准则要求保障法律秩序被公正地、有规则地维持。

罗尔斯认为，即使在一个组织良好的社会中，为了社会合作的稳定性，政府的强制权力在某种程度上也是必需的。尽管制裁是不严厉的甚至可能是不需要加强的，但有效的刑罚机构的存在是必要的，目的是保障人们相互间的安全。

此外，罗尔斯还着重论证了非暴力反抗的权利及其作用。

20世纪70年代以来，罗尔斯的学说在美国和西方国家伦理学、政治学、法学界引起了强烈反响，他成了当代西方自由主义的主要代表。20世纪70年代，正是二战后自由主义最不景气的时代。在美国处于经济滞涨与霸权衰落的时刻，罗尔斯的论著为自由主义的政治思想提供了道德正当性的论证和复兴的希望。

参考文献

1. ［美］列奥·施特劳斯等编：《政治哲学史》，李天然等译，河北人民出版社 1992 年版。

2. ［美］萨拜因：《政治学说史》，盛葵阳、崔妙因等译，商务印书馆 1986 年版。

3. ［印度］阿·库·穆霍帕德希亚：《西方政治思想概述》，姚鹏、张峰、王伟光译，求实出版社 1984 年版。

4. ［意］萨尔沃·马斯泰罗内：《欧洲政治思想史——从 15 世纪到 20 世纪》，黄华光译，社会科学文献出版社 1998 年版。

5. ［苏］莫基切夫：《政治学说史》，中国社会科学院法学所编译室译，中国社会科学出版社 1979 年版。

6. 吴恩裕：《西方政治思想史论集》，天津人民出版社 1981 年版。

7. 徐大同主编：《西方政治思想史》，天津教育出版社 2000 年版。

8. 浦兴祖等：《从理想国到代议制政府》，四川人民出版社 1990 年版。

9. 邹永贤主编：《国家学说史》，福建人民出版社 1986 年版。

10. 王振槐主编：《西方政治思想史》，南京大学出版社 1993 年版。

11. 王彩波主编：《西方政治思想史》，吉林大学出版社 1997 年版。

12. 张桂琳主编：《西方政治思想史》，中国政法大学出版社 1991 年版。

13. 唐士奇：《西方政治思想史》，北京大学出版社 2001 年版。

14. 陈闻桐主编：《近现代西方政治哲学引论》，安徽大学出版社 1997 年版。

15. 刘绍贤主编：《欧美政治思想史》，浙江人民出版社 1987 年版。

16. 叶立煊主编：《西方政治思想史》，福建人民出版社 1992 年版。

17. 谷春德、吕世伦：《西方政治法律思想史》，辽宁人民出版社 1986 年版。

18. 王哲：《西方政治法律学说史》，北京大学出版社 1988 年版。

19. ［英］昆廷·斯金纳：《现代政治思想的基础》，段胜武等译，求实出版社 1989 年版。

20. ［英］罗素：《西方哲学史》，马元德译，商务印书馆 1982 年版。

21. ［苏］涅尔谢相茨：《古希腊政治学说》，蔡拓译，商务印书馆 1991 年版。

22. 顾准：《顾准文集》，贵州人民出版社 1994 年版。

23. 丛日云：《西方政治文化传统》，大连出版社 1996 年版。

参考文献

24. 洪涛：《逻各斯与空间——古代希腊政治哲学研究》，上海人民出版社1998年版。

25. 浦兴祖、洪涛主编：《西方政治学说史》，复旦大学出版社1999年版。

26. ［英］W. D. 罗斯：《亚里士多德》，王路译，商务印书馆1997年版。

27. ［英］阿克顿：《自由与权力》，侯健、范亚峰译，商务印书馆2001年版。

28. ［瑞士］雅各布·布克哈特：《意大利文艺复兴时期的文化》，何新译，商务印书馆1981年版。

29. 李凤鸣、姚介厚：《十八世纪法国启蒙运动》，北京出版社1982年版。

30. 高毅：《法兰西风格：大革命的政治文化》，浙江人民出版社1991年版。

31. ［意］萨尔沃·马斯泰罗内：《欧洲民主史——从孟德斯鸠到凯尔森》，黄华光译，社会科学文献出版社1990年版。

32. 于凤梧：《卢梭思想概论》，北京师范大学出版社1986年版。

33. 朱学勤：《道德理想国的覆灭》，生活·读书·新知三联书店1994年版。

34. ［美］梅里亚姆：《美国政治学说史》，朱曾汶译，商务印书馆1988年版。

35. ［美］理查德·霍夫施塔特：《美国政治传统及其缔造者》，崔永禄译，商务印书馆1994年版。

36. ［美］肯尼思·W. 汤普森编：《宪法的政治理论》，张志铭译，生活·读书·新知三联书店1997年版。

37. 张文显：《二十世纪西方法哲学思潮研究》，法律出版社1996年版。

38. ［英］霍布豪斯：《自由主义》，朱曾汶译，商务印书馆1996年版。

39. 徐大同主编：《西方政治思想史》，天津人民出版社2005年版。

40. 《西方政治思想史》（马克思主义理论研究和建设工程重点教材），高等教育出版社、人民出版社2011年版。

后 记

本书稿是我 20 多年阅读、思考、研究和教学的成果。从 1980 年进入山东大学历史系读书以来，作者就一直喜欢阅读西方政治学名著杰作，因为它们既不像西方哲学名著那样抽象难解，又比历史、文学名著多了些理论思考的乐趣。况且政治学家论证自己的政治理论观点时，往往借助于历史的事实与材料，这样就与我本来的专业知识结合比较密切。博士毕业后到山东师范大学政法学院任教，就为学生开设了西方政治思想史课，一边研究一边教学，自觉还有不少自己的观点见解必须记载下来。这样就慢慢开始动笔写西方政治思想史的书稿，边写边改，日积月累，就是现在的这本书。

在本书写作修改过程中，得到我妻子曾光梅的大力协助和鲁东大学马克思主义学院领导的关照，在此一并致谢！

曹希岭

2017 年 7 月于烟台